Studientexte
Basiscurriculum Berufs- und Wirtschaftspädagogik

Herausgegeben von
Bernhard Bonz, Reinhold Nickolaus und Heinrich Schanz

Band 4

Methodik

Lern-Arrangements in der Berufsbildung

2. neubearbeitete Auflage

von

Bernhard Bonz

Schneider Verlag Hohengehren

Baltmannsweiler 2009

Umschlag: Verlag

Gedruckt auf umweltfreundlichem Papier (chlor- und säurefrei hergestellt).

Bibliografische Information der Deutschen Nationalbibliothek

Die Deutsche Nationalbibliothek verzeichnet diese Publikation in der Deutschen Nationalbibliografie; detaillierte bibliografische Daten sind im Internet über ›http://dnb.d-nb.de‹ abrufbar.

ISBN 978-3-8340-0586-1

Schneider Verlag Hohengehren,
Wilhelmstr. 13, 73666 Baltmannsweiler

© Schneider Verlag Hohengehren,
D-73666 Baltmannsweiler 2009
Printed in Germany – Druck: Djurcic, Schorndorf

Inhaltsverzeichnis

Geleitwort

Die Schriftenreihe „Studientexte Basiscurriculum Berufs- und Wirtschaftspädagogik" – SBBW – ist thematisch eng am Basiscurriculum der Berufs- und
Wirtschaftspädagogik orientiert, das als Grundlage der pädagogischen Ausbildung in Studiengängen zur Vorbereitung auf eine Berufstätigkeit im berufs-
bildenden Schulwesen, im betrieblichen Bildungs- und Personalwesen, in der
beruflichen Weiterbildung, in der Bildungsverwaltung, im Bildungsmanage-
ment und in der Bildungspolitik dient. Intention der einzelnen Studientexte
ist es, in den jeweiligen Themenbereich einzuführen, d. h. die grundlegenden
Fragestellungen aufzuzeigen, den Erkenntnisstand im Überblick zugänglich
zu machen und zu eigenständiger Auseinandersetzung mit der Thematik anzuregen. Wesentliches Ziel der einzelnen Bände ist es, sowohl den wissenschaftlichen Zugang zu den Themen zu ermöglichen, als auch wichtiges Orientie-
rungswissen für die pädagogische Praxis zur Verfügung zu stellen.

In der Schriftenreihe SBBW sind folgende Bände erschienen oder geplant:

1. Wissenschaftstheorie – Grundlagen und Paradigmen der Berufs- und
   Wirtschaftspädagogik

2. Institutionen der Berufsbildung

3. Didaktik – Modelle und Konzepte beruflicher Bildung

4. Methodik – Lern-Arrangements in der Berufsbildung

5. Berufliche Sozialisation

6. Lehr-Lerntheorien

7. Diagnostik und Evaluation beruflicher Lernprozesse

8. Schulpraktische Studien

9. Betriebliche Bildungsarbeit

10. Ideen- und Sozialgeschichte der beruflichen Bildung

Die Schriftenreihe SBBW wendet sich in erster Linie an Studierende und Re-
ferendare des Lehramts für berufliche Schulen, aber auch an Lehrerinnen
und Lehrer in beruflichen Schulen oder mit berufsbezogenen Lehrinhalten,
an das Bildungspersonal in Betrieben und anderen Institutionen der Berufsbildung einschließlich der beruflichen Fort- und Weiterbildung.

Die Herausgeber der Schriftenreihe
Bernhard Bonz, Reinhold Nickolaus und Heinrich Schanz

Vorwort zur 2. Auflage

Der vorliegende 4. Band der Schriftenreihe SBBW konzentriert sich auf die Inhalte und Probleme der Methodik in der Berufsbildung. Da zwischen Didaktik und Methodik enge Bezüge bestehen, enthält das Buch zahlreiche Verweise auf den 3. Band dieser Schriftenreihe:

Nickolaus, Reinhold: Didaktik – Modelle und Konzepte beruflicher Bildung. (Studientexte Basiscurriculum Berufs- und Wirtschaftspädagogik Bd. 3) 3. Aufl., Baltmannnsweiler: Schneider, 2008

Dort werden auch Befunde empirischer Forschung übermittelt, die methodische Aspekte der Berufsbildung betreffen.

In diesem Studientext wurden *Definitionen* hervorgehoben ebenso wie stichwortartige *Zusammenfassungen.* Am Ende der Kapitel sind *Aufgaben* angefügt als Impulse zum Nachdenken und zur Diskussion didaktisch-methodischer Fragen.

Das *Sachwortverzeichnis* ermöglicht den Zugang zu Fragen der Methodik beruflicher Bildung unabhängig vom Aufbau des Buches. Das Verzeichnis zur *Literatur* beschränkt sich auf wichtige Titel der letzten Jahre. Quellenangaben sind darüber hinaus als Fußnoten vermerkt. Diese Autoren und ihre Veröffentlichungen können über das *Namenverzeichnis* ermittelt werden.

Für die 2. Auflage wurde dieser Studientext neu bearbeitet. Dabei wurden sowohl neue Quellen und Forschungsergebnisse berücksichtigt als auch einige Kapitel komprimiert. Diese 2. Auflage umfasst nur noch 9 Kapitel, denn das zusammenfassende letzte Kapitel der 1. Auflage von 2006 wurde eingearbeitet.

Bernhard Bonz

1 Einführung – Lernen, Lehren und Lern-Arrangements

1.1 Lernen und Lehren

Methodik befasst sich mit den Möglichkeiten, wie man Lernen planmäßig veranlasst. Deshalb steht am Anfang eines Studientextes zur Methodik folgende grundsätzliche Frage:

Auf welche Weise wird Lernen angeregt und gefördert?

Schon bei sehr kleinen Kindern kann man beobachten, dass sie lernen. Offenbar gibt es innere Impulse für Lernprozesse. Kinder setzen sich mit ihrer Umwelt auseinander und imitieren beispielsweise Tätigkeiten oder Haltungen ihrer Mutter. Dies ist ein Beispiel für *selbstgesteuertes Lernen*, weil die Anregung zum Lernen vom Kind selbst, von inneren Impulsen ausging.

Die Neigung von Kindern, andere Menschen in ihrer Umgebung zu imitieren, kann sich beispielsweise die Mutter oder der Vater zu Nutze machen, indem sie bewusst und geplant ein bestimmtes Verhalten äußern, damit ihr Kind solch ein Verhalten übernimmt. Dann kann man feststellen, dass Kinder auch auf absichtliches Vormachen und eine Aufforderung zum Nachmachen reagieren. Sie lernen in diesem Fall aufgrund äußerer Impulse: Ein Beispiel für *Lehren* und für *fremdgesteuertes Lernen*, denn es wird gelernt in Reaktion auf externe Impulse von Lehrenden.

Lernen durch Interaktion zwischen Lernenden und Umgebungsbedingungen

Wie bei Kindern, so sind auch bei Jugendlichen und Erwachsenen in der Berufsbildung die Lernprozesse einerseits auf interne Impulse zurückzuführen und andererseits als Reaktion auf Anforderungen von außen anzusehen wie z. B. bei einer Unterweisung am Arbeitsplatz. In jedem Fall – unabhängig davon, ob die Impulse für Lernen schwerpunktmäßig als intern oder als extern erscheinen – erfolgt Lernen durch die Interaktion zwischen Lernenden und den Umgebungsbedingungen. Lernen aufgrund solcher Interaktion kann tendenziell aufgefasst werden einerseits im Sinne der *Konstruktion* aufgrund anregender Lernumgebungen (Lang/Pätzold 2002, S. 52) oder andererseits als rezeptives Lernen im Nachvollzug bzw. als Reaktion auf Lehren vor allem im Sinne der *Instruktion* (Lang/Pätzold 2002, S. 49).

Lehren als Gestaltung von Lernsituationen

Wenn die Umgebungsbedingungen für Lernende absichtlich und zielgerichtet gestaltet werden, dann spricht man von „Lehren". Im weiten Sinne bedeutet *Lehren* die intentionale Gestaltung von Lernsituationen; die Umgebungsbedingungen stellen ein Arrangement dar, das von Lehrenden gewählt oder gestaltet wurde, um Lernen zu veranlassen.

Lern-Arrangement

In einem Lern-Arrangement sind die Umgebungsbedingungen für Lernende so arrangiert, dass Lernen veranlasst und gefördert wird.

Lehren im engeren Sinne

Meist wird Lehren allerdings nur in einem engeren Sinne gemeint: Man versteht unter *Lehren* die direkte oder unmittelbare Einflussnahme von lehrender Position aus. Die Lernenden reagieren und lernen aufgrund der Lehr-Impulse und nicht von sich aus. Vor allem dieses fremdgesteuerte und rezeptive Lernen, das durch Lehrpersonen veranlasst und gelenkt wird, prägte früher Schulunterricht und Berufsausbildung. Im extremen Fall konnte man von einer gleichsam befohlenen Auseinandersetzung mit einer Lernsituation sprechen.

Die Gruppierung und Zuordnung der Lern-Arrangements

Für Unterricht in Schulen und für die Unterweisung in Betrieben wurden neben der Entwicklung von Methoden für eine direkte Einflussnahme auf Lernende auch solche Lern-Arrangements entwickelt und vorgeschlagen, die selbstgesteuertes Lernen veranlassen und fördern. Deshalb lassen sich die Lern-Arrangements unterteilen in solche, die auf fremdgesteuertes Lernen abzielen, weil sie Lernprozesse durch Lehren im engeren Sinne veranlassen – den eigentlichen *Lehrmethoden* – und solchen, die selbstgesteuertes Lernen intendieren.

Allerdings entsprechen viele Methoden nicht den Idealvorstellungen von Selbststeuerung oder von Fremdsteuerung. Insofern kann man Methoden nur tendenziell diesen methodischen Ansätzen zuordnen oder ihre „Position auf dem Kontinuum zwischen 'absoluter Selbststeuerung' und 'vollkommener Fremdsteuerung'" festlegen (Euler/Pätzold/Lang 2005, S. 138).

Lern-Arrangements oder Lehr-Lern-Arrangements?

Lern-Arrangements veranlassen Lernen. Die Methodik umfasst solche Lern-Arrangements, die weitgehend durch direktes *Lehren* zentriert sind, und außerdem viele Methoden, bei denen dieses Lehren im engeren Sinne geringe Relevanz besitzt, weil selbstgesteuertes Lernen im Vordergrund steht. Da Lehren im engeren Sinne darauf abzielt, dass in bestimmter Weise – nach Maßgabe der lehrenden Position – gelernt wird (S. 2), verkörpert es jene besonderen Formen von Lern-Arrangements, bei denen Lehrpersonen das Lernen anregen und steuern.[1] Ein *Lehr*-Lern-Arrangement ist insofern eine Untergruppe der Lern-Arrangements. Deshalb wird im Titel dieses Buches nicht von „Lehr-Lern-Arrangements" gesprochen, sondern von „Lern-Arrangements", wobei die Lehr-Lern-Arrangements eingeschlossen sind.

Spannweite von Lernen

- **Lernen aufgrund interner Impulse**
  Lernen aufgrund selbstgesteuerter Auseinandersetzung mit Lernsituationen
  Lern-Arrangements als lernanregende Umgebungsbedingungen
- **Lernen aufgrund externer Impulse**
  Lernen als Reaktion auf Lehren
  Von lehrender Position unmittelbar veranlasstes und gelenktes Lernen
  Lern-Arrangements durch Lehren im engeren Sinne geprägt

Aufgaben

1. Suchen Sie einerseits Beispiele dafür, wie Lernen aufgrund interner Impulse erfolgt, und andererseits dafür wie es durch Lehren veranlasst wird.

2. Begründen Sie „Lehren" als besondere Form eines Lern-Arrangements bzw. als besondere Form von Umgebungsbedingungen für das Lernen.

3. Warum kann man Formen des Lehrens im engeren Sinne als aggressives Lern-Arrangement auffassen?

4. Inwiefern bilden *Konstruktion* aufgrund von selbstgesteuertem Lernen und *Instruktion* im Sinne von Lehren die Grundpfeiler der Lehr-Lern-Prozesse?[2]

---

[1] Um diesen Zusammenhang zwischen Lehren und Lernen zu verdeutlichen wird oft von Lehr-Lern-Prozessen gesprochen.

[2] Vgl. Apel 2002, S. 8 f.

5. Begründen Sie die Zuordnung von rezeptivem und entdeckendem Lernen zu den methodischen Ansätzen von Fremd- und Selbststeuerung.
   Bedenken Sie: „Die Begriffe 'rezeptiv' und 'entdeckend' kennzeichnen die Art und Weise, wie die Problemlösung erarbeitet wird, beziehungsweise in welcher Form der zu lernende Inhalt vom Lehrenden vorbereitet ist. *Rezeptives Lernen* erfolgt, wenn dem Schüler der gesamte Inhalt in fertiger Form vermittelt wird. Er muss das Vorgetragene oder in einem Text Vorgegebene nur gedanklich nachvollziehen. *Entdeckendes Lernen* beruht hingegen darauf, dass der zu lernende Inhalt nicht vorgegeben ist, sondern vom Schüler selbstständig entdeckt und zusammengefügt werden muss."[3]

1.2 Methodik als Teilbereich der Didaktik

Methodenfragen sind im didaktischen Zusammenhang zu sehen, denn Methodik ist ein Teilbereich der Didaktik. In der Berufsbildung wird dabei *Didaktik* – wie meist – in einem weiten Sinne verstanden (vgl. Nickolaus 2008, S. 6; Schelten 2004, S. 145).[4] Sie schließt dabei alle Strukturelemente der Lehr-Lern-Prozesse ein[5] und umgreift

- Ziele oder Intentionen,
- Inhalte oder Themen,
- Methoden und
- Medien (vgl. Nickolaus 2008, S. 46).

---

[3] Euler/Hahn 2007, S. 367
[4] Im Gegensatz zu dieser Auffassung von Didaktik in weiterem Sinne bezieht sich die Didaktik in engerem Sinne nur auf Ziele und Inhalte und schließt deshalb die Methodik nicht ein.
[5] Schulz, Wolfgang: Unterricht – Analyse und Planung. In: Heimann, Paul; Otto, Gunter; Schulz, Wolfgang: Unterricht – Analyse und Planung. 10. Aufl., Hannover: Schroedel, 1979, S. 13–47, hier S. 23

Methodenfragen in der Berufsbildung

In der Berufs- und Wirtschaftspädagogik erschien die Methodenfrage früher eher als ein Randproblem,[6] denn Methoden wurden nur selten unter dem Aspekt der Berufsbildung untersucht und systematisch dargestellt.[7] Vielmehr wurde die Methodik im didaktischen Zusammenhang betrachtet und im Rahmen von Lehrbüchern in der Berufs- und Wirtschaftspädagogik dargestellt und diskutiert. Dies ist heute noch der Fall (vgl. Arnold/Krämer-Stürzl 1999; Ott 2000; Euler/Hahn 2007; Schelten 2004; Riedl 2004; Fegebank 2004; Rebmann/Tenfelde/Uhe 2005; Tenberg 2006) neben Lehrbüchern zur Methodik der Berufsbildung (Bonz 2009; Pätzold 1996), der Ökonomie (Kaiser/Kaminski 1999) und der Technik (Pahl 2008, Pahl 2007).[8]

Methodenboom und Entwicklung der Methodik

Doch die methodischen Überlegungen – bezogen auf einzelne Methoden – waren in der Berufsbildung so verbreitet, und Einzelfragen bzw. einzelne Methoden wurden so intensiv diskutiert, dass man Ende der 80er Jahren des letzten Jahrhunderts von einem Methodenboom sprach. Die Theorie und die Systematik blieben in der Methodik vernachlässigt,[9] obwohl methodische Kompetenz in der Praxis der Berufsbildung immer einen sehr hohen Rang besaß.[10] Wahrscheinlich

---

[6] Vgl. folgende Lehrbücher oder Einführungen, die einen Überblick über Unterrichtsmethoden enthalten: Dörschel, Alfons: Einführung in die Wirtschaftspädagogik. 4. Aufl., München: Vahlen, 1975; Voigt, Winfried: Einführung in die Berufs- und Wirtschaftspädagogik. München: Juventa, 1975; Schmiel, Martin; Sommer, Karlheinz: Lehrbuch Berufs- und Wirtschaftspädagogik. 2. Aufl., München: Ehrenwirth 1992; Bunk, Gerhard: Einführung in die Arbeits- Berufs- und Wirtschaftspädagogik. Heidelberg: Quelle & Meyer, 1982; Arnold, Rolf: Berufspädagogik – Lehren und Lernen in der beruflichen Bildung. Frankfurt (Main): Sauerländer, 1990

[7] Bonz, Bernhard: Methodische Fragen in der beruflichen Bildung. In: Bonz, Bernhard (Hrsg.): Beiträge zur Methodik in der beruflichen Bildung. (bzp Bd. 7) Stuttgart: Holland + Josenhans, 1976, S. 9–31; Hentke, Reinhard: Unterrichtsmethoden – Differenzierung und Systematik. In: Z. Berufs- u. Wirtschaftspädag. 88 (1992), S. 207–218; Bonz, 1996

[8] Als Methodik für allgemeine Schulen ist verbreitet Meyer, Hilbert: Unterrichtsmethoden I: Theorieband. Berlin: Cornelsen Scriptor, 2002 (Nachdruck)

[9] In der DDR wurden im Gegensatz dazu Methoden in der Berufsausbildung systematisch untersucht und an den Erkenntnismethoden von Fachdisziplinen orientiert. – Vgl. Bernard, Franz: Zur Entwicklung von methodologischer Analyse und Strukturierung. In: Schanz, Heinrich (Hrsg.): Berufsbildung im Zeichen des Wandels von Technik, Wirtschaft und Gesellschaft. Stuttgart: Holland + Josenhans, 1992, S. 121–134 und Bernard, Franz: Die Entwicklung der unterrichtsmethodischen Forschung am Institut für Ingenieurpädagogik der Technischen Hochschule Otto von Guericke Magdeburg. In: Nickolaus, Reinhold; Schanz, Heinrich (Hrsg.): Didaktik der gewerblich-technischen Berufsbildung. (Diskussion Berufsbildung Bd. 9) Baltmannsweiler: Schneider, 2008, S. 9-23

[10] Zum „unterrichtsmethodischen Paradigma" und zum „fachmethodischen Paradigma" sowie zu deren Entwicklung seit den 80er Jahren vgl. Schütte 2001, S. 40f. u. S. 44–48

ist dies darauf zurückzuführen, dass methodischen Fragen in einer fachwissenschaftlich zentrierten Lehrerbildung für berufliche Schulen keine besondere theoretische Relevanz beigemessen wurde und die Ausbildung des betrieblichen Bildungspersonals unter praktischen Gesichtspunkten erfolgte. Die einzelnen Methoden blieben ohne Bezug zu einem System der Methodik, und die Lehrerbildung für berufliche Schulen beschränkte sich oft in der Methodik auf typische Lehrverfahren [11] oder auf fachmethodische Lösungsvorschläge [12] und das Knowhow der Wissensvermittlung.

Wie entstand das Methodenarsenal der Berufsbildung?

Die Methodik der Berufsbildung integriert

- Methoden der Schulpädagogik bzw. des allgemeinbildenden Schulwesens wie z.B. Gruppenunterricht,

- Methoden der Berufsausbildung wie z.B. die Vier-Stufen-Methode,

- Methoden der Hochschuldidaktik und der berufsbezogenen Erwachsenenbildung wie z.B. die Fallstudie und

- spezifisch für die Berufsbildung bzw. im Rahmen des beruflichen Schulwesens oder des betrieblichen Bildungswesens entwickelte Methoden wie z.B. die Leittextmethode.

Lern-Arrangements, Methoden und Methodik

Historisch haben sich bestimmte Lern-Arrangements herausgebildet, die man als *Methoden* bezeichnet, wobei nicht nur die Lernsituation am Anfang, sondern auch der Verlauf und die Veränderung der Umgebungsbedingungen eine Rolle spielen. Stets ist dabei die mediale Ausgestaltung eingeschlossen.

---

[11] Vgl. Hartmann, Karl O.: Unterrichtsgestaltung der Berufs-, Werk- und Fachschulen. Frankfurt (Main): Diesterweg, 1928 oder Hölzl, Erhard: Analyse und Planung von Unterricht. In: Schanz, Heinrich (Hrsg.): Didaktik der ökonomischen Bildung. (bzp Bd. 4) Stuttgart: Holland + Josenhans 1977, S. 103–125. – Typisch für diese Einengung und die Aufzählung von „Lehrmethoden" sind der Abschnitt „Methodeneinsatz" in Schmiel, Martin: Berufspädagogik I. Trier: Spee, 1976 S. 123f. oder die Hinweise bei Grüner, Gustav: Schule und Unterricht im Berufsbildungssystem. In: Müllges, Udo (Hrsg.): Handbuch der Berufs- und Wirtschaftspädagogik. Bd. 2. Düsseldorf: Schwann, 1979, S. 349–376, hier S. 370–371

[12] Vgl. z.B. das Stichwort „Frankfurter Methodik des berufskundlichen Unterrichts" von Monsheimer . In: Pädagogisches Lexikon. Bd. 1. Gütersloh, 1970, Sp. 947–949 oder Pukas, Dietrich: Die „Frankfurter Methodik" – Ein Meilenstein der Berufsschulgeschichte und Berufsschuldidaktik. In: Z. Berufs- u. Wirtschaftspädag. 85 (1989), S. 230–243; vgl. auch Bonz, Bernhard: Methoden und Medien im fachkundlichen Unterricht für Maschinenbauberufe. In: Bonz, Bernhard; Lipsmeier, Antonius (Hrsg.): Beiträge zur Fachdidaktik Maschinenbau. (bzp Bd. 9) Stuttgart: Holland + Josenhans, 1981, S. 153–167

Die *Methodik* umfasst den Bereich aller Methoden, die unter wissenschaftlichen Aspekten untersucht und systematisch dargestellt werden.

Methodik

Methodik ist die Wissenschaft und Lehre von den Methoden für Unterricht und Unterweisung. Methodik schließt auch den Bereich der Medien ein (Bonz, 2009, S. 3).

Unterricht und Unterweisung

Die Unterscheidung von Unterricht und Unterweisung bei organisiertem Lehren und Lernen [13] (vgl. Schelten 2004, S. 148) geht auf die beiden Lernorte der Berufsbildung zurück. Während Unterricht in Berufsschulen vor allem der Vermittlung theoretischer Kenntnisse diente, sollten die Lehrlinge in den Betrieben durch Unterweisung z. B. am Arbeitsplatz in erster Linie berufliche Fertigkeiten erwerben (Schelten 2005, S. 91 f.). Dementsprechend stehen bei *Unterricht* kognitive Lernziele im Vordergrund, und eine *Unterweisung* konzentriert sich auf berufsmotorische Lernziele bzw. den psychomotorischen Lernzielbereich. [14]

Unterricht und Unterweisung

Unterricht in der Berufsbildung ist schwerpunktmäßig geprägt durch kognitive Lernziele.
Eine Unterweisung ist schwerpunktmäßig geprägt durch berufsmotorische Lernziele.

---

[13] Zu den allgemeinen Merkmalen von Unterricht und Unterweisung: „Von anderen Kommunikations-, Lern- und Sozialisationsprozessen unterscheidet sich Unterricht ... durch seine pädagogische Intentionalität ... Planmäßigkeit ... Institutionalisierung ... Forderung nach Professionalisierung.". Schulz, Wolfgang: Unterricht. In: Wulf, Christoph: Wörterbuch der Erziehung. 3. Aufl., München: Piper, 1974, S. 591–598, hier S. 592

[14] Vgl. Schelten 2009. – Als Verhaltensdimensionen und Lernzielbereiche unterscheidet man allgemein kognitiv, affektiv und psyochomotorisch. Die Lernzielbereiche hängen meist eng miteinander zusammen. Selbstverständlich sind mit dem Erlernen von beruflichen Fertigkeiten auch kognitives und affektives Verhalten betroffen (vgl. Riedl 2004, S. 14).

Unterricht und Unterweisung in der Praxis

In der Praxis der Berufsbildung wird die begriffliche Unterscheidung zwischen Unterricht und Unterweisung oft nicht berücksichtigt. Beispielsweise finden in beruflichen Schulen im Rahmen von fachpraktischem Unterricht immer wieder Unterweisungen bezüglich berufsmotorischer Fertigkeiten statt.

Methodik als Teilbereich der Didaktik

D i d a k t i k

Ziele + Inhalte

Methodik

Methoden + Medien
für Unterricht + Unterweisung

Aufgaben

1. Inwiefern hängen methodische Entscheidungen mit didaktischen Aspekten zusammen?
2. Diskutieren Sie die Zusammenhänge der Strukturelemente bei Lehr-Lern-Prozessen anhand eines Beispiels.
3. Stellen Sie den Ursprung der Ihnen bekannten Methoden fest und begründen Sie deren Position in der Berufsbildung.
4. Inwiefern unterscheiden sich Unterricht und Unterweisung, bei welchen Merkmalen besteht Übereinstimmung?

1.3 Ausblick auf die nachfolgenden Kapitel

Der vorliegende Studientext betrifft die Methodik in der Berufsbildung und damit Lern-Arrangements, die Lernprozesse in der Berufsbildung veranlassen sollen. Die einzelnen Methoden unterscheiden sich durch das Lern-Arrangement, das Lernprozesse anregt und fördert. Deshalb kommt in den Methoden zum Ausdruck, dass bei der Gestaltung von Lernsituationen jeweils Annahmen über das Lernen impliziert sind oder dass man sich ausdrücklich auf Lerntheorien bezieht (Kapitel 2).

Bei näherer Betrachtung betrifft die Gestaltung von Lern-Arrangements mehrere Entscheidungsebenen, die in bestimmter Weise bei den Methoden, die sich historisch entwickelten, ausgeprägt sind (Kapitel 3).

Bei der Methodenwahl geht man von der Analyse der Bedingungen aus und trifft die Entscheidung unter Berücksichtigung der curricularen Vorgaben (Kapitel 4).

Spannweite methodischer Entscheidungen

Die Spannweite methodischer Entscheidungsmöglichkeiten wird im Methodenspektrum der Berufsbildung deutlich (Kapitel 5). Die Methoden lassen sich dabei einteilen in solche, die typisches Lehren gestalten und jene, die selbstgesteuertes Lernen anregen. Während im ersten Fall die *Lehrmethoden* davon ausgehen, dass Lernende auf einem von lehrender Position vorgegebenen Weg die Lehrziele erreichen sollen (Kapitel 5.2), zielt das Lern-Arrangement bei *Methoden, die zu selbstgesteuertem Lernen führen*, vor allem darauf ab, durch eine anregend gestaltete Lernsituation selbstständiges Lernen zu veranlassen (Kapitel 5.3).

Selbstverständlich gibt es methodischen Zwischenformen und Kombinationen. Doch alle Methoden bedienen sich der Medien (Kapitel 6). Hinzu kommen die besonderen Möglichkeiten, die Computer und E-Learning bieten (Kapitel 7). Darüber hinaus wird in Kapitel 8 auf die Weiterentwicklung methodischer Ansätze und Theorien in der Berufsbildung eingegangen.

Methodenkompetenz und didaktisch-methodisches Handeln

Solche Kenntnisse über methodische, mediale sowie telematische Möglichkeiten und Varianten sind Bestandteil der Methodenkompetenz bzw. des professionellen didaktisch-methodischen Handelns. Doch über wissenschaftliches Theoriewissen und die Kenntnis der Lerneffekte von Methoden hinaus sind pädagogische Erfahrungen zu reflektieren. Denn erst im Rückblick, im Rahmen der Evaluation von Lehr-Lern-Prozessen erweist sich, ob die rational begründeten methodischen Entscheidungen und entsprechend gestalteten Lern-Arrangements – pädagogisch verantwortbar im Hinblick auf Lernende und fachlich-inhaltlich gerechtfertigt – erfolgreich realisiert wurden und ob insgesamt methodisches Handeln als Integration didaktischer, methodischer und medialer Entscheidungen in der Berufsbildung gelungen ist (Kapitel 9).

2 Methoden als Muster für das Arrangement von Lernsituationen und lerntheoretische Grundlagen

Methoden unterscheiden sich äußerlich durch ihre besondere und charakteristische Ausprägung der Lernsituationen bzw. durch das Arrangement der Umgebungsbedingungen für Lernende. Man denke beispielsweise an die Lernsituation im Frontalunterricht in beruflichen Schulen oder an das Lern-Arrangement bei einer Unterweisung am Arbeitsplatz.

Methoden als Arrangement der Umgebungsbedingungen

Durch das Arrangement der Umgebungsbedingungen soll Lernen in bestimmter Weise veranlasst und gefördert werden, so wie beispielsweise die Unterweisung auf Nachmachen, auf imitierendes Lernen abzielt. Andere Methoden wie z. B. Frontalunterricht haben sich bewährt, weil sie für die Vermittlung von Kenntnissen Erfolg versprechen. Die Gestaltung der Umgebungsbedingungen für Lernende folgt jeweils einem bestimmten Muster, das lerntheoretisch fundiert ist und das sich durch positive Erfahrungen in der Praxis der Berufsbildung auszeichnet. Die Spannweite der Gestaltungsmöglichkeiten erstreckt sich von Lernumgebungen, die selbstgesteuertes Lernen anregen, bis hin zu solchen, die fremdgesteuertes Lernen bewirken.

Methode

Methoden sind Muster für das Arrangement von Lernsituationen (Bonz, 2009, S. 6). Sie legen fest, in welcher Weise und in welchem Umfang die Umgebungsbedingungen von Lernenden als Anreiz und Gelegenheit für selbstständiges Lernen aufgefasst werden oder wie von der Lernumgebung – insbesondere von lehrender Position aus – Impulse und lenkende Vorgaben für rezeptives Lernen erfolgen.

Methoden in der Praxis der Berufsbildung

Da jede Methode Lernen veranlassen soll, muss sie berücksichtigen, auf welche Weise gelernt wird. Deshalb implizieren Methoden Annahmen darüber, wie Lernen stattfindet, oder sie beziehen sich ausdrücklich auf Lerntheorien. Die Methoden unterscheiden sich durch die lerntheoretische Orientierung an Konstruktion oder Instruktion. Das Lern-Arrangement formt die Umgebungsbedingungen für Lernende auch im Hinblick auf die Zielsetzung, denn von der Charakteristik des Lern-Arrangements hängt es ab, wie gelernt wird und welche Ziele mit den Methoden erreichbar erscheinen. Doch findet man in der schulischen und betrieblichen Berufsbildung selten die extremen Methoden, die sich präzise an den gegensätzlichen Ansätzen von Instruktion oder Konstruktion orientieren: Auf der einen Seite die reine Darbietung wie z. B. einen Vortrag ohne Möglichkeiten für Rückfragen und Diskussion oder andererseits das freie und selbstständige Lernen aufgrund selbst gesteckter Ziele und geplant nach eigenem Gutdünken (vgl. Euler/ Pätzold/Lang 2005, S. 138).

Lernen

Lernen ist der Vorgang, durch den die internen Bedingungen eines Individuums im Gefolge von Reaktionen auf Umgebungsbedingungen verändert werden. Dies gilt jedoch nur, wenn sich die Änderung nicht auf der Grundlage angeborener Reaktionstendenzen, von Reifung oder von zeitweiligen organismischen Zuständen (z. B. Ermüdung, Drogen usw.) erklären lässt.[1]

---

[1] Vgl. Hilgard, Ernest R.; Bower, Gordon H.: Theorien des Lernens I. 4. Aufl., Stuttgart: Klett, 1975, S. 16

Auswahl lerntheoretischer Grundlagen

Als lerntheoretische Grundlage wird im Folgenden ein allgemeines Verhaltensmodell dargestellt. Zur Strukturierung der Methodik und zur Einteilung der Methoden dienen im vorliegenden Buch immer wieder gegensätzliche Auffassungen. Von den lerntheoretischen Ansätzen werden deshalb – wie bereits im 1. Kapitel – nur die mit *Konstruktion* und *Instruktion* verbundenen Auffassungen ausgewählt und herausgehoben. Andere Ansätze sind in Kapitel 8 erwähnt. Eine umfassende Darstellung der lerntheoretischen Grundlagen folgt in Band 6 dieser Reihe; außerdem ist zu verweisen auf *Straka/Macke*, 2006 und *Straka* 2009.

Allgemeines Verhaltensmodell als Grundlage des Lernens

Als Grundlage des Lernens unterscheidet das allgemeine Verhaltensmodell nach *Straka* (2009, S. 8 f.) drei Ebenen:

- Die Umgebungsbedingungen bzw. die externen Bedingungen, die durch das Lern-Arrangement gegeben sind,
- die aktuellen Vollzüge im Individuum und
- die internen Bedingungen des Individuums (Abb. 2-2).

Lernhandeln als Interaktion mit Umgebungsbedingungen

Die inneren oder internen Bedingungen des Individuums – z. B. Kenntnisse, Fertigkeiten, Motive, emotionale Dispositionen – ermöglichen und bestimmen im Sinne der aktuellen Vollzüge die Auseinandersetzung des Individuums mit den Umgebungsbedingungen. Diese Interaktion bezeichnet man auch als Lernverhalten oder als Lernhandeln (Straka 2009, S. 9). Beim Lehren [2] werden die Umgebungsbedingungen intentional, d. h. in pädagogischer Absicht zielgerichtet arrangiert. Das Lern-Arrangement soll dazu führen, dass sich Lernende mit ihm auseinandersetzen und auf der Grundlage dieses Individuum-Umgebung-Bezugs lernen.

---

[2] Lehren im weiten Sinne, vgl. Kap. 1, S. 2

Individuum und Umgebungsbedingungen

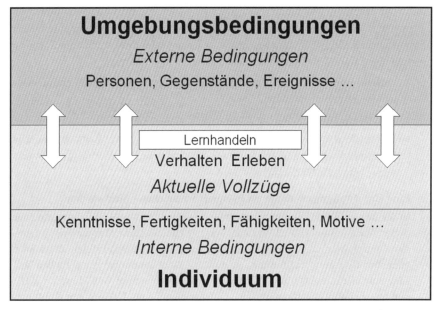

Abb. 2-2 Lernhandeln zwischen Individuum und Umgebungsbedingungen [3]

Lern-Arrangements und Lernen

Durch ein Lern-Arrangement werden die Umgebungsbedingungen planvoll so gestaltet und sukzessive verändert, dass die Auseinandersetzung der Individuen mit diesen externen Bedingungen Lernchancen eröffnet sowie Lernen zur Folge hat (vgl. Wahl 2005, S. 206). Lernen hat aber nur dann stattgefunden, wenn die individuumsbezogenen Folgen des Lernhandelns zur überdauernden Veränderung der internen Bedingungen des Individuums führen. Deshalb kann nur im Nachhinein festgestellt werden, ob Lernen tatsächlich stattgefunden hat (Straka 2009, S. 9f.).

---

[3] Vgl. Straka 2009, S. 8

Kernfragen der Lerntheorie

Auch wenn aufgrund des geeigneten Lern-Arrangements ein Lernerfolg plausibel erscheint, so bleibt doch die Aufgabe, die tatsächlichen überdauernden Veränderungen bei den Lernenden festzustellen. *Straka* formuliert dementsprechend „drei Kernfragen einer Lern-Lehr-Theorie für die Planung und Analyse von Unterricht":

- Welche überdauernden inneren Bedingungen wurden aufgebaut oder sollen aufgebaut werden?
- Welches Lernverhalten führt bzw. führte zu diesen inneren Bedingungen?
- Welche Umgebungsbedingungen – welche Lern-Arrangements, welche Methoden – sind geeignet, dieses erwünschte Lernverhalten auszulösen (Straka 2009, S. 11)?

Eine Unterweisungsmethode als Beispiel: Vormachen – Nachmachen

In der Berufsausbildung ging man schon vor langer Zeit davon aus, dass Lehrlinge in der Weise lernen, dass sie in der Werkstatt zunächst den Meister beim Vormachen beobachten z. B. wenn er ein Rohr absägt. Das Beobachten der Umgebungsbedingungen – vormachender Meister – steht am Beginn der aktuellen Vollzüge auf Seiten des Lehrlings. Dieser versucht anschließend, den Meister nachzumachen. Schließlich gelingt es ihm, – Nachmachen – das Absägen von Rohren zu erlernen und als neue interne Bedingung auszuweisen, indem er die entsprechende Arbeitstechnik selbstständig praktiziert. – Ähnliche Lernkontrollen sind im kognitiven Bereich analog zu berufsmotorischen Fertigkeiten möglich.

Spannweite der Lerntheorien zwischen Konstruktion und Instruktion

So wie sich das Spektrum der Methoden von der Anregung selbstständigen Lernens bis hin zu Formen des Drills erstreckt, so sind auch die zugrunde liegenden Lerntheorien gegensätzlich: Konstruktivistische Theorien des Lernens beruhen auf der Annahme, dass Menschen letztlich nur selbstständig intern neue Verhaltensweisen aufbauen können (vgl. z. B. Backes-Haase 2001) und dass dies durch eine entsprechende Lernumgebung anzuregen ist. Andererseits geht man von einem Sender-Empfänger-Modell des Lernens aus, wenn ein Mensch aufgrund von Instruktion lernt und reaktiv entsprechend strukturiertes Wissen aufbaut.

Lerntheorie und methodisches Handeln

Für methodisches Handeln wird dann die grundsätzliche Fragestellung deutlich: Sollen die Umgebungsbedingungen für Lernen in der Berufsbildung im

Sinne von *Instruktion* gestaltet und organisiert werden, damit die erwünschten Lernprozesse als Reaktion auf Lehren stattfinden? Oder sollen die Umgebungsbdingungen so gestaltet werden, dass sie die Menschen anregen, selbstständig die intendierten kognitiven Sturkturen aufzubauen bzw. zu konstruieren? Welches Lern-Arrangement, welche Methode ist zu wählen, um Lernen in einer solchen Weise anzuregen? An welchen Lerntheorien soll man sich orientieren, um Lernen zu veranlassen, das den Intentionen entspricht?

Die begründete Antwort, die man von professionellen Lehrpersonen erwarten kann, muss vor allem die Zielsetzung für Lernprozesse in der Berufsbildung und die Lernvoraussetzungen auf Seiten der Lernenden – die internen Bedingungen – berücksichtigen; die entsprechende Gestaltung der Umgebungsbedingungen – die Methodenwahl – erfordert aber die umfassende Kenntnis des Methodenspektrums und der didaktischen Position der einzelnen Methoden sowie ihrer lerntheoretischen Begründung.

> **Methoden beruhen auf lerntheoretischen Annahmen, wie Menschen lernen. Lern-Arrangements und Methoden bilden die Umgebungsbedingungen, mit denen sich Lernende auseinandersetzen. Solches Lernhandeln soll zu überdauernden Veränderungen der inneren Bedingungen des Individuums führen.**

Aufgaben

1. Beantworten Sie die „drei Kernfragen einer Lern-Lehr-Theorie für die Planung und Analyse von Unterricht", indem Sie sich auf Beispiele aus Ihrem Erfahrungsbereich (z. B. an der Universität) beziehen.

2. Inwiefern beruht ein Lern-Arrangement wie bei Frontalunterricht in Blockform und bei der Gruppenarbeit (vgl. Abb. 3.2.4-1) auf lerntheoretischen Grundlagen oder Annahmen?

3. Warum können Lernergebnisse als Folge innerer Aktivität und aktueller Vollzüge angesehen werden, die sich aus der Auseinandersetzung mit den äußeren Umgebungsbedingungen in der Berufsbildung ergibt?

4. Diskutieren Sie die Auffassung, dass „Instruktion und Konstruktion nicht als unvereinbare, sich wechselseitig ausschließende theoretische Gegensätze, sondern als komplementäre Ansätze" aufzufassen sind, die in Lern-Arrangements auszubalancieren sind.[4]

5. Inwiefern sind Persönlichkeitsmerkmale von Lernenden und die soziale Umwelt als Bedingungen für Lernhandeln relevant?

---

[4] Lang/Pätzold 2002, S. 57f.

3 Methode als vielschichtiger Komplex – methodische Entscheidungsebenen

3.1 Die Komplexität der Lern-Arrangements

In einem Lern-Arrangement sind die Umgebungsbedingungen für Lernende festgelegt. Diese sind durch eine vielschichtige Struktur gekennzeichnet, die an die Lernenden unterschiedliche Anregungen, Forderungen und Möglichkeiten der Interaktion vermittelt (Kap. 3). Doch Lehrpersonen können bei der Auswahl und Gestaltung der Umgebungsbedingungen nicht über alle Dimensionen einer Lernsituation frei entscheiden. Die Rahmenbedingungen liegen weitgehend fest.

Rahmenbedingungen von Lern-Arrangements

Die Rahmenbedingungen für Unterricht und Unterweisung sind durch die Institutionen der Berufsbildung und ihre Ziele bestimmt und können von Lehrpersonen zumindest kurzfristig nicht verändert werden. Während in beruflichen Schulen der Bildungsauftrag maßgeblich ist, wird die Berufsausbildung am Lernort Betrieb im Rahmen der Betriebsziele gesehen. Unterweisung und Unterricht erhalten deshalb in den Betrieben nicht den gleichen „Schonraum" wie in Schulen; die institutionellen Grundlagen sind verschieden (vgl. Schanz 2006, Bd. 2 dieser Reihe). Zu diesen Rahmenbedingungen an den Lernorten der Berufsbildung, die ein Bestandteil der Lernumgebung sind, gehören auch die personellen Gegebenheiten, die Verwaltung und Organisation, der zeitliche Rahmen von Unterricht und Unterweisung, die räumlichen Verhältnisse, die sächliche Ausstattung usw. (Bonz 2008, S. 11ff.).

Lern-Arrangements als Umgebungsbedingungen für Lernen

Innerhalb dieses Rahmens können die Lern-Arrangements gestaltet werden als Umgebungsbedingungen für die Anregung und Förderung von Lernen. Aus der Sicht der Lernenden umfassen diese Umgebungsbedingungen alles, was sich außerhalb des lernenden Individuums befindet: Gegenständliche, informationelle und soziale Gegebenheiten bzw. Vorgänge, Lehr- und Ausbildungskräfte, Mitschüler sowie andere Auszubildende, ihr Erscheinen und ihr Verhalten usw. (Abb. 3.1-1; Straka 2009, S. 8).

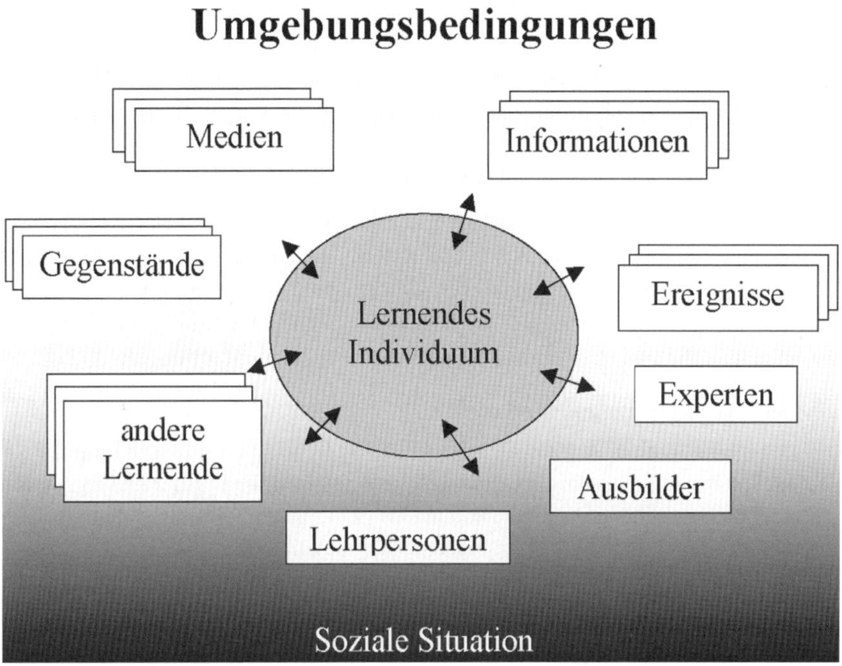

Abb. 3.1-1   Lern-Arrangement als Gestaltung von Umgebungsbedingungen

Muster für Lern-Arrangements

Die Gestaltung der Umgebungsbedingungen für Lernen kann alle Dimensionen der Lernumgebung und auch die Veränderungen im Zeitablauf betreffen. Doch vereinfacht sich die Planung von Lern-Arrangements dadurch, dass man auf Methoden zurückgreifen kann, in denen bereits in didaktischer Absicht die Umgebungsbedingungen nach bestimmten Mustern vorgeprägt sind.

Nicht nur die Sitzordnung bzw. das soziale Arrangement von Lernenden und anderen Personen einer Lernumgebung wirken sich auf die Lernprozesse aus. Auch Impulse oder Aktionen von Lehrpersonen und von anderen Lernenden, Inhalte, Informationen, Lernaufgaben, Medien und Arbeitsinstrumente sowie die Organisation des Zusammenwirkens zwischen diesen Elementen und die Abfolge von Lernsituationen sind für eine Methode charakteristisch.

Komplexität von Methoden

Um angesichts dieser Komplexität die Lerneffekte von Methoden einzuschätzen und zu untersuchen, muss man sich den verschiedenen Dimensionen der Umgebungsbedingungen zuwenden. Sie lassen sich auf verschiedenen Ebenen analysieren und gestalten im Hinblick darauf, wie und in welchem Maße sie sich auf die Lernprozesse auswirken (Kapitel 3.2).

Das Lern-Arrangement und damit die Umgebungsbedingungen für Lernende
verändern sich im Verlauf des methodischen Handelns nicht nur aufgrund äußerer Ereignisse, sondern auch durch die Lernprozesse, weil sich als Folge des
Lernverhaltens die inneren Bedingungen der Lernenden und deren Verhalten
ändern, was für andere Lernende als veränderte Lernumgebung erscheint.

Lern-Arrangement und Methode

Der Terminus Lern-Arrangement ist situativ gemeint, denn im Vordergrund steht
die Situation als Lernumgebung wie z. B. beim Arrangement einer Anfangssituation für Unterricht. Bei der Bezeichnung Methode hat man hingegen mehr den Verlauf, die Abfolge und Veränderungen der Lern-Arrangements im Blick.[1]

Lern-Arrangement:

**In didaktischer Absicht gestaltete Umgebungsbedingungen zur Anregung
und Förderung von Lernprozessen.**

Methode:

Zielorientiert gestaltete Abfolge von Lern-Arrangements.

Aufgaben

1. Beschreiben Sie die Dimensionen der Lernumgebung, wie sie sich für Lernende
   im Frontalunterricht und bei der Gruppenarbeit bietet.

2. Zeigen Sie am Beispiel, wie sich bei erfolgreichem Lernen die Umgebungsbedingungen verändern.

3. Inwiefern unterscheiden sich Lern-Arrangements und Methoden?

---

[1] Denkbar ist, dass unter Lern-Arrangement nicht nur die Situation, sondern auch die Abfolge von
Situationen verstanden wird. In diesem Fall decken sich die Begriffe Lern-Arrangement und Methode weitgehend.

3.2 Methodische Entscheidungsebenen

3.2.1 Der Aufbau der methodischen Entscheidungsebenen

Methoden stellen sich bei differenzierter Betrachtung als Komplex von Elementen und Dimensionen des Lern-Arrangements dar. Wenn man eine Unterrichtsmethode wie z. B. Frontalunterricht oder eine Unterweisungsmethode wie die Vier-Stufen-Methode wählt, so entscheidet man sich jeweils für einen Komplex koordinierter Einzelentscheidungen, die unterschiedliche Dimensionen von Lernumgebungen betreffen und die methodischen Entscheidungsebenen zuzuordnen sind, weil sie unterschiedliche Aspekte der Lernprozesse betreffen. Bei Frontalunterricht beispielsweise kommt in der Bezeichnung die Sozialform dieses Unterrichts zum Ausdruck während die Vier-Stufen-Methode ihren Namen aufgrund der vierstufigen Artikulation erhielt.

Dimensionen der Lernumgebungen und Lernerfolg

Welche Ziele durch methodisches Handeln erreicht werden, ergibt sich aus den aktuellen Vollzügen der Lernenden in der Interaktion mit den Umgebungsbedingungen. Zwar besteht aufgrund langjähriger Erfahrung weitgehend Einigkeit darüber, welche Intentionen man mit den Methoden des Unterrichts und der Unterweisung verfolgen kann, doch inwieweit Lernverhalten mit den verschiedenen Dimensionen der Lernumgebungen zusammenhängen, ist im Einzelnen empirisch noch nicht geklärt.

Das Beispiel von Frontalunterricht und Vier-Stufen-Methode sollte aufzeigen, welche unterschiedlichen Aspekte bei methodischem Handeln für einen Lernerfolg relevant sind. Es kann sein, dass die Namen dieser Methoden damit zusammenhängen, dass die frontale Sozialform des Frontalunterrichts für seinen Erfolg besonders wichtig ist oder dass es bei der Vier-Stufen-Methode auf diese Artikulation ankommt.

Die sechs Entscheidungsebenen

Die Anregung und Förderung von Lernprozessen erfolgt in unterschiedlicher Weise auf sechs methodischen Entscheidungsebenen (Abb.3.2.1-1). Während die

- *Gesamtkonzeption* die grundsätzlichen Intentionen der Lehr-Lern-Prozesse und die Leitidee für die Abfolge der Lernanregungen bzw. der Veränderung der Lernsituationen im Ablauf strukturiert, bestimmen

- *Aktionsformen* die besondere Art und Intensität, wie die Lernanregungen aus der Lernumgebung gegenüber Lernenden geformt sind.

- *Sozialformen* betreffen die Gestaltung der Personen-Umgebung und damit die Kategorie der Kommunikation und Interaktion zwischen Lernenden und Lehrenden.

- Durch die *Artikulation* wird eine Veränderung der Lernumgebung in Phasen oder in Stufen vorgenommen; die Abfolge von Lernsituationen sowie von Ereignissen nimmt dabei den lernpsychologisch oder lerntheoretisch begründeten Ablauf der Lernprozesse auf.

- Bei *Lehrgriffen* sowie bei

- *Medien* kommt vor allem die instrumentelle Seite einer Methode zum Ausdruck; durch Lehrgriffe und Medien wird die Lernumgebung im Detail ausgestaltet.

Methodische Entscheidungsebenen

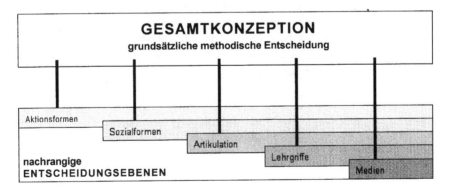

Abb. 3.2.1-1 Methodische Struktur und Entscheidungsebenen

Begründung der methodischen Entscheidungsebenen

Diese Systematik folgt einerseits sachlogischen didaktischen Aspekten, denn den umfassenden und allgemeinen Zielen müssen auch umfassende methodische Entscheidungen entsprechen, mit denen wiederum untergeordnete methodische Einzelentscheidungen wie z. B. über Medien im Einklang stehen müssen. Andererseits begründet eine rationale Planungsabfolge für Lehr-Lern-Prozesse diese unterschiedlichen Ebenen: Weitreichende Entscheidungen haben in der Praxis – nicht nur bei didaktischem Handeln – Vorrang. Von der Entscheidung über die Gesamtkonzeption hängt ab, welche Varianten bei Aktionsformen, Sozialformen, Artikulation, Lehrgriffen und Medien in Frage kommen. Dies wird im Folgenden dargelegt und bezogen auf die einzelnen Entscheidungsebenen (Kapitel 3.2.2 – 3.2.7).

Interdependenz der Entscheidungsebenen

Zwischen den Entscheidungsebenen – Gesamtkonzeption, Aktionsform, Sozialform, Artikulation, Lehrgriffe, Medien – besteht insoweit eine Abhängigkeit, als nachrangige Entscheidungen – z. B. auf der Ebene der Lehrgriffe – übergeordnete Entscheidungen – z. B. bezüglich der Gesamtkonzeption – berücksichtigen müssen. Die Reichweite der Entscheidungen nimmt zur Ebene der Medien hin ab. Insofern sind diese Dimensionen, die ein Lern-Arrangement strukturieren, hierarsich aufgebaut.

Weitere Differenzierung und andere Strukturierung der Methoden

In Frage kommt eine weitere Differenzierung der einzelnen Entscheidungsebenen. Dazu könnten z. B. die Formen des E-Learning führen (vgl. Kapitel 7.2) oder eine Ebene der Kommunikation[2] könnte von den Sozialformen abgetrennt werden. Andererseits werden teilweise die Lern-Arrangements und Methoden weniger stark differenziert oder unter anderen Aspekten differenziert. Wir deuten dies in drei Beispielen an:[3]

---

[2] Vgl. Beck 2005, S. 547: „Das Kommunikationsgeschehen als ein wesentlicher Erfolgsfaktor berufsschulischen Lernens".

[3] Zu beachten ist, dass die Terminologie nicht immer übereinstimmt. Beispielsweise weichen die Auffassungen von „Aktionsform" von Euler/Hahn und von Pukas voneinander und von dem hier verwendeten Begriff ab.

(1) *Euler/Hahn* unterscheiden

- „Methodengrundformen" als „Kombinationen von Aktions- und Sozialformen",
- „Methodengroßformen", die sich auf den gesamten Lernprozess beziehen
wie z. B. die Fallstudie, und
- „Methodenausprägungen", die wie beispielsweise Fragen oder Medien
„die Methodengrund- und Methodengroßformen" konkretisieren. (Euler/
Hahn 2007, S. 295 f.).

(2) *Pukas* unterscheidet als Ebenen von Unterricht

1. „Unterrichtsmethoden als Sozialformen",

2. „Aktionsformen", die – wie bei der darstellenden oder der „erarbeiten-
den Unterrichtsform" die „Art und Weise, wie Lehrer und Schüler im Unterricht agieren oder handeln" betreffen, und

3. „Unterrichtsverfahren", durch die ein Gesamtentwurf des Unterrichts-
verlaufes skizziert wird. (Pukas 2008, S. 19–35) [4]

(3) *Schelten* unterscheidet bei der „Lernorganisation" neben Didaktik und Methodik

- Sozialform,
- Artikulation und
- Medien (Schelten 2004, S. 210 ff.)

Methodische Entscheidungsebenen für
- **Gesamtkonzeption**
- **Aktionsform**
- **Sozialform**
- **Artikulation**
- **Lehrgriffe**
- **Medien**

**legen den Rahmen für methodische Einzelentscheidungen nach Kategorien
ihrer Auswirkungen auf Lehr-Lern-Prozesse fest.**
**Auf diesen Ebenen werden Entscheidungen über die Gestaltung der Lern-
umgebung und damit für die Anregung und Förderung von Lernprozessen
getroffen.**

---

[4] „Unterrichtsverfahren" entspricht dem, was wir als „Gesamtkonzeption" bezeichnen.

Aufgaben

1. Legen Sie am Beispiel anderer Fachgebiete (z. B. Straßenbau) dar, dass umfassende bzw. grundsätzliche Entscheidungen bei der Planung gegenüber der Detailplanung auf unteren Ebenen Vorrang haben.

2. Inwiefern handelt es sich bei den methodischen Entscheidungsebenen um eine hierarchische Struktur?

3. Wie beurteilen Sie das Gewicht der einzelnen methodischen Entscheidungsebenen für die Lerneffekte einer Methode?

4. Welche Probleme ergeben sich aus der teilweise uneinheitlichen Terminologie in der Didaktik und Methodik?

3.2.2 Gesamtkonzeptionen

Weitreichende Entscheidungen für Lehr-Lern-Prozesse fallen auf der Ebene der Gesamtkonzeptionen. Hier werden quasi die Weichen gestellt für den Gesamtverlauf von Unterricht und Unterweisung.[5]

Zur Bedeutung der Gesamtkonzeption

Die Bedeutung der methodischen Entscheidung über die Gesamtkonzeption wird beispielhaft deutlich, wenn auf dieser Ebene festgelegt wird, ob Lernende selbstständig bzw. selbstgesteuert lernen können oder ob sie fremdgesteuert in Abhängigkeit von Lehrenden lernen sollen. Die Entscheidung – im ersten Fall – für einen offenen Unterricht, der von einer Problemstellung oder von Lernaufgaben ausgeht, wobei die Lernergebnisse „offen" bleiben, d. h. nicht von lehrender Position von vorneherein festgelegt sind, oder – im zweiten Fall – für das Lehren im engeren Sinne wie bei linear-zielgerichtetem Unterricht, der von zuvor festgelegten Lernzielen ausgeht und diese geradlinig, auf direktem Weg gelenkt zu erreichen sucht (vgl. z. B. Schröder, 2001, S. 155 ff.).

Gesamtkonzeption

Die Gesamtkonzeption konkretisiert die für eine Lerneinheit geltende grundsätzliche methodische Entscheidung, nach der sich die anderen methodischen Entscheidungen richten müssen.

---

[5] Nach Schulz „determinieren" die Methodenkonzeptionen als „Gesamtentwurf des Unterrichtsverlaufs ... die einzelnen Unterrichtsschritte". – Schulz, Wolfgang: Unterricht – Analyse und Planung. In: Heimann, Paul; Otto, Gunter; Schulz, Wolfgang: Unterricht - Analyse und Planung. 10. Aufl., Hannover: Schroedel 1979, S. 13–47, hier S. 31

Beispiele für Gesamtkonzeptionen

Als „klassische" Gesamtkonzeptionen für Unterricht sind deduktiv und induktiv anzusehen. Dementsprechend ist – deduktiv – vom Allgemeinen zum Besonderen, vom Abstrakten zum Konkreten vorzugehen oder – induktiv – in umgekehrter Richtung (vgl. Pätzold 1996, S. 73; Euler/Hahn 2007, S. 150[6]). In ähnlichem Sinne kann man elementhaft-synthetisches Vorgehen dem ganzheitlich-analytischen gegenüberstellen (Euler/Hahn 2007, S. 151f.). Weitere Gegensatzpaare von Gesamtkonzeptionen sind expositorisches Lehren und entdeckenlassendes Lernen (vgl. Straka, 2009, S. 14–18). Anstelle einer expositorischen Gesamtkonzeption, die der Logik einer Fachdisziplin verpflichtet ist und sich am systematischen Aufbau der Fachwissenschaft orientiert, wurde exemplarisches oder genetisches Lehren empfohlen.[7]

Gesamtkonzeptionen – angeordnet als Gegensatzpaare

- linear-zielgerichtet, von festliegenden Lernzielen ausgehend, wobei Lernziele auf direktem Weg angesteuert werden
- expositorisches Lehren
- systematisch disziplinorientiert
- erklärend (im Technikbereich)
- deduktiv
- elementhaft-synthetisch

- offen, von Problemen ausgehend, mit offenen Lernergebnissen als Folge von selbstgesteuertem Lernen
- entdeckenlassendes Lernen
- exemplarisch
- konstruktiv (im Technikbereich)
- induktiv
- ganzheitlich-analytisch

Abb. 3.2.2-1 Gesamtkonzeptionen

---

[6] Euler/Hahn zählen diese Gesamtkonzeptionen zu den „Sequenzierungsprinzipien" (S. 149ff.).

[7] Vgl. die Sammlung pädagogischer Schriften von Wagenschein, Martin: Ursprüngliches Verstehen und exaktes Denken. Stuttgart: Klett, 1965 und Wagenschein, Martin: Verstehen lehren. 3. Aufl., Weinheim: Beltz, 2005; vgl. auch Michelsen, Uwe Andreas: Exemplarizität als Lehren von Strukturen. In: Sommer, Karl-Heinz (Hrsg.): Pädagogische und sozio-/psychologische Perspektiven im beruflichen und nachberuflichen Bereich. Esslingen: DEUGRO, 1989, S. 148–177; Brülls, Susanne: Das genetische Prinzip in der Unterrichtskonzeption von Martin Wagenschein. In: Aepkers, Michael; Liebig, Sabine: Entdeckendes, Forschendes und Genetisches Lernen. Baltmannsweiler: Schneider 2002, S. 123–138

Zur Umsetzung einer Gesamtkonzeption

Die Gesamtkonzeption als grundsätzliche methodische Entscheidung sollte für eine Lehr-Lern-Einheit einheitlich geplant werden.[8] Es erscheint nicht sinnvoll, wenn z. B. im Rahmen einer linear-zielgerichteten Gesamtkonzeption offene Phasen eingeplant werden, denn deren didaktische Orientierung steht im Widerspruch zu jener der linear-zielgerichteten Gesamtkonzeption.

Die Gesamtkonzeption legt die grundsätzliche methodische Entscheidung für Lehr-Lern-Prozesse fest.

Wichtige gegensätzliche Gesamtkonzeptionen:

linear-zielgerichtet <> offen

expositorisch <> entdeckenlassend

elementhaft-synthetisch <> ganzheitlich-analytisch

Aufgaben

1. Ordnen Sie „Konstruktion" und „Instruktion" der linear-zielgerichteten und der offenen Gesamtkonzeptionen zu. Begründen Sie die Zuordnung.
2. Warum kommen zwar linear-zielgerichtete Abschnitte als Ergänzung von Unterricht oder Unterweisung in offener Gesamtkonzeption in Frage, nicht aber eine offene Gesamtkonzeption als Ergänzung im Rahmen von linear-zielgerichteter Gesamtkonzeption?
3. Skizzieren Sie zum Thema „Aufbau eines Betriebs" wie Unterricht elementhaft-synthetisch – von Funktionen, einzelnen Abteilungen ausgehend – oder ganzheitlich-analytisch – vom Betrieb als Ganzem (z. B. über eine Betriebs-Erkundung) ausgehend – konzipiert werden kann.
4. Welche Gesamtkonzeption wurde gewählt, wenn ein Landtagsbesuch am Anfang der Lerneinheit zur Funktion parlamentarischer Demokratie steht oder wenn er als der Abschluss dieses Unterrichtsthemas vorgesehen wird?
5. Welche unterschiedlichen Prozessziele stehen im Vordergrund bei expositorischer Gesamtkonzeption und bei entdeckenlassendem Lernen?

---

[8] Auch über einzelne Unterrichtseinheiten hinaus werden Unterrichts-Lehrgänge entsprechend aufgebaut z. B. synthetisch-linear, sachlogisch-systematisch, konzentrisch erweiternd, genetisch, ganzheitlich-analytisch, thematisch. – Glöckel, Hans: Vom Unterricht. 4. Aufl., Bad Heilbrunn: Klinkhardt 2003, S. 190 ff.

3.2.3 Aktionsformen

Die Unterscheidung direkter und indirekter Aktionsformen auf Seiten der lehrenden Position geht darauf zurück, dass sich Lernprozesse einerseits ergeben können aus der selbstständigen Auseinandersetzung von Lernenden mit den Umgebungsbedingungen, die von Lehrpersonen arrangiert wurden – indirekte Aktionsform – und dass sich andererseits Lernen als Folge des Lehrens im engen Sinne, also aufgrund von Aufforderungen oder Anstößen der Lehrpersonen darstellen – direkte Aktionsform.[9]

Direkte oder unmittelbare Aktionsform

Direkte oder unmittelbare Einflussnahme, die von lehrender Position ausgeht, kennzeichnet den traditionellen Frontalunterricht. Lernende reagieren dabei direkt auf Lehrgriffe von Lehrenden. Doch als Nachteile der direkten Aktionsform wird die zentrale Stellung von Lehrpersonen gesehen, weil von ihnen die Lernimpulse ausgehen, weil sie dadurch die Lernwege steuern, was zu einer Lehrerzentrierung führt.

Indirekte oder mittelbare Aktionsform

Bei indirekter oder mittelbarer Aktionsform bedienen sich Lehrende eines Mediums oder eines Arrangements, das Lernprozesse anregen soll. Die Einflussnahme der Lehrenden erfolgt indirekt, weil sie in Medien gleichsam verpackt und durch die gegenständliche und soziale Gestaltung der Lernsituation vermittelt wird, so dass das Lern-Arrangement über seine besondere Qualität Lernprozesse in der gewünschten Zielrichtung anregt. Der Verzicht auf direkte Steuerung der Lernprozesse durch Lehrende lässt einen lernerzentrierten, d. h. von den Lernenden selbstgesteuerten Verlauf der Lernprozesse zu.

Aktionsformen

Aktionsformen kennzeichnen, in welcher Weise von lehrender Position aus auf Lernende Einfluss genommen wird, um Lernen anzuregen und zu fördern.

---

[9] Bezüglich der Begriffsverwendung von *Aktionsform* bestehen sehr unterschiedliche Vorstellungen. Euler/Hahn verstehen unter „*Aktionsformen* ... die Handlungen des Lehrenden wie Fragen, Impulse oder Aufforderungen" und zählen dazu darbieten, im Dialog entwickeln, erarbeiten und erarbeiten lassen (2007, S. 293). Kaiser/Kaminski fassen die „Aktionsformen als Handlungsstruktur des Unterrichts" auf und sehen Fallstudie, Planspiel, Rollenspiel, Erkundung als Aktionsform (1999, S. 17).

Wie wirkt sich die Aktionsform auf Unterricht und Unterweisung aus?

Bei indirekter Aktionsform wählen Lehrende die Medien aus und gestalten das Lern-Arrangement. Dadurch werden Lernwege nahe gelegt. Doch bleibt der Entscheidungsspielraum der Lernenden bei indirekter Aktionsform weit größer als bei direkter Aktionsform. Da eine direkte Fremdsteuerung entfällt, können die Lernenden den Verlauf der Lernprozesse ihrerseits bestimmen. Im Hinblick auf die Entwicklung von Selbstständigkeit ist dies positiv zu bewerten. Darüber hinaus verringert die indirekte Aktionsform – weil die Lernimpulse von Medien oder von der Lernergruppe ausgehen – die Auswirkung subjektiver Faktoren der Lehrenden. Beispielsweise kann ein Lehrer sich nicht mehr vorzugsweise an bestimmte Schüler wenden oder andere übergehen und damit benachteiligen.

Direkte Aktionsform:

Von lehrender Position aus wird auf Lernende unmittelbar eingewirkt, um Lernprozesse zu veranlassen und zu steuern.

Indirekte Aktionsform:

Lernprozesse werden nur mittelbar angeregt; Lernimpulse entstehen aus dem Lern-Arrangement, vor allem durch Medien und durch Anregungen aus dem Kreis der Lernenden.

Aufgaben

1. Warum passt die indirekte Aktionsform nicht zur linear-zielgerichteten Gesamtkonzeption?
2. Welche Gesamtkonzeptionen stützt die direkte Aktionsform?
3. Warum ist eine Zentrierung auf Lernende nur über die indirekte Aktionsform möglich?

3.2.4 Sozialformen

Um Lernprozesse zu veranlassen und zu fördern, arrangieren Lehrende eine Lernsituation. Äußerlich heißt dies, die Position von Lernenden, Lehrenden und Medien festzulegen. In Schulen bedeutet dies in der Regel, die Sitzordnung zu wählen und zu organisieren. Für Unterweisungen und Unterricht in Betrieben ist analog die äußere soziale Organisation der Lehr-Lern-Prozesse ein Teil der Lernplanung.

Sozialform und Sitzordnung

Die Sozialform kennzeichnet die äußere soziale Organisation der Lehr-Lern-Prozesse. Man geht davon aus, dass die Zuordnung von Lernenden und Lehrenden auch der intendierten Interaktionsform entspricht, d. h. dass die Interaktion der am Lehr-Lern-Prozess Beteiligten tatsächlich so stattfindet, wie die Sitzordnung es nahe legt. Für die Anordnung der Tische und Stühle in Unterrichtsräumen kommen vor allem in Frage Blockform, Kreisform, Hufeisenform und Gruppenform (Abb. 3.2.4-1).

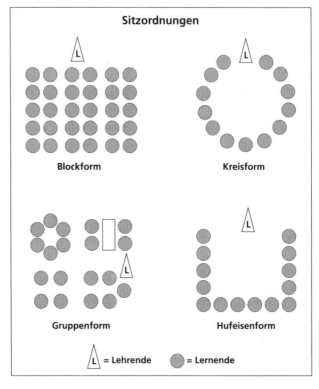

Abb. 3.2.4-1 Sitzordnungen

Interaktionsmöglichkeiten und Sozialformen

Der methodische Sinn einer Sitzordnung liegt darin, dass sie die Interaktion der Lernenden mit ihrer Lernumgebung und die Kommunikation mit anderen Lernenden, Lehrenden und Medien, in bestimmter Weise erleichtert und fördert. Aus diesen Gründen wird eine Sozialform gewählt, die eine Interaktion zwischen Lernenden und Lehrenden sowie eine Auseinandersetzung mit Medien in jener Weise nahe legt, die der Zielsetzung entspricht und die nicht mit der Gesamtkonzeption sowie der Aktionsform konfligiert.[10]

Sozialform

Eine Sozialform ist gekennzeichnet durch die äußere soziale Organisation der Lehr-Lern-Prozesse und die damit verbundenen Interaktionsmöglichkeiten.

Unterschiedliche Sozialformen für Unterricht und Unterweisung

Bei den Sozialformen unterscheidet man Klassenunterricht, Gruppenarbeit, Partnerarbeit und Alleinarbeit je nachdem ob Lernen in der Großgruppe,[11] in der Kleingruppe oder als Einzellernen beabsichtigt ist. Klassenunterricht, nämlich Unterricht mit der gesamten Klasse bzw. mit allen Lernenden, kann sowohl als Frontalunterricht in Blockform stattfinden als auch als Unterrichtsgespräch in Kreis- oder Hufeisenform ohne dominierende Lehrperson. Frontalunterricht und Unterrichtsgespräch unterscheiden sich durch die Sitzordnung und vor allem durch die Interaktionsform.[12]

---

[10] Zum „Interaktionspotenzial" von Sitzordnungen vgl. Gudjons, Herbert: Frontalunterricht neu entdeckt. 2. Aufl., Bad Heilbrunn: Klinkhardt, 2007, S. 225

[11] Auch „Plenum" wird diese Sozialform genannt (Euler / Hahn 2007, S. 297). – Die Bezeichnung „Großgruppe" passt eigentlich nur zum Unterrichtsgespräch, denn die allseitigen Interaktionsmöglichkeiten in einer Gruppe bestehen im Frontalunterricht nicht.

[12] Schelten zählt auch das Spiel (Planspiel, Rollenspiel) zu den Sozialformen (Schelten 2004, S. 228).

Sozialformen

Lernen in der Großgruppe   Lernen in der Kleingruppe   Einzellernen

|Klassenunterricht| |Gruppenarbeit| |Alleinarbeit|

|Frontalunterricht| |Unterrichtsgespräch|

Abb. 3.2.4-2 Überblick Sozialformen

Die Sozialform im Frontalunterricht

Die klassische Sitzordnung im Frontalunterricht – die Blockform
(Abb. 3.2.4-1) – verschafft Lehrenden den Überblick über alle Lernenden
und ermöglicht ihnen, diese gemeinsam oder einzeln direkt anzusprechen.
Diese Sozialform erleichtert, die Lernprozesse in direkter Aktionsform anzuregen und zu steuern. Andererseits sind die Lernenden so auf die lehrende
Position ausgerichtet, wie es für die Aufnahme von Informationen, Impulsen
usw. günstig ist. Außerdem können sie sich ohne Umstände ihrerseits an die
Lehrenden wenden. Hingegen werden Kontakte zu weiter hinten Sitzenden
– in der Regel unerwünscht – durch die Sitzordnung erschwert. Der Vorteil
der Blockform liegt somit darin, dass alle Lernenden durch die Sitzordnung
auf die lehrende Position und dort positionierte Medien ausgerichtet sind.
Diese Interaktionsform ist einseitig durch die lehrende Position zentriert,
denn von ihr gehen in der Regel die Aktionen aus, während die Lernenden
nur reagieren. (Näheres zum Frontalunterricht steht in Kapitel 5.2.2.)

Kreis- und Hufeisenform beim Unterrichtsgespräch

Beim Unterrichtsgespräch gruppiert man die Beteiligten in Kreis- oder Hufeisenform (Abb. 3.2.4-1), wobei die lehrende Position keine herausragende
Stellung einnimmt. Der Kreis soll dabei die Interaktion zwischen allen Beteiligten fördern, die bei dieser Anordnung untereinander leicht Blickkontakt
aufnehmen können. Die Hufeisenform hat gegenüber dem Kreis dann Vorteile, wenn informative Phasen für alle Lernenden eingeschaltet werden müssen, weil eine Ausrichtung nach vorne keine Änderung der Sitzordnung erfordert.

Das Interaktionsmuster, das die Kreis- oder Hufeisenform nahe legt, wird nicht nur für das eigentliche Unterrichtsgespräch empfohlen. Auch beispielsweise für Berichte, die eine anschließende Diskussion erwarten lassen, ist diese Sitzordnung von Vorteil. Typisch für diese Sozialform ist, dass alle Beteiligten eine große Gruppe bilden. Im Gegensatz zur Gruppenarbeit in Kleingruppen kann man deshalb auch von Großgruppenunterricht sprechen. Die Interaktion – Aktionen und Reaktionen – umfasst möglichst alle Beteiligten. (Näheres zum Unterrichtsgespräch steht in Kapitel 5.3.2.1.)

Gruppenarbeit

Bei der Gruppenarbeit wird die gesamte Lernergruppe oder Klasse in Kleingruppen aufgeteilt (Abb. 3.2.4-1). Diese innere Differenzierung der Großgruppe ermöglicht, dass in verschiedenen Gruppen gleichzeitig unterschiedliche Lernprozesse stattfinden. Lernwege und Lerntempo differieren von Gruppe zu Gruppe. Die Interaktion zwischen den Mitgliedern einer Gruppe ist intensiver als in der Großgruppe. Die eigentliche Gruppenarbeit findet im allgemeinen ohne Mitwirkung von Lehrenden statt. Noch enger ist die Zusammenarbeit in Zweiergruppen, die man als Partnerarbeit bezeichnet. (Näheres zum Gruppenunterricht steht in Kapitel 5.3.2.2 und zur Partnerarbeit in Kapitel 5.3.2.3.)

Alleinarbeit

Bei der Alleinarbeit besteht keine Interaktion zwischen Lernenden, und die Lernhilfen aus dem sozialen Verband fehlen. Die Sitzordnung spielt deshalb keine besondere Rolle. (Näheres zur Alleinarbeit steht in Kapitel 5.3.2.4.)

Als Sozialform bezeichnet man die äußere soziale Organisationsform der Lehr-Lern-Prozesse verbunden mit entsprechenden Interaktionsmöglichkeiten zwischen Lehrenden und Lernenden.

Sitzordnungen	**Sozialformen**
• Blockform	• Frontalunterricht
• Kreisform	• Unterrichtsgespräch
• Hufeisenform	• Gruppenarbeit
• Gruppenform	• Alleinarbeit

Aufgaben

1. Welche Argumente sprechen dafür, dass Frontalunterricht nicht in Gruppenform, sondern in Blockform abgehalten wird?
2. Inwiefern muss bei der Entscheidung für eine Sozialform die Gesamtkonzeption
   und die Aktionsform bedacht werden? Erläutern Sie dies am Beispiel von Frontalunterricht.
3. Welche Unterschiede bestehen zwischen Frontalunterricht und Unterrichtsgespräch bezüglich der Sozialform und der Interaktionsform?
4. Wie beurteilen Sie die Lernwirksamkeit der Sozialformen?
   Bedenken Sie sowohl die Interdependenz der Entscheidungsebenen als auch,
   dass „positive Wirkungen . . . allgemein vom kooperativen Lernen erwartet" werden und dass „von der sozialen Lernumwelt für die individuellen Lernprozesse
   auch hemmende Wirkungen ausgehen können". [13]
5. Mit welchen Gründen kann man die Sozialformen Alleinarbeit, Partnerarbeit
   und Gruppenarbeit als innere Differenzierung ansehen?

Klassenunterricht und innere Differenzierung nach Aschersleben [14]

1	Klassenunterricht	2	Innere Differenzierung
1.1	Frontalunterricht	2.1	Alleinarbeit
1.2	Unterrichtsgespräch	2.2	Partnerarbeit
		2.3	Gruppenunterricht

---

[13] Strittmatter/Niegemann 2000, S. 35f.
[14] Aschersleben 1999, S. 8; bei 2.1 Abweichung von unserer Terminologie.

3.2.5 Artikulation

Die Gliederung von Unterricht oder Unterweisung in Schritte, Phasen, Stufen oder Abschnitte nennt man Artikulation. Sie orientiert sich an Annahmen über den günstigen Ablauf der Lernprozesse. Dementsprechend fordert man, dass Unterricht oder Unterweisung in der Reihenfolge der Phasen des Lernens nacheinander passende Lernanregungen und Lernhilfen bieten. Aber auch eine pragmatische Gliederung von Lehr-Lern-Einheiten ohne lerntheoretische Begründung ist sinnvoll, weil dann Lehr-Lern-Prozesse eine für Lernende überschaubare Form erhalten und weil auch die Gliederung selbst als vorstrukturierende Lernhilfe wirkt.[15]

Artikulation

Als Artikulation bezeichnet man die Gliederung von Lehr-Lern-Prozessen in Schritte, Phasen, Stufen oder Abschnitte.

Artikulation und Formalstufen

Der Schrittfolge beim Lehren hat man seit langer Zeit große Bedeutung zugemessen. Die Artikulation des Unterrichts nach *Johann Friedrich Herbart (1776–1841)* ging von psychologischen Annahmen über den Lernprozess aus. Seither bezeichnet man eine methodische Aufteilung in Lernphasen bzw. -schritte, die für jeden Unterricht unabhängig von den besonderen Zielen und Themen gelten soll, als *Formalstufen* .

> „Diese Theorie ist vielfach angefochten, zumeist als Drill verspottet worden. Wer aber die psychologischen Grundlagen, von denen sie ausgeht, anerkennt, muß auch die Richtigkeit der didaktischen Folgerungen einsehen."[16] – Das Schema der Formalstufen wurde in der Folge unter anderem von *Friedrich Wilhelm Dörpfeld (1824–1893)* und *Wilhelm Rein (1847–1929)* weiterentwickelt.

---

[15] Zum Überblick über Modelle der Artikulation vgl. z.B. Memmert, Wolfgang: Didaktik in Grafiken und Tabellen, 4. Aufl., Bad Heilbrunn: Klinkhardt 1995, S. 72; Bonz, Bernhard: Methodische Fragen in der beruflichen Bildung. In: Bonz, Bernhard (Hrsg.): Beiträge zur Methodik in der beruflichen Bildung. (bzp Bd. 7) Stuttgart: Holland + Josenhans 1976, S. 9–31, hier S. 22f.; Bönsch, Manfred: Nachhaltiges Lernen durch Üben und Wiederholen. Baltmannsweiler: Schneider 2006, S.63–70

[16] Rein, Wilhelm: Theorie des Lehrverfahrens. (1893) In: Geißler, Georg: Das Problem der Unterrichtsmethode. Weinheim: Beltz 1952, S. 29–34, hier S. 34

Formalstufen in beruflichen Schulen

Für den Unterricht in beruflichen Schulen galten die Lehrstufen *Anschauen, Denken, Anwenden* von *Dörpfeld* als Regelfall. [17]

Die „vier Stufen des logischen Denkprozesses" nach *Georg Kerschensteiner (1854–1932)* fanden als Artikulationsschema keine breite Anwendung in beruflichen Schulen, obwohl sie 1912 im Zusammenhang mit Berufsbildung expliziert wurden. [18] Eher wurden die Lernschritte von *Heinrich Roth* (1906–1983) von 1957 [19] in beruflichen Schulen für Unterricht und Interweisung zu Grunde gelegt. [20]

Artikulation

Dörpfeld	Anschauen		Denken		Anwenden
Rein	Vor-bereitung	Dar-bietung	Ver-knüpfung	Zu-sammen-fassung	Anwendung

Ker-schen-steiner	Schwierigkeits-analyse, -umgrenzung	Lösungs-vermu-tung	Prüfung der Lösungs-kraft	Verifikation Bestätigung durch Ausführung	
Roth, H.	Moti-vation	Stufe der Schwierig-keit	Stufe der Lösung	Stufe des Tuns und Aus-führens	Stufe des Behaltens und Einübens	Stufe des Be-reitstellens, der Übertra-gung und Integration

Abb. 3.2.5-1 Beispiele für die Artikulation

---

[17] Hartmann, Karl O.: Unterrichtsgestaltung der Berufs-, Werk- und Fachschulen. Frankfurt (Main): Diesterweg 1928, S. 135

[18] Kerschensteiner, Georg: Begriff der Arbeitsschule, 15. Aufl., München: Oldenbourg 1964, S. 33

[19] Roth, Heinrich: Pädagogische Psychologie des Lehrens und Lernens. (1957) 11. Aufl., Hannover: Schroedel 1969, S. 223ff.

[20] *Euler/Hahn* (2007, S. 112ff.) legen die Lernstufen von *Heinrich Roth* der Systematisierung von Methoden zugrunde (a.a.O. S. 295ff.); zu „*Roths* Sequenzierung des Lerngeschehens" vgl. Nickolaus 2008, S. 115–119

Artikulation unter pragmatischem Aspekt

Pragmatische Aspekte zur Organisation von Lehr-Lern-Prozessen liegen formalen Gliederungen zugrunde. Dazu gehören die 3 Phasen von Gruppenunterricht. In beruflichen Schulen ist im traditionellen Frontalunterricht eine Schrittfolge nach Teilzielen entsprechend der fachlichen Systematik verbreitet. Auch andere Abfolgen wie z. B. das „Dreischrittmodell" – Musterbeispiel-Merkregel-Aufgaben – für den Unterricht in Mathematik an beruflichen Schulen werden praktiziert.[21] Handlungsorientierte Methoden sind ebenso gegliedert in Stufen oder Phasen. Dazu gehören beispielsweise die Phasen des Projektunterrichts – Zielsetzung, Planung, Ausführung und Bewertung. In der betrieblichen Berufsausbildung war der Zweischritt Vormachen-Nachmachen üblich; daraus entwickelte sich die Vier-Stufen-Methode der Unterweisung zur Vermittlung von Fertigkeiten am Arbeitsplatz.

> **Artikulation ist die Gliederung von Unterricht oder Unterweisung in Schritte, Phasen, Stufen oder Abschnitte.**
>
> **Als Formalstufen bezeichnet man eine Artikulation, die den Phasen von Lernprozessen folgt und die deshalb unabhängig von Zielen und Inhalten für jede Lehr-Lern-Planung gelten soll.**

Aufgaben

1. Inwiefern erscheint das Artikulationsschema der Formalstufen auf Frontalunterricht zugeschnitten?

2. Zeigen Sie an Beispielen von Unterricht oder Unterweisung, welche Zusammenhänge zwischen Gesamtkonzeption und Artikulation bestehen.

3. Inwiefern beruhen Vorschläge für die Artikulation auf lerntheoretischen Erkenntnissen?

4. Diskutieren Sie den Vorschlag, bei der Artikulation in jedem Falle einen letzten Abschnitt für Reflexions- und Kontrollelemente vorzusehen.

   Reflexions- und Kontrollelemente sind Maßnahmen, welche Rückmeldungen für die Lehrenden bzw. Lernenden über einen zurückliegenden Lehr-Lernprozess möglich machen. ... Ohne derartige Rückmeldungen bleibt ein Lehr-Lernprozess aus lerntheoretischer und interaktionstheoretischer Sicht defizitär."[22]

---

[21] Sträßer, Rudolf: Mathematik an der Berufsschule – Modellieren mit Mathematik? In: Schanz, Heinrich (Hrsg.): Didaktik allgemeiner Fächer an beruflichen Schulen. (bzp-Bd. 18) Stuttgart: Holland+Josenhans 1997, S. 131–143, hier S. 133

[22] Tenberg 2006, S. 236

3.2.6 Lehrgriffe

Die Grundakte des methodischen Handelns bezeichnet man als *Lehrgriffe*. Lehrende müssen sie beherrschen, weil sie für die planmäßige Realisierung von Unterricht und Unterweisung und damit für das Erreichen entsprechender Lernziele unerlässlich sind. So sind beispielsweise *Frage* und enger *Impuls* traditionelle Lehrgriffe, durch die man entwickelnden Frontalunterricht realisiert. Doch auch bei handlungsorientierten Methoden sind Lehrgriffe erforderlich wie z. B. Impulse für das Schülergespräch geben, Arbeitsaufgaben und Problemstellungen formulieren, Techniken der Visualisierung und der Moderation.

Zur Terminologie

Den Terminus Lehrgriff, der Lehren und Handgriff anklingen lässt, schlug *Dolch* 1952 vor. Er spricht dabei von didaktischen Einzelakten oder Einzelmaßnahmen und zählt dazu Hinweisen, Vorzeigen, Vorführen, Schildern, Vormachen, Auffordern, Fragen und andere.[23] Ähnliche Bedeutung wie Lehrgriffe haben komplexere Lehrakte oder Lehrtechniken, Unterrichtspraktiken, Teaching Skills.[24]

Lehrgriffe

Lehrgriffe sind Grundakte des methodischen Handelns zur Realisierung von Unterricht und Unterweisung.

Fragen und Impulse

Die Unterscheidung von Frage und Impuls nach grammatischen Merkmalen ist relativ unwichtig im Vergleich zu den didaktischen Unterschieden:

- *Eng* bedeutet bei einer Frage, dass sie nur eine bestimmte, die richtige Antwort zulässt wie z. B. die Frage nach einer Definition.
- *Weit* ist eine Frage, wenn mehrere Antworten richtig sein können wie z. B. die Frage nach Faktoren für einen Wirtschaftsaufschwung.

---

[23] Dolch, Josef: Grundbegriffe der pädagogischen Fachsprache. 7. Aufl., München: Ehrenwirth 1969, S. 93
[24] Glöckel, Hans: Vom Unterricht. 4. Aufl., Bad Heilbrunn: Klinkhardt 2003, S. 19 ff.

Impulse, auch Denkanstöße genannt, eröffnen ein Denkfeld, aus dem heraus verschiedene Reaktionen zu erwarten sind (Abb. 3.2.6-1). Solche Impulse sind weit. Doch gibt es auch enge Impulse z. B. in der Befehlsform, die nur eine bestimmte Reaktion zulassen.

Frage und Impuls

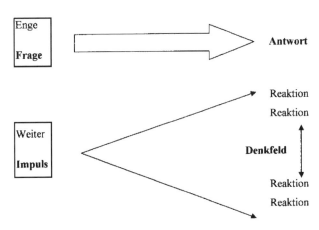

Abb. 3.2.6-1 Enge Frage und weiter Impuls

Entwickelnder Unterricht und Lehrgriffe

Frage und enger Impuls sind die wichtigsten Lehrgriffe, durch die entwickelnder Unterricht zielstrebig vorangetrieben wird. Die Fertigkeit, eine linear-zielgerichtete Gesamtkonzeption durch Fragen umzusetzen, wurde früher sehr hoch eingeschätzt und intensiv im Rahmen der Lehrerbildung geübt. Der Formulierung von Fragen und auch von Impulsen wurde deshalb große Bedeutung beigemessen. Andererseits spricht gegen Lehrerfragen, dass derjenige fragt, der die Antwort bereits kennt. *Hugo Gaudig* (1860–1923) sah deshalb die Lehrerfrage als „das fragwürdigste Mittel der Geistesbildung" (1907) an.[25] Die Diskussion erscheint noch nicht abgeschlossen.[26]

---

[25] Abgedruckt in: Gaudig, Hugo: Die Schule der Selbsttätigkeit. 2. Aufl., Bad Heilbrunn: Klinkhardt 1969, S. 45–49

[26] Vgl. bei *Aebli* das Kapitel zu „Gaudigs Trugschluß und die Funktion der didaktischen Frage". Aebli, Hans: Zwölf Grundformen des Lehrens. 9. Aufl., Stuttgart: Klett 1996, S. 362 ff.

Lehrgriffe und Lehrtechniken für handlungsorientierte Methoden

Auch für eine offene Gesamtkonzeption und handlungsorientierte Methoden sind Lehrgriffe wie Impulse für die Diskussion, zur Gesprächsführung, Anregung, Moderation, Aufgaben- und Problemstellung, zum Strukturieren, Veranschaulichen wichtig. Techniken der Visualisierung, das Herstellen und Einsetzen von Folien, Einbringen von Leittexten, die Präsentation mit dem Beamer sowie andere Lehrtechniken runden das notwendige Repertoire der Lehrenden ab. Zu den Lehrtechniken gehören auch Üben und Wiederholen sowie Metakommunizieren (Bönsch, 2000, S. 96–141).

Welche Funktionen kann die Lehrerfrage erfüllen?

Den Schüler	Den Unterrichtsprozess
1. aktivieren	1. initiieren
2. dirigieren	2. steuern
3. informieren	3. strukturieren
4. motivieren	4. organisieren
5. emotionalisieren	5. überprüfen
6. prüfen	(Aschersleben, 1999, S. 102)
7. zensieren	

Lehrgriffe und Kommunikation

Während enge und weite Fragen oder Impulse vor allem als Instrumente für die Realisierung von Unterricht und Unterweisung je nach Gesamtkonzeption von Bedeutung sind, ist unter dem Aspekt der Kommunikation eine weitere Differenzierung zweckmäßig, denn die Kommunikationsqualität wird nicht zuletzt über Lehrgriffe bestimmt.[27] So unterscheidet man neben echten Fragen und didaktischen Fragen (vgl. Schwendenwein 2000, S. 232ff.) noch Ja-Nein-Fragen und Nenne-Fragen (Wuttke 2005, S. 254ff.).

---

[27] Dieser Sachverhalt bestätigt sich auch in den Studien von Nickolaus, Reinhold; Gschwendtner, Tobias; Knöll, Bernd: Handlungsorientierte Unterrichtkonzepte als Schlüssel zur Bewältigung problemhaltiger Aufgaben? In: Minnameicr, Gerhard; Wuttke, Eveline (Hrsg): Berufs- und wirtschaftspädagogische Grundlagenforschung. Lehr-Lernprozesse und Kompetenzdiagnostik. Frankfurt (Main): Lang 2006, S. 209-224

Frage – Aufgabe – Problem

Um den Aufforderungscharakter zu differenzieren, wird von einer Fragestellung die Aufgabenstellung und die Problemstellung abgesetzt.

- „Fragestellungen zielen auf die Reproduktion und das Verstehen von Wissen.
- Aufgabenstellungen zielen auf die Anwendung von Wissen, d. h. sie geben den Lernenden die Möglichkeit, abstrakte Fachinhalte auf konkrete Situationen anzuwenden.
- Problemstellungen zielen auf die Einbringung kreativer Elemente zur Lösung von Problemen. Es werden kreative Ideen verlangt, da die Einbringung von bestehendem Wissen alleine zur Lösung des Problems nicht ausreicht." (Euler 2009, S. 158)

Lehrgriffe als methodische Grundakte dienen dazu, Unterricht und Unterweisung der Gesamtkonzeption entsprechend zu realisieren.
Wichtige Lehrgriffe und Lehrtechniken:

- **Frage**
- **Impuls**
- **Aufgabenstellung**
- **Visualisieren**
- **Problemstellung**
- **Üben und Wiederholen**

Aufgaben

1. Zu welcher Gruppe von Lehrgriffen gehört die Aufforderung, die aktuelle politische Situation einzuschätzen?

2. Warum sind weite Impulse für die konsequente Realisierung einer linear-zielgerichteten Gesamtkonzeption nicht geeignet?

3. Auf welche der oben aufgelisteten Lehrgriffe und Lehrtechniken sind Sie bei der Umsetzung einer expositorischen Gesamtkonzeption besonders angewiesen, auf welche bei der entdeckenlassenden Gesamtkonzeption?

4. Inwiefern sind alle Methoden auf das Repertoire der Lehrgriffe und deren gute Handhabung durch Lehrende angewiesen?

5. Wie schätzen Sie die Relevanz der verschiedenen Arten von Aufforderungen – Frage, Aufgabe, Problem – für den Wissenserwerb ein?

3.2.7 Medien

Medien haben die Aufgabe, Lehr-Lern-Prozesse zu unterstützen und zu verbessern. Ihr Einsatz bei Unterricht und Unterweisung ist abhängig von didaktischen und methodischen Entscheidungen. Mit Hilfe von Medien gestaltet man Lern-Arrangements. Dabei muss berücksichtigt werden, welche Art der Auseinandersetzung zwischen Lernenden und der Lernumgebung beabsichtigt ist. Insofern dienen Medien als Kommunikationsmittel im Rahmen von methodischem Handeln.

Medien

Medien sind Kommunikationsmittel zur Unterstützung und Verbesserung von Unterricht und Unterweisung.

Wodurch unterscheiden sich Lehr- und Lernmittel?

Die Abhängigkeit der Medien von übergeordneten didaktisch-methodischen Entscheidungen kommt in der Unterscheidung von Lehrmittel und Lernmittel zum Ausdruck: Jene Medien, die der Unterstützung des Lehrens dienen, die folglich Lehrpersonen bei direkter Aktionsform einsetzen, nennt man *Lehrmittel*. Im Gegensatz dazu haben *Lernmittel* die Aufgabe, Lernprozesse unmittelbar anzuregen und zu fördern, indem sie die Lernenden mit Aufgaben, Problemen, Informationen, Anregungen usw. konfrontieren. Bei indirekter Aktionsform verwendet man Lernmittel. (Näheres zu den Medien steht in Kapitel 6.)

Lehrmittel

Zu den Lehrmitteln gehören beispielsweise die klassischen Anschauungsmittel. Sie entfalten ihre Wirksamkeit gleichsam in der Hand der Lehrenden im Frontalunterricht. Sie werden deshalb auch als Lehrermedien, Lehrhilfen und Unterrichtshilfen bezeichnet.

Lernmittel

Im Fall einer Entscheidung für die indirekte Aktionsform werden Lernmittel eingesetzt, die selbstverständlich – ebenso wie die Lehrmittel – von den Lehrenden ausgewählt oder gestaltet werden. Die Lernmittel müssen den Intentionen entsprechende Informationen und Anregungen enthalten. Wenn sich die Lernenden dann damit auseinandersetzen, kommen die Lernimpulse aus dem Medium heraus zur Wirkung. Lernmittel werden aus diesen Gründen auch als Lernermedien, Lernhilfen und Arbeitsmittel oder Arbeitsmaterial bezeichnet.

Ambivalenz von Medien

Allerdings kann ein Medium – beispielsweise eine Anschauungstafel – ambivalent sein und je nach methodischem Kontext die Aufgaben eines Lehrmittels – beispielsweise zur Veranschaulichung im Frontalunterricht – oder die Funktionen eines Lernmittels – z. B. in Verbindung mit einem Leittext zur Anregung von Gruppenarbeit – übernehmen.

Zur Entwicklung des Medienspektrums in der Berufsbildung

Die Entwicklung der Medien schreitet rasch voran. Nicht zuletzt durch Computereinsatz eröffneten sich neue didaktische Möglichkeiten, die über die Dimension von Lehr- und Lernmitteln hinausgehen (Kap. 7). Die grundsätzliche Abhängigkeit von didaktischen Entscheidungen bleibt aber bestehen, auch im Fall von computerunterstützten und multimedialen Formen von Medien.

Medien unterstützen und verbessern Unterricht und Unterweisung. Nach dem methodischen Kontext unterscheidet man

- **Lehrmittel zur Unterstützung von Lehren in direkter Aktionsform und**
- **Lernmittel zur Unterstützung von Lernen in indirekter Aktionsform.**

Aufgaben

1. Welchen Anforderungen müssen Lernmittel genügen, damit sie in der Hand von Lernenden Impulse für Lernen entfalten?
2. Zeigen Sie am Beispiel, inwiefern Lehrmittel als Instrument zur Realisierung direkter Aktionsform beim Lehren dienen.
3. Welche Vorteile bieten Medien, wenn sie als Lernmittel an Stelle von Personen die Anregung von Lernprozessen bewirken?

3.3 Die Interdependenz der Entscheidungsebenen

Die vorrangige Entscheidung über die Gesamtkonzeption

Wie im Kapitel 3.2.1 dargelegt haben auch in der Methodik weit reichende Entscheidungen Vorrang vor Detailfragen. Deshalb kommt bei der Methodenwahl der Entscheidung über die Gesamtkonzeption Priorität zu. Diese Entscheidung wird getroffen nach Maßgabe der grundsätzlichen *Zielvorgaben*, der Leit- oder Richtziele, die in den curricularen Vorgaben formuliert sind (Abb. 3.3-1). Möglicherweise wird diese Entscheidung in den curricularen Vorgaben durch methodische *Leitlinien* präjudiziert, wie dies beispielsweise bei lernfeldorientierten Lehrplänen bezüglich der Handlungsorientierung der Fall ist (vgl. Nickolaus 2008, S. 77 ff.).

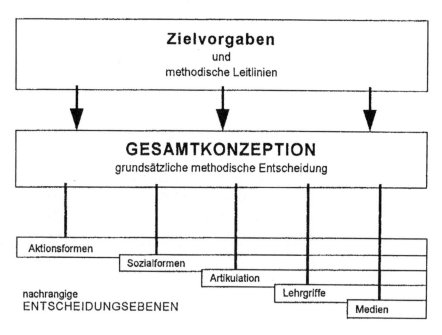

Ziele und Entscheidungsebenen

Abb. 3.3-1 Curriculare Vorgaben und methodische Entscheidungsebenen

Gesamtkonzeption und allgemeine Lernziele

Die Abhängigkeit methodischer Entscheidungen von den allgemeinen Zielen ist auf der Ebene der Gesamtkonzeptionen deutlich und ausgeprägt. Allgemeine Leit- oder Richtziele bestimmen die Wahl der Gesamtkonzeption (Abb. 3.3-1), die die Struktur einer Lehr-Lern-Einheit festlegt.

Ein Beispiel für den Zusammenhang zwischen Prozesszielen und Gesamtkonzeption aus dem metalltechnischen Unterricht

Wenn als Ziel der Prozess des *Analysierens* von technischen Gegenständen vorgegeben ist, so muss konsequenterweise die *Gesamtkonzeption ganzheitlich-analytisch* (Abb. 3.2.2-1) sein und von einer Ganzheit, einem komplexen Gegenstand ausgehen, um entsprechende Lernprozesse anzuregen. Das Zerlegen z. B. einer Zahnradpumpe – hantierend oder in der Vorstellung – vermittelt dann analysierend Erkenntnisse über ihren Aufbau und ihre Wirkungsweise.

Umgekehrt zielt die *elementhaft-synthetische Gesamtkonzeption* darauf ab, dass Lernende das systematische Zusammenfügen der einzelnen Teile zum Ganzen erlernen. Am Beispiel der Montage der Zahnradpumpe wird ebenfalls Verständnis für Aufbau und Wirkungsweise erreicht als Ergebnis des Synthetisierens. Doch in diesem Fall ist die Gesamtkonzeption nicht am Prozessziel des Analysierens orientiert, sondern an *Synthetisieren* als Prozessziel.[28]

Handlungsorientierung und Ganzheitlichkeit als methodische Leitlinien

Curricularen Vorgaben enthalten seit einigen Jahren neben den Richtzielen oder allgemeinen Lernzielen noch methodische Vorgaben. So wird in der Berufsbildung in Deutschland in lernfeldorientierten Lehrplänen die Handlungsorientierung als methodische Leitlinie vorgegeben.[29] Entscheidungen über die Gesamtkonzeption von Unterricht und Unterweisung sind dadurch eingeengt bzw. vorweggenommen, denn die handlungsorientierten Methoden beruhen auf der *offenen Gesamtkonzeption* und sind Ganzheitlichkeit insofern verpflichtet, als situiertes, an Situationen orientiertes Lernen angeregt wird. Deshalb ist auch die ganzheitlich-analytische Gesamtkonzeption naheliegend.

---

[28] Bernard, Franz; Ebert, Dieter; Schröder, Bärbel: Unterricht Metalltechnik. Hamburg: Handwerk u. Technik 1995, S. 70ff.

[29] Vgl. Bader/Müller 2004, darin insbesondere Bader, Reinhard: Handlungsfelder – Lernfelder – Lernsituationen, S. 11–37 und Handlungsorientierung als didaktisch-methodisches Konzept der Berufsbildung. S. 61–68

Interdependenz

Ebenso wie die Entscheidung über die Gesamtkonzeption im Einklang mit den allgemeinen Lernzielen der curricularen Vorgaben zu treffen ist, sind auch die Entscheidungen auf den nachgeordneten Ebenen den Zielvorgaben und methodischen Leitlinien verpflichtet. Deshalb müssen auf untergeordneten methodischen Ebenen die zuvor auf übergeordneten gefällten Entscheidungen berücksichtigt werden. Denkbar ist auch, dass zunächst auf einer unteren Ebene getroffene Entscheidungen abgestimmt werden, indem man dann aufgrund der Interdependenz der Entscheidungsebenen andere Entscheidungen korrigiert und gleichsam nachbessert. In jedem Fall ist eine widerspruchsfreie Abstimmung erforderlich, um das methodische Handeln der Zielsetzung entsprechend auf den verschiedenen Ebenen methodisch konsequent realisieren zu können.

Beispiele für methodische Entscheidungen

Diese Interdependenz der Entscheidungen auf den verschiedenen methodischen Ebenen wird an zwei Beispielen aufgezeigt:

Beispiel 1

Im Hinblick auf das allgemeine Ziel der *Befähigung zur selbstständigen Bearbeitung und Lösung von Problemen* – beispielsweise Lernsituation „Erstellung eines Werbeprospektes einer mechatronischen Anlage" (Nickolaus 2006, Band 3 dieser Reihe, S. 90, Abb. 16) – wird die *offene Gesamtkonzeption* gewählt.

Beispiel 2

Im Hinblick auf den *Erwerb reproduktionsfähigen Wissens* bzw. grundlegender Fachkenntnisse als Ziel – beispielsweise zum Inhalt Jugendarbeitsschutz (Nickolaus 2008, S. 91, Abb.17) – wird die *linear-zielgerichtete Gesamtkonzeption* gewählt.

Offene Gesamtkonzeption – Beispiel 1

Unterricht und Unterweisung nach offener Gesamtkonzeption gehen von einer Problemstellung bzw. von Lernaufgaben aus, wobei die Lernergebnisse offen bleiben d. h. nicht festgelegt sind. Dementsprechend müssen Aktionsform, Sozialform eine Aktivität und Entfaltung von Lernenden sowie kreative Lösungswege ermöglichen. Artikulation, Lehrgriffe uns Medien sind entsprechend zu wählen:

Indirekte Aktionsform, die Aufgabenstellung, Problemstellung bzw. die Lernaufgaben werden durch Medien dargeboten und erlauben eine unmittelbare Auseinandersetzung der Lernenden mit den Impulsen und Anregungen.

Gruppenarbeit ermöglicht und fördert diese unmittelbare Auseinandersetzung mit den Medien in Kleingruppen.

Zur *Artikulation :* Nach einer Phase der Aufgabenstellung folgen (Lern-) Arbeit in Kleingruppen, Präsentation der Ergebnisse der Gruppenarbeit und die abschließende gemeinsame Diskussion der Ergebnisse.

Als *Lehrgriffe* kommen in Frage (weite) Impulse bei der Aufgabenstellung und als Lernhilfen in der Arbeitsphase, Visualisierung, Präsentationstechniken, Moderation. *Medien* erscheinen in der Form von Lernmitteln bzw. als Arbeitsmittel, mit denen sich die Lernenden selbstständig auseinandersetzen.

Linear-zielgerichtete Gesamtkonzeption – Beispiel 2

Unterricht und Unterweisung gehen bei linear-zielgerichteter Gesamtkonzeption von den zuvor festgelegten Wissenszielen aus, die man geradlinig erreichen will. Sinnvoller Weise steht deshalb am Anfang eine präzise Zielangabe.

Um den erstrebten Aufbau der kognitiven Struktur bei Lernenden zu erreichen, werden sie in *direkter Aktionsform* auf dem vorgesehenen Lernweg von Lehrenden gesteuert. Als *Sozialform* bietet die Blockform den besten Überblick und gute Voraussetzungen für die Aktionen von lehrender Position aus und für Reaktionen in umgekehrter Richtung. Die *Artikulation* sieht als erstes die Zielangabe vor. Daran schließen sich die Lehr- Lern-Abschnitte an, die sich an der Systematik des Fachgebiets orientieren. In der letzten Phase wird wiederholt und das Erreichen des vorgesehen Ziels überprüft. Auch die Formalstufen Anschauen-Denken-Anwenden können in Frage kommen.

Als *Lehrgriffe* haben sich für Unterricht und Unterweisung nach dieser Konzeption informierende Darbietung und (enge) Fragen zur Entwicklung und Steuerung auf dem vorgesehen Lernweg sowie zur Kontrolle bewährt.

Medien in der Form von Lehrmitteln werden von lehrender Position aus eingesetzt.

Kommentar

Die Beispiele sollen die Interdependenz der Entscheidungen verdeutlichen. Im 1. Beispiel würde sich eine Lenkung in direkter Aktionsform der Entfaltung selbstständiger Überlegungen der Lernenden entgegenstellen. Auch die Artikulation kann nicht im Sinne der Formalstufen vorgesehen werden, denn es muss zunächst offen bleiben, in welcher Form sich die Abschnitte aus den Überlegungen der Lernenden ergeben, denn selbstgesteuertes Lernen muss sich nicht an vorgegebenen Mustern für einen in anderen Fällen bewährten Phasen-Ablauf orientieren. Im 2. Beispiel würden indirekte Aktionsform und weite Impulse als Lehrgriffe die konsequente Vorgehensweise stören, weil dann die Gefahr besteht, dass Umwege eingeschlagen werden und das Lernen vom direkten, vorgesehenen Weg abschweift und womöglich in Sackgassen Zeit vergeudet.

Die Entscheidung über die Gesamtkonzeption als grundlegende methodische Entscheidung ist in Übereinstimmung mit Zielvorgaben und methodischen Leitlinien zu fällen.
Methodische Entscheidungen müssen die Interdependenz der Entscheidungsebenen berücksichtigen.
Nachrangige Entscheidungen müssen im Einklang mit den höheren Ebenen, insbesondere mit der Gesamtkonzeption stehen.

Aufgaben

1. Aus welchen Gründen ist es konsequent, wenn man bei methodischen Entscheidungen zunächst die Gesamtkonzeption im Zusammenhang mit den grundsätzlichen Intentionen auswählt?

2. Begründen Sie am Beispiel, weshalb die Tragweite der methodischen Entscheidungen von der Ebene der Gesamtkonzeption hin zur Ebene der Medien abnimmt.

3. Zeigen Sie am Beispiel, dass die Beurteilung, ob Lehrgriffe angemessen und berechtigt sind, nur vor dem Hintergrund der gewählten Gesamtkonzeption und den Entscheidungen auf anderen Ebenen erfolgen kann.

4. Entscheiden Sie zu einer selbst gewählten Lehr-Lern-Einheit aus Lehrplänen Ihrer beruflichen Fachrichtung über die einzelnen methodischen Ebenen unter Beachtung der Interdependenz.

3.4 Zur Relevanz der methodischen Entscheidungsebenen

Elemente traditioneller Methoden und methodische Entscheidungsebenen

Um pädagogische Ziele zu erreichen, sind im Verlauf der Geschichte der Pädagogik viele Methoden und Vorschläge für didaktisches Handeln entwickelt worden. Die Spannweite dieser Konzepte und Handlungsvorschläge erstreckt sich von grundsätzlichen pädagogischen Auffassungen und Konzeptionen wie z. B. der Bildungstheorie[30] bis hin zu konkreten Vorschriften, wie man eine Frage im Unterricht formulieren sollte,[31] von dem Ziel „alle Menschen alles zu lehren"[32] bis hin zu der Regulierung des Unterrichtsablaufs in Formalstufen[33] oder der Entwicklung von Medien und Lehrprogrammen.

Die Elemente der methodischen Praxis, die im Zusammenhang mit traditionellen und modernen Methoden entwickelt wurden, erhalten in den methodischen Entscheidungsebenen ihre Positionierung, und die überlieferten Erkenntnisse und Erfahrungen werden auf diese Weise hierarchisch gegliedert und zusammengefügt sowie an die didaktischen Vorentscheidungen angeschlossen.[34]

Umgebungsbedingungen für Lernen und Entscheidungsebenen

Vor dem Hintergrund eines lerntheoretischen Ansatzes (Kap. 3.1) entsteht eine Struktur für methodisches Handeln. Die Anregung und Förderung von Lernen wird bestimmten Merkmalen der Lernumgebung zugeordnet. Deshalb können die entscheidenden Lernwirkungen und -möglichkeiten von Methoden bestimmt und erforscht werden. Ebenso können traditionelle

---

[30] Vgl. z. B. Humboldt, Wilhelm von: Theorie der Bildung des Menschen.(ca. 1793) In: Humboldt, Wilhelm von: Bildung des Menschen in Schule und Universität. Heidelberg: Quelle & Meyer, 1964, S. 5–10

[31] Z. B. die „herkömmliche Didaktik" betreffend: „In der Beherrschung einer einwandfreien Fragetechnik, ja 'Fragekunst', liegt eine der wesentlichen Voraussetzungen des guten Unterrichts." Stöcker, Karl: Neuzeitliche Unterrichtsgestaltung. 15. Aufl., München: Ehrenwirth, 1973, S. 217

[32] Comenius, Johann Amos: Grosse Didaktik. Die vollständige Kunst, alle Menschen alles zu lehren ... (Titelseite), Didactica Magna, 1657, Übers. Flitner, Andreas, 3. Aufl., Düsseldorf: Küpper, 1966

[33] Ziller, Tuiskon: Die Theorie der formalen Stufen des Unterrichts. (1876) Heidelberg: Quelle & Meyer, 1965

[34] Vgl. entsprechend „die Erkenntnis vom Primat der Didaktik i.e.S. im Verhältnis zur Methodik". Klafki, Wolfgang: Studien zur Bildungstheorie und Didaktik. Weinheim: Beltz, 1963, S. 86

schulische und betriebliche Methoden, die sich historisch entwickelten und die sich über praktische Erfahrungen bewährt haben, vor der Folie der Entscheidungsebenen analysiert werden. Eine Methode stellt sich dann als eine Kombination passender Einzelentscheidungen auf den sechs methodischen Ebenen dar (Abb. 3.2.1-1).[35]

Die Umgebungsbedingungen für Lernende (Abb. 3.1-1) werden nach didaktischen Aspekten arrangiert. Durch die gewählte Methode werden dabei Intentionen, also didaktische Zielsetzungen, mit Umgebungsbedingungen verknüpft, die in bestimmter Weise Lernen anregen und fördern. Jede Entscheidungsebene stellt sich als spezifischer Aspekt der Lernumgebung dar.

Spezifische Aspekte der methodischen Entscheidungsebenen

Die *Gesamtkonzeption* zielt vor allem auf das anfängliche Lern-Arrangement und die beabsichtigte fortschreitende Veränderung der Lernumgebung im Verlauf der intendierten Lernprozesse. Die Strukturierung der Lernwege bzw. die entsprechende Veränderung der Umgebungsbedingungen durch Lehrende orientiert sich an den Prozesszielen. Die Veränderungen müssen aber nicht von lehrender Position aus geplant sein, sondern können sich aus dem Lernhandeln ergeben, z. B. bei handlungsorientierten Methoden.

Auf der Ebene der *Aktionsformen* geht es um die Qualität und Intensität der Einflussnahme auf Lernende: Gehen die Lernimpulse, die die Lernumgebung bietet, von lehrenden Personen aus oder von Medien, die das Interesse von Lernenden aktivieren? Zugespitzt bedeutet dies eine Positionierung der Lernimpulse zwischen aggressiven, nachdrücklichen, quasi befehlenden Lernaufforderungen von Lehrpersonen einerseits und einem „geduldigen", Angebot der Elemente einer Lernumgebung an Lernende, mit denen sie sich auseinandersetzen können im Sinne von Lernhandeln.

Die *Sozialformen*, die im Hinblick auf Interaktionsmöglichkeiten zu wählen sind, orientieren die Kommunikation zwischen Lernenden und Lehrenden sowie die Positionierung der Medien. Dadurch wird vor allem die Personen-Lernumgebung gestaltet. Die Möglichkeiten einer sozialen Situation für Lernen erstrecken sich von der Förderung von Interaktion zwischen Menschen bis hin zur Behinderung solcher Kontakte; sie können auch gerichtet sein auf unsymmetrische Aktion-Reaktion-Beziehungen zwischen fordernden Lehrpersonen und reagierenden Lernenden.

---

[35] Eine weitere Differenzierung auf den 6 methodischen Entscheidungsebenen kann sich im Zusammenhang mit der Lehr-Lern-Forschung als zweckmäßig erweisen.

Bei der *Artikulation* wird die Lernumgebung schrittweise in der Weise verändert, dass sie den Lernprozess bzw. das Lernhandeln unterstützt. Hierbei sind als Voraussetzungen sowohl die Gesamtkonzeption als auch Phasen des Lernens als leitende Aspekte relevant.

Die Details der Lernumgebung werden schließlich durch die *Lehrgriffe* und *Medien* ausgestaltet. Mit ihnen werden sowohl Impulse für die Veränderung der Lernumgebung im Sinne der Artikulation induziert als auch die Aktionsform konkretisiert und die Interaktion initiiert sowie unterstützt.

Methoden umgreifen alle Entscheidungsebenen

Die Kennzeichung einer Methode als Muster für das Arrangement von Lernsituationen (S. 16) wird dadurch präzisiert, dass eine Methode nur dann so bezeichnet wird, wenn das Muster für die Gestaltung der Umgebungsbedingungen für Lernende alle Entscheidungsebenen betrifft.[36]

Mikromethoden und *Mesomethoden* fallen dann nicht unter diese Definition einer Methode, weil sie im Wesentlichen nur die Ebene der Artikulation, der Lehrgriffe oder der Medien betreffen.[37]

Methode

Als Methode bezeichnet man ein Muster für das Arrangement von Lernsituationen, das alle Entscheidungsebenen umgreift.

---

[36] Zur empirischen Bestimmung der didaktischen Position von Methoden als Zusammenfassung der mit ihr verbundenen besonderen Lernchancen, erscheint es zweckmäßig, die Beobachtungen auf die einzelnen Entscheidungsebenen zu beziehen, damit Anregung und Förderung von Lernen als Auswirkungen von bestimmten Dimensionen der Lernumgebung erkennbar werden. Wo entscheidende Lernimpulse bei der Realisierung von Methoden wirksam werden und in welchem Ausmaß, ist zu untersuchen. Sind Lerneffekte auf die konsequente, linear-zielgerichtete Systematik einer expositorischen Gesamtkonzeption oder auf die mit dem entdeckenlassenden Lernen bzw. einer offenen Gesamtkonzeption verbundenen Lern-Arrangement zurückzuführen? Oder wirkt sich eher der Unterschied zwischen direkter und indirekter Aktionsform aus? Sind die unterschiedlichen Sozialformen und die entsprechenden Interaktionsmöglichkeiten für die Lernerfolg entscheidend oder ist der routinierte Gebrauch von Lehrgriffen und Medien ausschlaggebend?

[37] Vgl. Pahl, Jörg-Peter: Meso- und Makromethoden im Problemzusammenhang selbstorganisierten beruflichen Lernens für Arbeit und Technik. In: Nickolaus, Reinhold; Schanz, Heinrich (Hrsg.): Didaktik der gewerblich-technischen Berufsbildung. (Diskussion Berufsbildung Bd. 9) Baltmannsweiler: Schneider, 2008, S. 45-57

Methodische Realisierung und diagnostische Sicht

In welcher Weise und wie intensiv diese Umgebungsbedingungen die Lernprozesse anregen und fördern können, hängt auch von den Individuen ab. Die „Empfangsbedingungen" für Impulse aus der Lernumgebung sind individuell verschieden ebenso wie die Bereitschaft und Neigung zur lernenden Auseinandersetzung mit den Lernsituationen. Deshalb ist es unerlässlich für eine verantwortungsvolle methodische Praxis, dass diagnostiziert wird, welche Effekte im Einzelfall mit dem gewählten oder gestalteten Lern-Arrangement verbunden sind und welche Lernereffekte auf die geplanten Ereignisse auf den verschiedenen methodischen Ebenen zurückgeführt werden können und ob gegebenenfalls eine Veränderung des Lern-Arrangements geboten ist.

Das Arrangement einer Lernumgebung und methodisches Handeln setzen Entscheidungen auf sechs Ebenen voraus, die mit den Zielvorgaben abgestimmt sein müssen.

Die kritische Anwendung von Methoden erfordert die Analyse der Lerneffekte differenziert nach Entscheidungsebenen oder Dimensionen der Lernumgebung.

Aufgaben

1. Erläutern Sie am Beispiel des Frontalunterrichts die methodischen Entscheidungsebenen als Dimensionen einer Lernumgebung.

2. Warum erleichtert das Raster der Entscheidungsebenen den Überblick über die methodischen Entscheidungsmöglichkeiten?

3. Inwiefern kann man mit Hilfe der methodischen Entscheidungsebenen die didaktische Position traditioneller oder moderner Methoden bestimmen?

4. Warum erfordern professionelle methodische Planung ebenso wie die empirische Erforschung eine differenzierte Beschreibung der Methoden und terminologische Präzision?

   Bedenken Sie folgende Äußerung zur Methodenforschung: „Eine Grundfrage ist ..., welche Methoden überhaupt unterschieden werden sollen. Fragend-entwickelndes Vorgehen oder Gruppenunterricht, um nur zwei Beispiele zu nehmen, sind keineswegs hinlänglich genau beschriebene Anordnungen, auf die man stabile Varianzbeiträge attribuieren könnte. Es ist bedauerlich, daß wir in diesen elementaren Dingen noch nicht einmal zu brauchbaren Standardisierungen und Taxonomien des Arsenals gekommen sind, weshalb auch eine an sie anschließende Forschung aussteht."[38]

---

[38] Beck 2005, S. 548

4 Methodenwahl in der Berufsbildung

4.1 Voraussetzungen der Methodenwahl

Methodenwahl ist ein wichtiger Teilbereich des didaktischen Handelns. Dieses muss pädagogisch verantwortbar und fachlich gerechtfertigt sein, es muss rational begründet und wissenschaftlich fundiert sein.

Beruflich-fachliche und pädagogische Aspekte didaktischen Handelns

Wenn Lernenden neue Verhaltensdispositionen vermittelt werden sollen, dann müssen die entsprechenden Lernziele beruflich-fachlich gerechtfertigt sein. Deshalb erfordert didaktisches Handeln in der Berufsbildung einerseits fachwissenschaftliche und berufliche Kompetenz bei Lehrpersonen, um die inhaltlichen Aspekte der Lehr-Lern-Prozesse sowohl über fachwissenschaftliche Kenntnisse als auch durch berufspraktische Erfahrung fundieren zu können. Andererseits muss didaktisches Handeln pädagogisch verantwortet werden. Doch aus einer Fachwissenschaft heraus können keine genuin pädagogisch verantwortbaren Ziele abgeleitet werden, weil Menschen als lernende Subjekte in fachwissenschaftlichen Systemen keine Rolle spielen. Neben der pädagogischen Kompetenz müssen Lehrenden über eine beruflich-fachliche Qualifikation verfügen, denn die Fachwissenschaft ist unersetzlich bei der inhaltlich-fachlichen Fundierung der Lehr-Lern-Prozesse. Didaktisches Handeln ohne fundierende fachwissenschaftliche Kenntnisse und ohne Bezüge zur beruflichen Praxis ist hilflos und bleibt dilettantisch.[1]

Pädagogisch relevante Aspekte der Methodenwahl

Unabhängig von den unerlässlichen beruflich-fachlichen Grundlagen werden im Folgenden die pädagogisch relevanten Aspekte herausgestellt für die Wahl geeigneter Methoden, um in der Berufsbildung Lernen planmäßig zu veranlassen. Da Methoden im Rahmen des didaktischen Feldes wirksam werden, setzt Methodenwahl die Kenntnis und Berücksichtigung der anderen Komponenten des didaktischen Feldes (Kapitel 4.2) voraus. Diese sind zu einem Teil durch die curricularen Vorgaben bereits festgelegt (Kapitel 4.3), wenn Lehrpersonen in der Berufsbildung über Methoden entscheiden (Kapitel 4.4).

---

[1] Vgl. Bonz, Bernhard: Fachdidaktische Probleme der Berufsbildung. In: Schanz 2001, S. 90–97, hier S. 97f.

4.2 Das didaktische Feld

Ein einfaches Modell des didaktischen Felds unterscheidet im Hinblick auf methodisches Handeln (vgl. Nickolaus 2008, S. 46)

- Bedingungen und Voraussetzungen sowie
- Entscheidungsfelder (Abb. 4.2-1).

Bedingungen und Voraussetzungen

Als Bedingung und Voraussetzung für die Planung von Lernprozessen muss im didaktischen Feld einbezogen werden, was man kurzfristig nicht verändern kann und was in so weit als Ansatz für Lernen zu berücksichtigen ist. Dazu gehören die Rahmenbedingungen und die Lernvoraussetzungen.

Rahmenbedingungen

Rahmenbedingungen für Lehr-Lern-Prozesse ergeben sich aus der institutionellen Einbindung der Lernorte und deren Ausstattung. In der Berufsbildung sind die Rahmenbedingungen durch die Organisation der beruflichen Ausbildung, Weiterbildung und Umschulung geprägt, in der dualen Berufsausbildung insbesondere durch die Lernorte Betrieb und Berufsschule (Schanz 2006, S. 47-57).

Lernvoraussetzungen – anthropogene Voraussetzungen

Bei der Gestaltung von Lern-Arrangements muss man von den Lernvoraussetzungen ausgehen. (Ausführlich bei Euler/Hahn 2007, S. 155–172.) Dies betrifft die allgemeine und berufsbezogene schulische Vorbildung der Lernenden ebenso wie ihre berufsbezogene Erfahrung. Aber auch die Lernkompetenz, Werthaltungen, kognitive und motorische Fähigkeiten etc. sind individuell verschieden ausgebildet.

Gemeinsame und individuelle Voraussetzungen

Für die methodische Planung ist es sinnvoll, zwischen gemeinsamen anthropogenen Voraussetzungen, die bei allen Lernenden bestehen, und individuellen Voraussetzungen zu unterscheiden. Beispielsweise muss man bei Frontalunterricht vom gemeinsamen Kenntnisstand aller Lernenden ausgehen, um angemessene Aufgaben oder Anforderungen für alle zu gestalten. Bei der Gruppenarbeit hingegen ist es günstig, wenn man die voraussichtlichen Impulse aufgrund von individuellen Vorkenntnissen und Erfahrungen bei der Zusammensetzung von Gruppen berücksichtigt.

Sozio-kulturelle Voraussetzungen und Lehrvoraussetzungen

Zu berücksichtigen sind auch die sozio-kulturellen Voraussetzungen auf Seiten der Lernenden, während die allgemeine gesellschaftlich-organisatorische Einbindung des Lernortes als Rahmenbedingung aufzufassen ist. Selbstverständlich sind auch die Lehrvoraussetzungen bei Lehrpersonen relevant und deshalb als Teil des Bedingungsfeld es anzusehen (Schelten, 2004, S. 258 ff.).

Entscheidungsfelder im didaktischen Feld

Die Entscheidungsfelder für Unterricht und Unterweisung bzw. allgemein für die Gestaltung von Lernumgebungen sind (vgl. Nickolaus, 2008, S. 46)

- Intentionalität – Ziele betreffend –,
- Thematik – Inhalte betreffend –,
- Methoden und
- Medien.

Unter Berücksichtigung der Bedingungsfelder können Lehrende in diesen Bereichen bei der Planung der Lehr-Lern-Prozesse entscheiden. Allerdings sind teilweise Vorentscheidungen getroffen worden. Dies gilt traditionsgemäß vor allem für Ziele oder Intentionen und für Inhalte oder Themen, früher Stoffe genannt (Kap. 4.3). Deshalb liegt der wesentliche Entscheidungsbereich von Lehrenden bei Methoden und Medien.

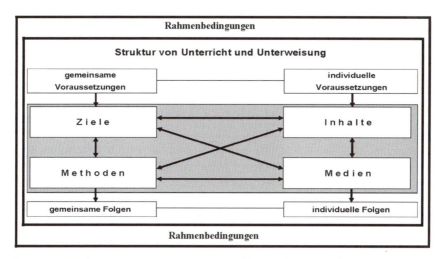

Abb. 4.2-1 Bedingungs- und Entscheidungsfelder im didaktischen Feld

Interdependenz der Strukturelemente des didaktischen Felds

Methodische Entscheidungen müssen den Zusammenhang mit den anderen Strukturelementen von Unterricht und Unterweisung berücksichtigen. Dabei ist auf die widerspruchsfreie Wechselwirkung zu achten, was mit der Interdependenz der Strukturelemente begründet ist (Abb. 4.2-1).[2]

Methodisches Handeln im didaktischen Feld:

Bedingungen und Voraussetzungen

– Rahmenbedingungen

– Lernvoraussetzungen – anthropogene Voraussetzungen

Entscheidungsfelder

– Ziele

– Inhalte

– Methoden

– Medien

Aufgaben

1. In wiefern gehört die Analyse des didaktischen Felds zu den Voraussetzungen für die methodische Planung von Lernprozessen in der Berufsbildung?

2. Warum ist es sinnvoll, bei der Analyse der Lernbedingungen gemeinsame und individuelle Voraussetzungen zu unterscheiden?

3. Ermitteln Sie in Ihrer eigenen Lernsituation die anthropogenen oder menschlich-lerngruppenbezogenen Voraussetzungen sowie die sozio-kulturellen oder gesellschaftlich-organisatorischen Bedingungen.

4. Welche anthropogenen Voraussetzungen sind auf Seiten der Lehrenden als wesentliche Bedingung für das Lernen anzusehen?

5. Zeigen Sie am Beispiel der Motivation auf, dass anthropogene Voraussetzungen bei Lernenden zu verändern sind.

   Beachten Sie, dass von „Lehrenden ... indirekt das Motivationsgeschehen gesteuert werden" kann. „Daraus wird deutlich, dass die anthropogenen Bedingungen keine Konstanten darstellen, sondern wechselseitige Abhängigkeiten zum Lehr-Lerngeschehen bestehen."[3]

---

[2] Schulz, Wolfgang: Unterricht – Analyse und Planung. In: Heimann, Paul; Otto, Gunter; Schulz, Wolfgang, Unterricht – Analyse und Planung. 10. Aufl. Hannover: Schroedel, 1979, S. 13–47, hier S. 45

[3] Nickolaus 2008, S. 48

4.3 Zielvorgaben in der Berufsbildung

Ziele und Inhalte gehören zu den didaktischen Entscheidungsfeldern (Abb. 4.2-1), doch müssen die Lehrenden bei der Planung von Lehr-Lern-Prozessen curriculare Vorgaben berücksichtigen. Insoweit sind diese Ziel-Entscheidungen bereits vorweggenommen durch Festlegungen in den Lehrplänen, Ausbildungsordnungen usw.

Curriculare Vorgaben – Lehrpläne und Ausbildungsordnungen

Die Ausbildungsordnungen – für die betriebliche Berufsausbildung – und die Lehrpläne für die schulischen Lernorte enthalten verbindliche Angaben für die Lehr-Lern-Prozesse der Berufsbildung. Sie legen traditionell Ziele und Inhalte fest. Hinweise auf Methoden und Medien stützen die vorgegebenen Ziele. Diese werden in Lehrplänen als allgemeine Ziele, Richtziele, Leitziele oder Kompetenzen formuliert und als Lernzielen im Zusammenhang mit Inhalten, Lerninhalten oder Themen konkretisiert.

Man kommt davon ab, Qualifikationsanforderungen als Ziele zu formulieren, denn heute ist Lernen allein unter dem Qualifikationsaspekt nicht mehr zu legitimieren; der Bildungsaspekt ist unerlässlich.[4] Beruflich erfolgreiches und verantwortliches Handeln steht in einem „Verweisungszusammenhang" mit Bildung, denn berufliche Leistungsfähigkeit ist „letztlich rückgebunden … an Handlungs*subjekte*, die sowohl in der Lage sein müssen, handeln zu können, als auch bereit sind, handeln zu wollen und für die Folgen ihres Handelns Verantwortung zu übernehmen" (Kutscha, 1995, S. 277). Deshalb werden die Ziele als *Kompetenzen* formuliert.

---

[4] Vgl. Bonz, Bernhard: Fachdidaktische Probleme der Berufsbildung. In: Schanz 2001, S. 90–107, hier S. 97

Lernfeldorientierung der curricularen Vorgaben

Moderne curriculare Vorgaben in der Berufsbildung beziehen sich auf berufliche Handlungsfelder. Die lernfeldorientierten Lehrpläne und Ausbildungsordnungen legen Lernfelder fest und schlagen Lernsituationen vor, sie benennen Kompetenzen, die an ihnen zu erwerben sind. Damit verbunden ist Handlungsorientierung als methodische Leitlinie (vgl. Nickolaus, 2008, S. 87–94).

Curriculare Vorgaben und Methodenfreiheit

Traditionelle Lehrpläne gewährten Methodenfreiheit, da sie neben allgemeinen Zielen nur Lerninhalte vorschrieben. Später wurde durch die Angabe von Lernzielen die Methodenfreiheit indirekt eingeschränkt, weil nur jene Methoden in Frage kamen, die bezüglich der Lernziele Erfolg versprachen. Mit der Lernfeldorientierung der curricularen Vorgaben verbunden ist eine Einschränkung auf Methoden, die an Lernfeldern bzw. an Lernsituationen ansetzen. Das sind in erster Linie Methoden, die selbstgesteuertes Lernen anregen und handlungsorientierte Methoden (Nickolaus 2008, S. 89).

Curriculare Vorgaben in der Berufsbildung sind die Lehrpläne für berufliche Schulen sowie die Ausbildungsordnungen für die betriebliche Berufsausbildung.
Durch curriculare Vorgaben werden Entscheidungsfelder vorab festgelegt – vor allem Ziele und Inhalte sowie Lernfelder.

Aufgaben

1. Welche Vorgaben für Lehr-Lern-Prozesse in der Berufsbildung werden unter dem Begriff *curriculare Vorgaben* zusammengefasst?

2. Welche Leit- und Richtziele der Berufsbildung sind mit der Lernfeldkonzeption verbunden?

3. Erklären Sie, warum lernfeldorientierte Lehrpläne die traditionelle Methodenfreiheit von Lehrpersonen einschränkt.

4.4 Methodische Planung – Entscheidung über Methoden

Methodische Planung bedeutet, die Umgebungsbedingungen für Lernen zielorientiert zu gestalten. Dabei kann man auf Muster von Lern-Arrangements zurückgreifen, die als Methoden ausgeformt sind.

Vorgaben und Bedingungen für die Methodenwahl

Die Methodenwahl ist abhängig von Vorgaben und Bedingungen im didaktischen Feld. Dies sind in erster Linie die *curricularen Vorgaben* und die *Voraussetzungen auf Seiten der Lernenden*, die man auch *interne Bedingungen* nennt. Sie leiten die Auswahl einer Methode unter Berücksichtigung der *Rahmenbedingungen* für die Lehr-Lern-Prozesse in der Berufsbildung (Abb. 4.4-1).

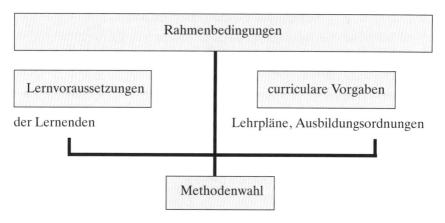

Abb. 4.4-1 Bedingungen für die Methodenwahl

Vorgaben für Entscheidungsfelder

Für die Gestaltung der Lernumgebung, der *externen Bedingungen* für Lernprozesse, müssen zunächst die *internen Bedingungen* geklärt sein, denn Lernen kann nur an individuellen Lernvoraussetzungen ansetzen (Abb. 2-2). Auf dieser Grundlage können dann die *Entscheidungsfelder* im didaktischen Feld bestimmt werden. Dabei ist zu berücksichtigen, was bereits durch curriculare Vorgaben festgelegt wurde.

Methodische Entscheidungen und die didaktische Position einer Methode

Auf den dargelegten Grundlagen können die Entscheidungsfelder von Methoden und Medien bearbeitet werden (Abb. 4.2-1). Die Wahl einer Methode – und in Abhängigkeit von dieser Entscheidung über Medien – setzt die *Kenntnis des Methodenspektrums* der Berufsbildung voraus (Kapitel 5). Da Methoden auszuwählen sind im Hinblick auf Lernziele, genügt es nicht, die verschiedenen Methoden zu kennen und zu wissen, wie sie zu realisieren sind. Erforderlich ist darüber hinaus, dass die Zielrichtung der Methode, deren jeweilige *didaktische Position*, bekannt ist.[5] Diese muss zu den vorgegebenen Lernzielen passen.

Didaktische Position einer Methode

Die didaktische Position einer Methode ist gekennzeichnet durch die voraussichtlich erreichbaren Ziele oder Ziel-Schwerpunkte, so wie sie aufgrund von didaktischen Erfahrungen und von Forschungsergebnissen erwiesen sind.

Beispiele zur didaktischen Position von Methoden

Von Alters her wird beispielsweise eine Unterweisung als erfolgversprechend angesehen zur Vermittlung von handwerklichen Fertigkeiten ebenso wie der Frontalunterricht zur Kenntnisvermittlung. Hingegen weiß man, dass die Unterweisung in Form der Vier-Stufen-Methode wenig beiträgt zur Entwicklung von Kommunikationsfähigkeit unter Lernenden. Auch wäre es widersinnig, Frontalunterricht zur Vermittlung von manuellen Fertigkeiten in der Berufsausbildung zu wählen.

---

[5] Vgl. Pahl 2007, wo zu jeder Methode – von Arbeitsorganisationsanalyse bis Zukunftswerkstatt – die erreichbaren Lernziele und die didaktische Bedeutung angegeben sind.

Voraussetzungen für methodische Entscheidungen:

1. Kenntnisse über das didaktische Feld und über die Komponenten methodischer Entscheidungen
2. Analyse der Lernvoraussetzungen
3. Analyse der curricularen Vorgaben und der Rahmenbedingungen
4. Kenntnis des Methodenspektrums einschließlich der didaktischen Position von Methoden

Aufgaben

1. Legen Sie die Reihenfolge für die Abfolge bei der Entscheidung über Methoden fest und begründen Sie diese vor dem Hintergrund der Interdependenz im didaktischen Feld.

2. Weshalb gehören auch die Rahmenbedingungen zu den Komponenten methodischer Entscheidungen?

3. Belegen Sie an Beispielen, welche Bedeutung die Ermittlung der Lernvoraussetzungen für die Methodenwahl hat.

4. Welche Bedeutung hat die didaktische Position einer Methode für methodische Entscheidungen?

5. Warum sind für methodische Entscheidungen außer der Kenntnis des Methodenspektrums auch praktische Erfahrung bei der Realisierung von Methoden erforderlich?

6. Welche Bedeutung hat die Erforschung der Lerneffekte von Methoden für die Methodenwahl?

5 Das Methodenspektrum der Berufsbildung

Das Methodenspektrum der Berufsbildung umfasst Methoden, die sich im Rahmen der betrieblichen Berufsausbildung und der beruflichen Weiterbildung entwickelten sowie Methoden, die man von allgemeinen Schulen bzw. von der Schulpädagogik übernommen und adaptiert hat oder die im Rahmen der schulischen Berufsbildung entstanden.

Einen Überblick über die wichtigsten Methoden der Berufsbildung gibt Abb. 5-1. Teilweise können diese Methoden auch auf telematischem Wege – E-Learning – umgesetzt werden. Näheres dazu in Kapitel 7.

Unterrichtsmethoden und Unterweisungsmethoden

In der schulischen Berufsbildung liegt der Schwerpunkt bei Unterrichtsmethoden. Diese sind vornehmlich an kognitiven Lernzielen orientiert. In der betrieblichen Berufsbildung stehen die Unterweisungsmethoden im Vordergrund, die vorwiegend berufsmotorischen Lernzielen verpflichtet sind.

Im Folgenden werden unter methodischen Gesichtspunkten die historische Entwicklung von didaktischen Auffassungen sowie ihre methodischen Konsequenzen skizziert (Kapitel 5.1). Von den historischen Ausprägungen her liegt als Konsequenz eine Gruppierung der Methoden nahe, die gegensätzlichen Gesamtkonzeptionen entspricht: Einerseits die Methoden des Lehrens, die meist linear-zielgerichtet oder expositorisch konzipiert und in direkter Aktionsform umgesetzt werden (Kapitel 5.2), und andererseits jene Methoden, die selbstgesteuertes Lernen anregen, meist nach offener oder entdeckenlassender Gesamtkonzeption strukturiert sind und sich indirekter Aktionsform bedienen (Kapitel 5.3).[1]

---

[1] Die Unterscheidung von traditionellen Unterrichtsformen, handlungsorientierten Methoden und Methoden der betrieblichen Berufsbildung wird hier nicht übernommen (Bonz 1999), einerseits weil traditioneller Gruppenunterricht handlungsorientierte Aspekte berücksichtigt und handlungsorientierte Methoden inzwischen Tradition haben und andererseits, berufliche Schulen auch Unterweisungsmethoden praktizieren sowie umgekehrt die betriebliche Berufsbildung Unterrichtsmethoden einbezieht.

Methodenspektrum der Berufsbildung		
Lehren	**Selbstgesteuertes Lernen**	
Lehrmethoden	Traditionelle Methoden	Handlungsorientierte Methoden
Frontalunterricht	Unterrichtsgespräch	Projekt
Lernprogramme	Gruppenunterricht	Simulation
Unterweisungsmethoden	Partnerarbeit	Planspiel
	Alleinarbeit	Rollenspiel
		Fallstudie
		Leittextmethode

Abb. 5-1 Das Methodenspektrum der Berufsbildung

5.1 Historische Entwicklung von unterschiedlichen didaktischen Auffassungen und gegensätzlichen Gesamtkonzeptionen

In der historischen Entwicklung didaktischer Auffassungen treten immer wieder Konstellationen auf, die früheren didaktisch-methodischen Entwicklungen ähneln. Grosso modo kann man deshalb die Entwicklung der Methodik im Zusammenhang mit didaktischen Pendelschlägen sehen.

Comenius

Einer der Höhepunkte in der Geschichte der Pädagogik ist mit *Johann Amos Comenius* (1592–1670) verbunden. Er hielt Klassenunterricht für erstrebenswert unter dem Aspekt der Volksbildung, weil mehrere Schüler gleichzeitig unterrichtet werden können. Damit verbunden war die „vollständige Kunst, alle Menschen alles zu Lehren, … was für dieses und das künftige Leben nötig ist".[2] Dies bedeutete, im Sinne des Frontalunterrichts alle „Welt-Dinge und Lebens-Verrichtungen" den Lernenden zu vermitteln. Ein Beispiel für die Vorgehensweise bietet sein Lehrbuch „Orbis sensualium pictus".[3]

---

[2] Aus dem ausführlichen Titel der Großen Didaktik. Comenius, Johann Amos: Große Didaktik (Didactica Magna, 1657), Übers. Flitner, Andreas, 3. Aufl., Düsseldorf: Küpper, 1966
[3] Comenius, Johann Amos: Orbis sensualium pictus, 1654

Man kann sich vorstellen, wie entsprechend in linear-zielgerichteter Gesamtkonzeption der Unterricht stattfinden konnte und wie die Lernenden den
Aufbau der Schöpfung – einschließlich der Bereiche von Beruf und Arbeit –
rezeptiv nachvollziehen sollten.

Begründung von Klassenunterricht durch Comenius

Johann Amos Comenius stellte die Frage „Wie können alle in der Schule gleichzeitig dasselbe treiben?" Er begründete in seiner Antwort den Klassenunterricht
folgendermaßen: „Es wäre offensichtlich eine nützliche Einrichtung, wenn von
allen in der Klasse nur ein Stoff behandelt würde, weil dies dem Lehrer weniger
Mühe und den Schülern mehr Erfolg brächte. Dann erst spornt nämlich einer
den andern an ... Der Lehrer muß es in allen Stücken halten wie ein Offizier, der
seine Übungen nicht mit jedem Rekruten einzeln durchnimmt, sondern alle zu-
gleich auf den Exerzierplatz führt, ihnen gemeinsam den Gebrauch und die
Handhabung der Waffen zeigt und verlangt, daß, wenn er einen einzeln unterrichtet, die andern dasselbe tun, dasselbe beachten und dasselbe versuchen.[4]

Klassenunterricht und Frontalunterricht

Zwar muss das Lehren in Schulen nicht immer nach dem Muster des Exerzie-
rens auf dem Kasernenhof und unter Androhung von Strafen erfolgen. Die
Lernenden in einer Klasse können sich auch selbst organisieren und selbstgesteuertes Lernen realisieren. Dennoch hat sich seither Frontalunterricht in
den allgemeinen Schulen und auch im Rahmen der Berufsbildung etabliert.

Rousseau und Pestalozzi

Im Vergleich zu der Fundierung und Ausgestaltung von Frontalunterricht
blieben die methodischen Vorschläge für selbstgesteuertes Lernen vergleichsweise begrenzt. Sicherlich propagierte bereits *Jean Jacques Rousseau*
(1712–1778) eine offene Gesamtkonzeption, damit die natürlichen Entfaltungsmöglichkeiten der Menschen nicht durch einengende und lenkende Erziehung beeinträchtigt werden. Auch der ganzheitliche Zugriff von *Johann
Heinrich Pestalozzi* (1746–1828), wonach Lehr-Lern-Prozesse Kopf, Herz
und Hand, also sowohl die kognitive und die affektive als auch die motorische
Dimension des Lernens umfassen sollten, blieb in seinen Auswirkungen begrenzt.

---

[4] Comenius, Johann Amos: Große Didaktik (Didactica Magna, 1657), Übers. Flitner, Andreas,
3. Aufl., Düsseldorf: Küpper, 1966, S. 128 f.

Herbart sowie Ziller, Dörpfeld und Rein

Große Auswirkungen auf die Entwicklung von Frontalunterricht hatte *Johann Friedrich Herbart* (1776–1841) und die Herbartianer *Tuiskon Ziller* (1817–1882), *Friedrich Wilhelm Dörpfeld* (1824–1893) und *Wilhelm Rein* (1847–1929): Die Artikulation von Unterricht nach Formalstufen prägte die Lehrerausbildung und die Schulpraxis nachhaltig. Jeder Unterricht sollte im Aufbau den Phasen der Lernprozesse folgen. Besonders verbreitet waren Dörpfelds dreischrittige Formalstufen. Die Artikulation des Unterrichts in den Phasen *Anschauen – Denken – Anwenden* wurde zuweilen sogar als allein akzeptable Form für Unterricht in beruflichen Schulen gleichsam amtlich verordnet.[5]

Gaudig und die Reformpädagogik

Erst mit der Reformpädagogik entstand ein didaktisches Gegenprogramm, das auch in Schulen realisiert wurde. *Hugo Gaudig* (1860–1923) forderte, dass man anstelle des verbreiteten Frontalunterrichts – vor allem in fragendentwickelnder Form[6] – die Selbsttätigkeit der Schüler fördern soll. Dementsprechend entwickelte er die „freie geistige Schularbeit", die einer offenen Gesamtkonzeption folgt.

Kerschensteiner und die Arbeitsschule

Die Arbeitsschule modifizierte *Georg Kerschensteiner* (1854-1932) für die Berufsbildung. Dabei folgte er der Idee des Projektunterrichts, den in Amerika *John Dewey* (1859–1952) entwickelte. Gleichzeitig setzte Kerschensteiner der Artikulation von Frontalunterricht bzw. den Formalstufen der Herbartianer seine „Stufen des logischen Denkprozesses" entgegen,[7] die allerdings – auch in der erweiterten Form von *Heinrich Roth* (1906–1983) – vergleichsweise wenig Verbreitung in der Praxis der Berufsbildung fanden. Demgegenüber wurde in der Frankfurter Methodik die Stufung von *Dörpfeld* aufgenommen und für Unterricht in beruflichen Schulen adaptiert.

---

[5] Hartmann, Karl O.: Unterrichtsgestaltung der Berufs-, Werk- und Fachschulen. Frankfurt (Main): Diesterweg 1928, S. 135

[6] „An eine Gesundung unseres deutschen Schulwesens vermag ich nicht eher zu glauben, ehe nicht der Despotismus der Frage gebrochen ist." – Gaudig, Hugo: Das fragwürdigste Mittel der Geistesbildung. (1907) In: Gaudig, Hugo: Die Schule der Selbsttätigkeit. 2. Aufl., Bad Heilbrunn: Klinkhardt 1969, S. 45–49

[7] Kerschensteiner, Georg: Begriff der Arbeitsschule. (1912) 15. Aufl., Stuttgart: Teubner, 1964, S. 33

Ablehnung reformpädagogischer Bestrebungen

In der NS-Zeit wurden die reformpädagogischen Bestrebungen abgelehnt. Die Argumente von Reformpädagogen blieben auch danach ohne Auswirkung. Letztlich hat sich so in der Berufsbildung in Deutschland der Frontalunterricht – vor allem als fragend-entwickelnder Unterricht – noch nach dem Zweiten Weltkrieg als verbreitete Methode gehalten.

Handlungsorientierte Methoden

Erst gegen Ende des letzten Jahrhunderts war die Forderung nach handlungsorientierten Methoden und damit nach offener Gesamtkonzeption unüberhörbar. Mit Lern-Arrangements, die auf *Handlung* zielten, und entsprechend breit angelegten Methoden entsprach man den Forderungen der Reformpädagogik. Z. B. sind Projekte und Arbeitsschule alte methodische Vorschläge, die den Kriterien von Handlungsorientierung genügen. – Trotz dieser Tendenz wurde die Dominanz des Frontalunterrichts in der Berufsbildung erneut zu Beginn dieses Jahrhunderts nachgewiesen (Pätzold/Klusmeyer/Wingels/Lang, 2003, z. B. S. 241).

Methoden betrieblicher Berufsausbildung

Auch im Bereich der betrieblichen Berufsbildung wurde im letzten Jahrhundert die Unterweisung – auf berufsmotorische Lernziele zentriert – nach linear-zielgerichteter Gesamtkonzeption perfektioniert. In Deutschland entwickelte sich die Vier-Stufen-Methode, die im Rahmen von Lehrgängen (seit 1918) zunehmend die Berufsausbildung in Betrieben bestimmte. Projekte und andere handlungsorientierte Methoden wurden erst gegen Ende des letzten Jahrhunderts in erwähnenswertem Umfang praktiziert.

Didaktischer Pendelschlag in der Geschichte

Der Rückblick auf die historischen Situationen in der Methodik belegt einen wiederkehrenden Wechsel in den vorherrschenden Auffassungen: Während zunächst von lehrender Position aus gesteuerter Frontalunterricht und linear-zielgerichtete Gesamtkonzeption im Vordergrund stand – *Comenius* –, folgte eine Zeit, in der die Zielsetzung von den Lernenden aus bestimmt sein sollte, weshalb lernerzentrierte Methoden bzw. eine offene Gesamtkonzeption angemessen schien – *Rousseau*. Diese Auffassung wurde wiederum abgelöst, indem man davon ausging, dass nicht die individuelle Entfaltung vordringlich sei, sondern dass durch Lehrpersonen der „Geist des Kindes zu bauen" sei.[8] Solch einen Anspruch von *Herbart* und seiner Schule, der Frontalunterricht und zielgerichtetes Lehren fundierte, wollte die Reformpädagogik ersetzen durch Methoden der freien geistigen Schularbeit und der Arbeitsschule, die durch offene Gesamtkonzeption charakterisiert sind. Später bestimmte wieder unangefochten die mit dem Frontalunterricht verbundene Auffassung das methodische Handeln. Mit der Forderung nach Handlungsorientierung wird erneut – wie in der Reformpädagogik – versucht, den dominierenden Frontalunterricht und die vorherrschende linear-zielgerichtete Gesamtkonzeption durch Methoden mit offener Gesamtkonzeption abzulösen.

Die jeweilige Reform der vorherrschenden Auffassung und Praxis von Unterricht und Unterweisung führt dazu, dass man von einem didaktischen Pendelschlag sprechen kann:[9] Die Ziele pädagogischer Interventionen und das zu Grunde liegende Menschenbild verändern sich. Bezogen auf die Methoden ist die Veränderung darin begründbar, dass vermutlich in jeder Epoche zunehmend ein Überdruss an den vorherrschenden Methoden wahrgenommen wird und dass die Nebenwirkungen dominierender Methoden deren Einseitigkeit aufgrund ihrer Gesamtkonzeption erweisen. Dementsprechend versuchen Pädagogen die Situation dadurch zu verbessern, dass sie andere Methoden praktizieren, die einer gegensätzlichen Gesamtkonzeption folgen.

Führen oder Wachsenlassen

Rückblickend kann man feststellen, dass die jeweils vorherrschenden Methoden sich abwechseln. Die methodische Orientierung folgte einerseits

- der Auffassung, dass Lehrende die Lernenden auf gutem Weg zu vorgegebenen Zielen *führen* müssen, und andererseits

- der Leitidee, die Individuen *wachsen* zu lassen, damit sie ihre individuellen Entfaltungsmöglichkeiten verwirklichen.

---

[8] Zur bevorzugten Methode: „... daß sie kühner und eifriger, als jede frühere Methode, die Pflicht ergriff, den Geist des Kindes zu bauen, eine bestimmte und hell angeschaute Erfahrung darin zu konstruieren, – nicht zu tun, als *hätte* der Knabe schon eine Erfahrung, sondern zu sorgen, daß er eine bekomme ... ihm zuallererst das zu *geben*, was dann weiterhin verarbeitet und besprochen werden kann und soll." – Herbart, Johann Friedrich: Über den Standpunkt der Beurteilung der Pestalozzischen Unterrichtsmethode. (1804) In: Herbart, Johann Friedrich: Vorlesungen über Pädagogik. Heidelberg: Quelle&Meyer 1964, S. 18–27, hier S. 26

[9] Z. B. Czycholl, Reinhard: Wider die curriculare Pendelschlagdidaktik in der kaufmännischen Berufsbildung. In: Sommer, Karl-Heinz (Hrsg.): Betrifft: Didaktik und Lehrende der Berufsbildung. Stuttgart: BWT 2001, S. 150–168

Diese Gegensätzlichkeit – *Führen oder Wachsenlassen* [10] – kennzeichnet die historische Entwicklung der Methodik zwischen autoritärem Lehren und selbstständigem Lernen bis hinzu den gegensätzlichen Gesamtkonzeptionen des *expositorischen Lehrens* – „Ausubels Theorie des bedeutungsvollen verbalen Lernens" (Straka/Macke 2003, S. 89 ff.) – und des *entdeckenlassenden Lernens* – „Bruners Theorie des Entdeckungslernens" (Straka/Macke 2003 S. 107 ff.). Ebenso stehen in der Gegenwart der *kognitivistische Ansatz* bzw. objektivistischer Unterricht dem *konstruktivistischen Ansatz* (Nickolaus 2008, S. 96) bzw. handlungsorientiertem Unterricht oder selbstgesteuertem Lernen gegenüber. Schlagwortartig: Lernen als Reaktion auf *Instruktion* oder als selbstgesteuerte *Konstruktion*.

Tendenzen der historischen Entwicklung der Methodik

- **Lehrkunst, Frontalunterricht,
  linear-zielgerichtete Gesamtkonzeption**
- **Förderung individueller Entfaltung,
  offene Gesamtkonzeption**
- **systematisches Lehren, Formalstufen,
  linear-zielgerichtete Gesamtkonzeption**
- **Selbsttätigkeit der Lernenden, Arbeitsschule,
  offene Gesamtkonzeption**
- **Frontalunterricht und Unterweisung nach
  linear-zielgerichteter Gesamtkonzeption**
- **handlungsorientierte Methoden, offene Gesamtkonzeption**

Aufgaben

1. Welche Gründe sprachen nach ihrer Ansicht dafür, dass heute methodische Gegenpositionen zum Frontalunterricht in den Vordergrund rückten?

   Bedenken Sie: Auch für Methoden gilt, dass sie sich „in schöner Regelmäßigkeit mit Absolutheitsansprüchen ablösen, was nichts anderes bedeuten kann, als dass es das richtige Prinzip nicht gibt, sondern nach sinnvollen Kombinationen zu suchen ist." [11]

2. Welche Nachteile oder welche Einseitigkeit von Methoden mit offener Gesamtkonzeption führten dazu, dass diese in der Praxis durch Frontalunterricht zurückgedrängt wurden?

3. Inwiefern wird der didaktische Pendelschlag am Beispiel von Reformpädagogik und anhand der Forderung nach Handlungsorientierung besonders deutlich?

---

[10] Litt, Theodor: Führen oder Wachsenlassen. Leipzig: Teubner 1927
[11] Dubs 2001, S. 62

5.2 Methoden als Formen des Lehrens – Lehrmethoden

5.2.1 Lehrmethoden und Gesamtkonzeption

Während in der betrieblichen Berufsbildung mit der handwerklichen Meisterlehre die Unterweisung einzelner Lehrlinge eine lange Tradition hat, begann die Organisation von Schulbildung mit Unterricht in Klassen. Während Unterweisungen auf den Erwerb berufsmotorischer Fertigkeiten ausgerichtet sind, stehen im Unterricht in der Berufsbildung kognitive Lernziele im Vordergrund.

Klassenunterricht

Im Klassenunterricht werden mehrere Schüler gleichzeitig unterrichtet. Doch muss dies nicht immer in der Form des Frontalunterrichts stattfinden. Die Klasse als Lernergruppe kann sich auch selbst organisieren und Lernprozesse einleiten, die nicht auf die Lenkung von Lehrenden angewiesen sind. Dies ist beim Unterrichtsgespräch (Kapitel 5.3.2.1) der Fall, wobei die Lernenden in der Regel eine andere Sitzordnung als im Frontalunterricht einnehmen.

Klassenunterricht

Als Klassenunterricht bezeichnet man Unterricht mit der gesamten Klasse.

Typisches Lehren und Gesamtkonzeption

Typisches Lehren – Lehren im engeren Sinne (vgl. Kapitel 1.1) – erfolgt in direkter Aktionsform von lehrender Position aus. Kennzeichnend für diese Lehrmethoden ist in der Regel eine linear-zielgerichtete oder expositorische Gesamtkonzeption,[12] denn der Verlauf von Unterricht oder Unterweisung wird stets von lehrender Position aus planmäßig gesteuert. Solches Lehren findet nicht nur in der Form des Frontalunterrichts statt (Kapitel 5.2.2). Auch Lernprogramme, die sich an einzelne Lernende richten (Kapitel 5.2.3), gehören ebenso wie die Unterweisungsmethoden (Kapitel 5.2.4) zu den typischen Lehrmethoden.

---

[12] In Frage kommen auch andere Gesamtkonzeptionen der linken Spalte in Abb. 3.2.2-1.

> **Formen des Lehrens – Lernmethoden – sind durch eine linear-zielgerichtete Gesamtkonzeption oder eine expositorische Gesamtkonzeption und direkte Aktionsform gekennzeichnet.**
> - **Frontalunterricht**
> - **Lernprogramme**
> - **Unterweisungsmethoden**

5.2.2 Frontalunterricht

Am häufigsten wird in der Berufsbildung Frontalunterricht praktiziert (Pätzold u. a. 2003, S. 241). Die Methode des Frontalunterrichts meint nicht nur die äußerliche Positionierung von Lehrenden und Lernenden (Abb. 5.2.2-1), sondern darüber hinaus eine bestimmte Form des Unterrichtens: Lehrpersonen informieren, instruieren oder belehren eine größere Gruppe von Schülern oder Auszubildenden; Experten übermitteln ihre Kenntnisse, die Adressaten nehmen sie auf und verarbeiten sie.

Lehrende im Frontalunterricht

Im Frontalunterricht stehen die Lehrpersonen im Zentrum der Lehr-Lern-Prozesse. Sie legen nach linear-zielgerichteter oder expositorischer Gesamtkonzeption Ziel und Weg des Unterrichts fest und übermitteln in direkter Aktionsform die vorgesehenen Lerninhalte in der von ihnen zuvor geplanten Weise. Sie überprüfen abschließend, ob die Lernenden das Pensum bewältigt haben.

Frontalunterricht

Frontalunterricht ist gekennzeichnet durch die direkte Aktionsform und durch die Blockform, in der die Lernenden frontal auf die Lehrenden ausgerichtet sind.

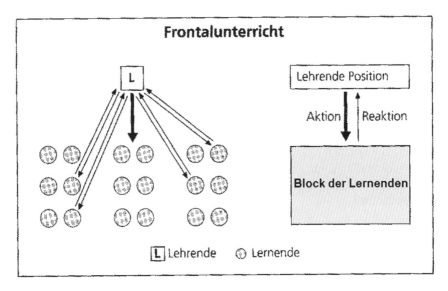

Abb. 5.2.2-1 Lehrende und Lernende im Frontalunterricht

Ausprägungsformen des Frontalunterrichts

Die Varianten des Frontalunterrichts unterscheiden sich im wesentlichen auf der Ebene der Lehrgriffe (Kapitel 3.2.6): *Vortrag* und *Darbietung* – z. B. im Experimentalunterricht – beziehen die Lernenden nur als Adressaten ein. Äußerungen von Seiten der Lernenden erwartet man hingegen beim fragend-entwickelnden Unterricht, der auch als *Lehrgespräch* bezeichnet wird, sowie beim Entwickeln durch Impulse, dem *Impulsunterricht*.[13] Beim Teleteaching wird der Frontalunterricht telematisch realisiert.

---

[13] Im Rahmen des Frontalunterrichts gibt es viele Bezeichnungen, z. B. „Unterrichtsvortrag, darbietend-entwickelndes oder fragend-entwickelndes Lehrgespräch" bei Gönner, Kurt: Der Gesetzestext im Unterricht. In: Schanz, Heinrich (Hrsg.): Didaktik der ökonomischen Bildung. (bzp Bd. 4) Stuttgart: Holland + Josenhans, 1977, S. 181–200, hier S. 182 oder „darstellend-darbietende Lehrform" und „herausholend-erörternde" sowie „anreizend-aufgebende Lehrform" bei Ott, Heinz Karl: Lehrverfahren. In: Frommer, Helmut (Hrsg.): Handbuch Praxis des Vorbereitungsdienstes. Bd. 1: Erziehungswissenschaftliche Grundlegungen, 3. Aufl., Düsseldorf: Schwann, 1981, S. 243–268, hier S. 256ff.; vgl. auch Ascherleben, der bei Frontalunterricht die Varianten Lehrervortrag und Frageunterricht unterscheidet (1999, S. 7).

Darbietung

Die Darbietung ist eine besondere Form des Frontalunterricht bzw. eine Vorstufe. Bei der Darbietung kann man Lehrende als Sender und Lernende als Empfänger des Dargebotenen auffassen. Problematisch ist diese Methode, weil man dabei auf jene Lehrgriffe verzichtet, die Lehrende darüber aufklären können, ob und inwieweit die dargebotenen Lerninhalte von den Adressaten aufgenommen und verarbeitet wurden. Als Formen der Darbietung kommen Vortragen, Vormachen (Zeigen) oder Vorführen (medial Zeigen) in Betracht (Apel 2002, S. 58). Solch eine Darbietung wird auch als Phase eingefügt im Rahmen von anderen Methoden (vgl. z. B. Gudjons, 2003, S. 267).

Präsentation

Die Darbietung bedient sich im allgemeinen verschiedener Medien. Ein reiner Vortrag ist im Rahmen der Berufsbildung selten. Hingegen wurden – über Kreide und Wandtafel hinaus – viele medienunterstützte Präsentationsmethoden entwickelt (vgl. Kapitel 6.3.1), denn ohne Zweifel hängt die Lernwirksamkeit einer Darbietung von deren Güte ab. Häufig verwendet man deshalb Lehrmittel (Kapitel 6.2).

Darbietung und entwickelndes Lehren

Da sich Lehrende im allgemeinen nicht damit zufrieden geben, wenn sie den Eindruck haben, dass die Darbietung in geplanter Weise empfangen wurde, und weil man es für unzureichend hält, dass sich Lehrende bezüglich des Lernerfolgs allein auf ihre Beobachtung der Lernenden verlassen, wird in der Praxis der Berufsbildung die Darbietung ergänzt durch Fragen oder Lehrgriffe, die den Lehrenden rückmelden, in welchem Umfang die Darbietung bei den Lernenden „angekommen" ist bzw. ob und wie weit die Lernenden auf dem durch die Darbietung vorgegebenen Lernweg gefolgt sind. Auf diese Weise entstand das entwickelnde Lehren, das in der Regel Frontalunterricht kennzeichnet.

Lehrgriffe im Frontalunterricht

Gemeinsam ist den Varianten des entwickelnden Frontalunterrichts, dass der Unterricht auf den geplanten Lernwegen entsprechend der linear-zielgerichteten oder der expositorischen Gesamtkonzeption voranschreitet, wobei sich eine Artikulation bzw. eine Gliederung nach der fachlichen Struktur des

Lerninhalts anbietet. Durch die Lehrgriffe werden die Lernenden beim Voranschreiten gesteuert.

Enge Fragen sind für die konsequente Umsetzung der linear-zielgerichteten Gesamtkonzeption gut geeignet und prägen den fragend-entwickelnden Unterricht.[14] Sie lenken auf dem von lehrender Position aus vorgesehenen Lernweg und vermeiden Abweichungen. Hingegen eröffnen *Impulse* in der Regel ein breiteres Denkfeld. Sie lassen den Lernenden einen größeren Spielraum beim Voranschreiten auf den vorgesehenen Lernwegen in einem entwickelnden Unterricht (vgl. Abb. 3.2.6-1).

Das Zielspektrum von Frontalunterricht

Moderner Frontalunterricht[15] zielt über die Kenntnisvermittlung hinaus auf Einsichten und Erkenntnisse. So werden beispielsweise Experimente vorgeführt, Maschinen erklärt, politische Zusammenhänge dargelegt, Einsichten in wirtschaftliche Hintergründe vermittelt. Man geht davon aus, dass sich bei den Lernenden jene kognitive Struktur aufbaut, die auf Seiten der Lehrenden der Planung und Realisierung des Unterrichts zugrunde liegt. Bei solch einem rezeptiven Lernen können bei der Verarbeitung von Informationen auch Einsichten und Erkenntnisse bezüglich der Hintergründe und Ursachen, der Zusammenhänge sowie der Folgen und Auswirkungen entstehen.

Artikulation von Frontalunterricht

Bei der Planung von Frontalunterricht ist folgende Gliederung in Verlaufsphasen üblich:[16]

- Einleitung oder Einstieg,
  mit Hinführung zum Thema, Fragestellung oder Aufgabenstellung, Zielangabe und einer Vorschau auf die Verlaufsphasen,
- Hauptteil mit Teilabschnitten,
  welche die dargebotenen Informationen und die durch Fragen oder Impulse entwickelten Lerninhalte enthalten sowie Teilzusammenfassungen und Kontrollen,
- Abschluss mit Zusammenfassung und Lernkontrollen.

---

[14] Zur Lehrerfrage im Frontalunterricht vgl. Riedl, Alfred: Grundlagen der Didaktik. Stuttgart: Steiner, 2004, S. 119–123

[15] Aschersleben, Karl: Moderner Frontalunterricht. 3. Aufl., Frankfurt (Main): Lang 1987, S. 73

[16] Pahl, Jörg-Peter: Ausbildungs- und Unterrichtsverfahren. Bielefeld: Bertelsmann, 2005, S. 131-133, S. 221-224

Welches Verhalten fördert Frontalunterricht?

Das Prinzip des Frontalunterrichts – die Weitergabe von Wissen und Fähigkeiten – setzt Aufnahmebereitschaft bei den Lernenden voraus. Der Lernerfolg ist auf Zuhören, Beobachten, Mitdenken, Nachvollzug, Ausführen und Üben sowie eine diesbezügliche Motivation angewiesen. Diese Verhaltensweisen werden bei solch einem Unterrichten auch bestätigt und gefördert. Andererseits sind für reibungslos voranschreitenden Frontalunterricht individuelle Stellungnahmen, Bedenken, abweichende Meinungen, Zweifel oder Gegenargumente eher hinderlich. Da die Lehrenden nicht nur die Ziele, sondern auch die Lernwege und Kontrollen über das planmäßige Voranschreiten festlegen, fördert Frontalunterricht einseitig rezeptives Lernen und eine Anpassung an vorgeschriebene Lernwege.

Sitzordnung und Interaktion im Frontalunterricht

Der Sitzordnung im Frontalunterricht entspricht die intendierte Interaktionsform: Die Lernprozesse werden als Reaktion der Lernenden auf Aktionen der Lehrenden aufgefasst (Abb. 5.2.2-1). Beispielsweise soll eine Lehrerfrage – *Aktion* – Lernen anregen. Durch die Antwort – *Reaktion* –, die in der Regel an die lehrende Position gerichtet ist, soll erwiesen werden, dass der Lernprozess erfolgreich verlief. Somit wechseln sich Aktionen der Lehrenden – Informationen, Fragen, Aufforderungen, Impulse usw. – und Reaktionen der Lernenden ab, weshalb man die Interaktion präziser mit *Aktion-Reaktion* beschreibt.

Interaktionen zwischen Lernenden sind nicht intendiert. Sie werden hingenommen oder übergangen, solange sie die linear-zielgerichtete Vorgehensweise nicht beeinträchtigen. Fragen und Impulse von Lernenden sind nur erwünscht, wenn sie genau in den geplanten Unterrichtsverlauf passen. Insofern müssen die Lehrenden im Frontalunterricht für diszipliniertes Reagieren der Lernenden sorgen. Dies wiederum erleichtert die frontale Sitzordnung in Blockform.

Welche Vorteile bietet Frontalunterricht?

Als Vorteil von Frontalunterricht und insbesondere von fragend-entwickelndem Unterricht gilt, dass er zeitsparend und ohne Umwege die festgelegten Lernziele erreicht. Die Unterrichtsplanung erscheint einfach, da Impulse und Aktivitäten der Lernenden nicht einbezogen werden. Frontalunterricht erleichtert die Lenkung und bietet deswegen große Zuverlässigkeit bezüglich der erstrebten Lernziele. Dies gilt insbesondere im Bereich der Wissensvermittlung.

Welche Schwierigkeiten bereitet die Planung von Frontalunterricht?

Als typische Schwierigkeit bei der Planung von Frontalunterricht muss man die Einschätzung der Lernenden und deren Einbezug auf dem Lernweg sehen. Letztlich beruht diese Methode auf der Annahme, dass die Lernenden alle in der gleichen Weise lernen und dass ihre individuellen Unterschiede zu vernachlässigen sind. Die Planung von Frontalunterricht geht von einem Durchschnittsschüler aus, auf den die Lernschritte und Anforderungen passen und der in der Lage ist, gegebenenfalls nicht genau angepasste Lernanforderungen zu bewältigen. Doch alle individuellen Abweichungen vom Durchschnitt bringen Probleme mit sich, die in extremen Fällen als Unterforderung oder Überforderung den Lernerfolg insgesamt beeinträchtigen.

Da bei der Planung von Frontalunterricht Lernstand und Lernfähigkeit im Einzelfall nicht präzise bekannt sind, muss die Rückkoppelung bezüglich der Lernfortschritte sorgfältig bedacht werden. Beispielsweise können unterschiedliche Voreinstellungen bei den Adressaten zu Missverständnissen und Fehlschlüssen führen. Kontrollfragen und Reaktionen einzelner Lernender verbürgen nicht, dass die Lernprozesse insgesamt in der geplanten Weise ablaufen. Insofern ist Frontalunterricht besonders schwierig zu planen, wenn eine heterogene Lernergruppe oder Klasse gemeinsam und quasi im Gleichschritt lernen soll, ohne dass man dabei einzelne vernachlässigt.

Kritik am Frontalunterricht

Immer wieder wird – teilweise heftig – Kritik am Frontalunterricht geübt wegen der geradlinigen Vorgehensweise und den damit verbundenen Nebenwirkungen: Weil man nachvollziehendes Lernen erwartet und weil Lernfortschritte fast nur in Abhängigkeit von den Lehrenden möglich sind, erfährt aktives und selbstständiges Lernen im Frontalunterricht keine Förderung. Aufgrund seiner Struktur kann Frontalunterricht hochrangigen allgemeinen Lernzielen wie Selbstständigkeit oder Entwicklung sozialer Kompetenz nicht gerecht werden.

Probleme im Frontalunterricht

Die dominierende Position der Lehrenden bestimmt die abhängige und reaktive Situation der Lernenden im Frontalunterricht. Diese Einseitigkeit der Aktivitätsverteilung kann disziplinäre Schwierigkeiten und die Auflehnung gegen autoritäre Lehrer nach sich ziehen. Jedermann weiß, dass die Zuhörer-Situation – vor allem bei langweiliger Darbietung – bereits nach relativ kurzer Zeit zu Ermüdung und sogar zum „Abschalten" führen kann. Dies gilt auch für Frontalunterricht. Darüber hinaus besteht die Gefahr, dass entwickelndes Unterrichten zur Gängelei der Lernenden ausartet und Folgen für das soziale Klima hat.

Frontalunterricht und Instruktion

Im Zusammenhang mit Frontalunterricht wird in den letzten Jahren auf *Instruktion* verwiesen (vgl. Arnold/Sandfuchs/Wiechmann 2006, S. 265–270). Durch diesen Begriff kommt die zugrunde liegende expositorische Gesamtkonzeption zum Ausdruck. Direkte Instruktion ist „ein Oberbegriff für alle Unterrichtsformen ..., in denen der Lehrer

(1) direkt das Unterrichtsgeschehen lenkt und kontrolliert, und

(2) in denen er die Übermittlung von Informationen weitgehend selbst übernimmt. ...

Direkte Instruktion bezieht sich auf alle Phasen des Lernprozesses, angefangen bei der Aktivierung des Vorwissens, der ersten darauf bezogenen Darstellung der neuen Wissenselemente, der Gestaltung vielfältiger, aufeinander bezogener Übungen bis hin zur Festigung, Konsolidierung und Abgrenzung dieses Wissens von anderen Inhalten. Ziel ist eine flüssige und verständnisorientierte Beherrschung dieses Wissens und der zugehörigen grundlegenden Fertigkeiten ..." (Wellenreuther 2007, S. 332 f.)

Betrieblicher Unterricht und betriebliches Lehrgespräch

„Grundmethoden der betrieblichen Bildung" sind neben der Unterweisung (Kap. 5.2.4) der betriebliche Unterricht und das betriebliche Lehrgespräch.[17] Die Struktur von Frontalunterricht wurde weitgehend für *betrieblichen Unterricht* übernommen. Die Spannweite erstreckt sich von Vortrag als verbaler und meist mediengestützter Darbietung bis zu entwickelndem Vorgehen (vgl. Pätzold 2001, S. 119 ff.). Während betrieblicher Unterricht mit Gruppen von Auszubildenden meist in besonderen Räumen stattfindet und durch Ausbilder oder Experten erfolgt, wenden sich die Lehrenden beim *betrieblichen Lehrgespräch* je nach Anlass und Ziel am Arbeitsplatz oder in Arbeitsplatznähe an Einzelne oder an eine Gruppe von Lernenden. Hierbei ist das methodische Vorgehen variabel und kann sich erstrecken von Vortrag oder Belehrung im Sinne des Frontalunterrichts bis hin zum partnerschaftlichen Fachgespräch (vgl. Riedl 2004, S. 125).

Kennzeichen des Frontalunterrichts:

- **Blockform – Lernende frontal auf die lehrenden Position ausgerichtet**
- **direkte Aktionsform**
- **linear-zielgerichtete oder expositorische Gesamtkonzeption**

Ausprägungsformen des Frontalunterrichts:

- **Darbietung**
- **fragend-entwickelnder Unterricht**
- **Impulsunterricht**

Didaktische Schwerpunkte:

- **rezeptives Lernen**
- **Vermittlung von Kenntnissen, darüber hinaus von Einsichten und Erkenntnissen**
- **Aufbau der kognitiven Struktur über Nachvollzug**

Vorteile:

- **effiziente Unterrichtsplanung**
- **Effektivität vor allem bei Wissensvermittlung**
- **zielorientierte Lenkung des Unterrichtsverlaufs**

---

[17] Schanz, Heinrich: Betriebliches Bildungswesen. Wiesbaden: Gabler 1979, S. 130

Aufgaben

1. Weshalb besitzt Frontalunterricht nach wie vor die dominierende Position in der Berufsbildung?

2. Welche Entscheidungen auf den verschiedenen Ebenen (Kap. 3.2) sind für Frontalunterricht kennzeichnend?

3. Nehmen Sie Stellung zu der Behauptung *Gaudigs*, Frontalunterricht sei abzulehnen, weil er die Gängelei von Lernenden perfektioniere.[18]

4. Welche Nachteile ergeben sich daraus, dass im Frontalunterricht die Sprechanteile der Lehrpersonen die der Lernenden um ein vielfaches übersteigen?[19]

5. Welche verschiedenen Funktionen haben Fragen im Frontalunterricht? Berücksichtigen Sie die Übersicht in Kapitel 3.2.6, S. 40 zu den Funktionen der Lehrerfrage.

6. Belegen Sie an Beispielen, welche Muster von darbietendem und entwickelndem Frontalunterricht auf betrieblichen Unterricht und auf das betriebliche Lehrgespräch übernommen werden.

Handlungsmuster für betriebliche Ausbildungsmethoden nach Pätzold[20]

- Monologisch-darbietend
  - – vorzeigend bzw. vorführend
  - – vortragend
  - – vormachend bzw. darbietend
- Dialogisch-erarbeitend
  - – fragend-reproduzierend
  - – fragend-reorganisierend
  - – fragend-entwickelnd
  - – impulsgebend-synthetisierend
  - – Diskurs
- Aufgebende Unterweisung / entdeckendes Lernen

---

7. Diskutieren Sie die Behauptung, dass Frontalunterricht für leistungsschwache Lernende Vorteile hat.

   Bedenken Sie: „Wer ... direkte Instruktion ablehnt und auf die ... offenen Methoden als Alternative verweist, nimmt die zu diesem Thema durchgeführte empirische Forschung nicht erst. Schlimmer noch: Er verweigert gerade den leistungsschwächeren Schülern eine wirksame Förderung."[21]

---

[18] Vgl. Fußnote 6 in Kap. 5.1, S. 66
[19] Vgl. Euler/Hahn 2004, S. 53f.
[20] Pätzold 2001, S. 119
[21] Wellenreuther 2007, S. 367

5.2.3 Lernprogramme und Alleinarbeit

Die Struktur eines Lernprogramms entspricht jener eines fragend-entwickelnden Frontalunterrichts: Das Lernprogramm übernimmt die Initiierung, Steuerung und Kontrolle der Lernprozesse. Wie bei Frontalunterricht legt das Programm fest, wie rezeptives Lernen zielgerichtet voranschreiten soll. Während aber Frontalunterricht von lehrender Position aus mit einer Gruppe von Lernenden realisiert wird, sind Lernprogramme auf Alleinarbeit zugeschnitten. An die Stelle der Lehrpersonen treten mediale Präsentationen und programmierte Lehrgriffe. Die Steuerung des Programmablaufs liegt in der Hand der Lernenden. Da Lernprogramme die Funktion von Lehrenden übernehmen, müssten sie als *Lehrprogramme* bezeichnet werden (vgl. Kap. 7.1 und Abb. 7-1), doch wird hier der übliche Sprachgebrauch beibehalten.

Lernprogramme und methodische Entscheidungsebenen

Lernprogramme – meist computergestützt und oft multimedial angelegt – folgen einer linear-zielgerichteten Gesamtkonzeption. Diese wird in direkter Aktionsform umgesetzt. Die Alleinarbeit als Sozialform beginnt im Sinne der Artikulation mit Informationen, anschließend darauf bezogener Aufgabenstellung, abschließender Lernkontrolle. Als Lehrgriffe dienen in der Regel schriftliche Fragen und Aufforderungen. Der Bereich der Medien wird bis hin zu Animationen ausgeschöpft.

Aufbau von Lernprogrammen

Lernprogramme stellen eine Kombination von Informationen, Lehrgriffen, Lernhilfen und Lernkontrollen dar, die zum mediengestützten Selbstlernen anleiten. Von den Lernenden werden die Lernsequenzen zur Alleinarbeit abgerufen. In der Regel erfolgt dies in der Reihenfolge der Programmgliederung, doch können die Lernenden auch einzelne Teilbereiche auswählen und am Computer abarbeiten, Programmteile überspringen oder wiederholen. Zusätzliche Informationen und Hilfen können angefordert werden. Ebenso kann man Programmschritte repetieren, was möglicherweise das Programm empfiehlt, wenn die Testergebnisse keinen vollen Lernerfolg erweisen. Insofern kann der Ablauf des Lernprogramms individuell verändert werden. (Zu „Typen und didaktischen 'Bauelementen' von Programmen" vgl. Bönsch 2004, S. 238 ff.)

Lernprogramme

Lernprogramme folgen der linear-zielgerichteten Gesamtkonzeption und leiten an zu rezeptivem Lernen in Alleinarbeit.

Alleinarbeit mit Lernprogrammen

Die Alleinarbeit mit Lernprogrammen kann auch in kleinen Gruppen oder im Klassenverband erfolgen. Interaktionen mit anderen Lernenden sind in der Regel nicht vorgesehen. Außerdem muss dieses Selbstlernen nicht an einem Computer geschehen, denn die Informationen, Aufgaben und Lernhilfen können auch schriftlich durch Leittexte erfolgen. Auch in diesem Fall beschränkt sich die individuelle Gestaltungsmöglichkeit beim Lernen im wesentlichen darauf, dass sich die Lernenden mehr oder weniger Zeit nehmen können.

Lernziele von Lernprogrammen

Lernprogramme zielen aufgrund der linear-zielgerichteten Gesamtkonzeption vor allem auf den Erwerb von Kenntnissen und Fertigkeiten. Mit der Erarbeitung von Wissen und der Bearbeitung von Aufgaben verbunden ist die Anbahnung von Verständnis, von Einsichten und Erkenntnissen. Beispielsweise vermitteln Tutorials bzw. tutorielle Unterweisungen betriebswirtschaftliches Grundwissen oder Übungsprogramme bzw. Drill-and-Practice bereiten auf eine Prüfung vor.

Andere Formen der Alleinarbeit

Im Vergleich zum Lernen mit Lernprogrammen übernimmt die herkömmliche Alleinarbeit,[22] ergänzende Funktionen zu anderen Unterrichtsmethoden: Dabei wird zu Hause oder im Rahmen des Unterrichts ohne Kontakt mit anderen Lernenden gelernt. Vor allem zum Üben und Vertiefen werden Aufgaben bearbeitet, deren Lösungsmuster im Prinzip bereits bekannt sind. Über die zeitliche Planung hinaus ist dabei in der Regel keine individuelle Gestaltung des Lernens durch die Lernenden vorgesehen.

---

[22] Glöckel unterscheidet Einzelunterweisung, Alleinarbeit und Hausaufgaben. Glöckel, Hans: Vom Unterricht. 4. Aufl. Bad Heilbrunn: Klinkhardt, 2003, S. 84 ff.

Selbstständige Alleinarbeit

Im Gegensatz zur Alleinarbeit mit Lernprogrammen kann Alleinarbeit auch nach der offenen Gesamtkonzeption strukturiert sein und auf die selbstständige Bearbeitung von Lernaufgaben abzielen oder gar frei gewählte Gestaltungsaufgaben betreffen (Kapitel 5.3.2.4). Somit umfasst Alleinarbeit ein Spektrum von Lernen nach Programmen und ausführenden Arbeiten nach genauen Anweisungen bis hin zu selbstständigem Lernhandeln nach offener Gesamtkonzeption (Abb. 5.3.2.4-1).

Lernen mit Lernprogrammen:

- **Rezeptives Lernen in Alleinarbeit nach vorgegebenem Programm**
- **linear-zielgerichtete Gesamtkonzeption**
- **Medien vermitteln Informationen, Lehrgriffe, Lernhilfen und Lernkontrollen**

Didaktische Schwerpunkte:

- **Erwerb von Kenntnissen und Fertigkeiten**
- **Übung und Festigung von Kenntnissen**

Vorteile:

- **Zeitlich unabhängiges Lernen**
- **individueller Zugriff auf Informationen und Lernhilfen**

Aufgaben

1. Welche besonderen Möglichkeiten bieten Lernprogramme bezüglich der Anwendung und Übung?

2. In wiefern berücksichtigen Lernprogramme die Forderung nach Individualisierung des Lernens?

3. Vergleichen Sie die Vorteile des Lernens nach Lernprogrammen mit jenen des Frontalunterrichts.

4. Belegen Sie anhand eines Ihnen zugänglichen Lernprogramms die dabei getroffenen Entscheidungen auf den methodischen Ebenen.

5. Warum nehmen Lernprogramme eine einseitige Position im Spektrum der Alleinarbeit ein? Begründen Sie dies anhand der individuellen Gestaltungsmöglichkeiten beim Lernen.

5.2.4 Unterweisungsmethoden

Im Gegensatz zu Frontalunterricht und zu Lernprogrammen, deren zentrale Ziele der kognitiven Lernzieldimension zuzuordnen sind, erstreben Unterweisungsmethoden vornehmlich psychomotorische Lernziele. In der Berufsbildung sprechen wir von berufsmotorischen Lernzielen, denn es geht um die Handhabung von Geräten und die Einübung von manuellen Fertigkeiten, um das Beherrschen von Arbeitstätigkeiten (Schelten 2005, S. 92).

Berufsmotorisches Lernen als Ziel der Unterweisungsmethoden

Unterweisungsmethoden sind „Verfahren arbeitsplatznaher Qualifizierung" (Sloane/Twardy/Buschfeld 2004, S. 113). Beim *berufsmotorischen Lernen*, stehen Bewegungen bzw. der motorische Bereich im Vordergrund, auch wenn gleichzeitig die kognitive und affektive Dimension von Lernen betroffen ist.

„Unter dem berufsmotorischen Lernen wird ... das Erwerben, Verfeinern, Festigen und variabel Verfügbarmachen von Berufsfertigkeiten verstanden. Vom äußeren Verhalten her drückt sich der Lernvorgang in einer zunehmenden Entspannung und Mühelosigkeit bei der Fertigkeitsausübung aus. Vom inneren Verhalten her drückt sich der Lernvorgang in einer zunehmenden Empfindsamkeit des Steuerungs- und Regelungsverhaltens aus." (Schelten, 2009, S. 137)

Unterweisungsmethoden

Unterweisungsmethoden in der Berufsbildung zielen auf den Erwerb von berufsmotorischen Fertigkeiten als Voraussetzung für die Beherrschung von Arbeitstätigkeiten.[23]

Vormachen – Nachmachen

Vormachen – Nachmachen stellt historisch die erste Methode zur betrieblichen Qualifizierung dar. Um Fertigkeiten zu vermitteln, hält man sich dabei an das *Imitatio-Prinzip* : Zunächst wird das, was man lernen soll, mustergültig vorgemacht. In einer zweiten Stufe schließt sich das Nachmachen an, indem Lernende die Tätigkeit der Experten nachahmen und ihrerseits ausführen.[24]

---

[23] „Die Arbeitspädagogik versteht Unterweisung als Hilfe beim Erwerb von Arbeitstätigkeiten ..." – Schelten 2005, S. 91 f.

[24] Dieses Vorgehen bei der betrieblichen Ausbildung wird auch als *Beistellmethode* bezeichnet, wobei die Position der Lernenden zu den Experten bei der Unterweisung die Begriffsbildung bestimmt.

Beobachtungslernen

Psychologisch sind die zwei Schritte dieser Methode so zu sehen:

- In der ersten Phase beobachten die Lernenden die vorgemachte Arbeitstätigkeit, was mit gleichzeitigem *innerem Nachahmen* oder innerem Mitvollzug verbunden ist.

- Im zweiten Schritt des Lernprozesses folgt die praktische Ausführung durch Lernende als eine verzögerte Nachahmung, wobei der Vollzug der Arbeitstätigkeit mit dem zuvor beobachteten Vorbild verglichen und über nachahmendes Üben perfektioniert wird.[25]

Gesamtkonzeption bei der Unterweisung

In der methodischen Struktur entspricht das Vormachen bei einer Unterweisung der Darbietung im Frontalunterricht oder bei Lernprogrammen: Zugrunde liegt jeweils die expositorische Gesamtkonzeption. Analog zu einer Darbietung wird bei einer Unterweisung die Abfolge der berufsmotorischen Akte vorgeführt, damit sie die Lernenden anschließend nachvollziehen.

Die Vier-Stufen-Methode

Als verbreitete und traditionelle Form der Arbeitsunterweisung in Betrieben hat sich die Vier-Stufen-Methode etabliert.[26] Die vier Stufen der „klassischen Unterweisung" (Schwendenwein 2000. S. 248-251) stellen eine Erweiterung der zweistufigen Methode von Vormachen und Nachmachen dar, denn die manuellen Tätigkeiten werden ebenfalls zunächst von Experten vorgemacht, damit die Lernenden anschließend die berufsmotorischen Fertigkeiten durch Nachmachen und Üben erwerben.

Vor der Unterweisung erstellt man eine *Unterweisungsgliederung*, in der zur Arbeitstätigkeit einzelne Lernabschnitten, Hinweisen zum Arbeitsablauf und zur Begründung zusammengestellt sind. Die eigentliche Unterweisung, die als Einzelunterweisung, Partnerunterweisung oder auch als Gruppenunterweisung erfolgen kann, ist in die vier Stufen[27] Vorbereitung, Vorführung, Nachvollzug und Übung / Beendigung (Abb. 5.2.4-1) gegliedert (*Schelten* 2005, S. 110-120).

---

[25] Vgl. Aebli, Hans: Zwölf Grundformen des Lehrens. Stuttgart: 9. Aufl., Klett 1996, S. 68 ff.

[26] REFA-Verband für Arbeitsstudien: Methodenlehre des Arbeitsstudiums. Teil 6, Arbeitsunterweisung. München: Hanser, 1975/76, S. 110 ff.

[27] Für die Phasen gibt es auch andere Bezeichnungen; vgl. z. B. Schanz, Heinrich: Betriebliches Ausbildungswesen. Wiesbaden: Gabler 1979, S. 133 oder Pätzold 1996, S. 172 ff.

Vier-Stufen-Methode

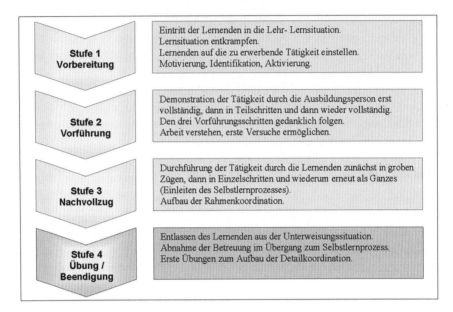

Abb. 5.2.4-1 Die Vier-Stufen-Methode [28]

Analytische Arbeitsunterweisung

Zu den traditionellen Unterweisungsmethoden zählt auch die analytische Arbeitsunterweisung. Sie „fußt auf folgenden Grundgedanken: Fertigkeiten und Kenntnisse des erfahrenen Mitarbeiters müssen analysiert werden, damit die Arbeitsmethoden des Mitarbeiters, der gekonnt und zügig die Arbeit durchführt, unterwiesen werden können." (Schelten, 2005, S. 123) Deshalb geht der eigentlichen Unterweisung ein Tätigkeitsanalyse voraus. Vorübungen und Lernabschnitte werden zunächst für sich allein vollständig erlernt und später dann zusammengesetzt (Schelten, 2005, S. 135).

---

[28] Schelten 2005, S. 117

Neuere Unterweisungsmethoden

Traditionelle Unterweisungsmethoden – Vormachen-Nachmachen, Vier-Stufen-Methode, analytischen Arbeitsunterweisung – sind typische Formen des Lehrens insofern als die Lernprozesse der expositorischen Gesamtkonzeption gemäß in direkter Aktionsform durch Unterweiser als Lehrende gesteuert werden. Dies führt zu reproduktiven Handlungsvollzügen. Dieser mehr restriktive Charakter der Unterweisungsmethoden wird gebrochen durch die bewusste Betonung psychoregulativ akzentuierter Komponenten.

Handlungsregulatorische Unterweisungsmethoden – psychoregulativ akzentuierten Trainingsverfahren und die kognitive Unterweisung – gehören nicht zu den typischen Lehrformen, sondern dies sind tendenziell Methoden, die selbstgesteuertes Lernen anregen, oder kombinierte Methoden (Kapitel 5.3.4). Ebenso zielt die in der betrieblichen Berufsbildung entwickelte Leittextmethode (Kapitel 5.3.3.6) auf selbstgesteuertes Lernen.

Unterweisung

– **zum Erwerb von berufsmotorischen Fertigkeiten**
– **expositorische Gesamtkonzeption**

Unterweisungsmethoden

- **Vormachen – Nachmachen**
- **Vier-Stufen-Methode:**
  1. **Vorbereitung der Lernenden**
  2. **Vorführung durch Unterweisende**
  3. **Nachvollzug durch Lernende**
  4. **Übung/Beendigung**
- **Analytische Arbeitsunterweisung**

Lehrgänge als eine Abfolge von Unterweisungen

Als markante Methode der industriellen, gewerblich-technischen Berufsausbildung in Lehrwerkstätten haben sich Lehrgänge [29] bewährt. Diese umfassen eine Sammlung von Arbeits- und Unterweisungsblätter als Grundlage für die

---

[29] Lehrgänge werden auch über die gewerblich-technische Berufsausbildung hinaus als „Ausbildungs- und Unterrichtsverfahren" eingesetzt (Pahl 2007, S. 226). Außerdem versteht man häufig „Lehrgang" im Sinne eines Kurses ohne engen Bezug zu Unterweisungen und in der allgemeinen Didaktik als „planmäßige Aufeinanderfolge der Unterrichtseinheiten". – Glöckel, Hans: Vom Unterricht. 4. Aufl., Bad Heilbrunn: Klinkhardt 2003, S. 187 ff.

systematische Vermittlung berufsmotorischer Fertigkeiten und Kenntnisse nach steigendem Schwierigkeitsgrad mittels traditioneller Unterweisungsmethoden. Lernen im Rahmen eines Lehrgangs ist deshalb gekennzeichnet durch die sequenzielle Organisation von berufsmotorischem Lernen. Die Lernziele des Lehrgangs sind an den Qualifikationsanforderungen der Berufstätigkeit ausgerichtet und orientieren sich am Ausbildungsberufsbild (vgl. Ploghaus 2003). Lehrgänge sind heute in Industrieländern weit verbreitet.[30]

Lehrgang

Lehrgänge zur Vermittlung berufsmotorischer Fertigkeiten ordnen die Unterweisungs- und Übungsabschnitte nach steigendem Schwierigkeitsgrad und umfassen entsprechende Ausbildungsunterlagen.

Aufgaben

1. Belegen Sie an Beispielen, weshalb beim Erlernen berufsmotorischer Fertigkeiten auch die kognitive und die affektive Dimension betroffen sind.
2. In wiefern kann man Vormachen-Nachmachen als natürliche Methode ansehen (vgl. Kapitel 1.1.)?
3. In wiefern besteht die Gefahr, dass traditionelle Unterweisungsmethoden, die nur den betrieblichen Qualifikationsanforderungen verpflichtet sind, zum bloßen Drill tendieren?
4. Bei der Entwicklung der Lehrgänge wurden die Arbeitstätigkeiten systematisch in Teil-Tätigkeiten zerlegt, die man zunächst für sich erlernen und trainieren sollte. Analog zur Arbeitsteilung im Betrieb, die F. W. Taylor (1856–1915) vorangetrieben hat, wurde somit auch der Lernprozess taylorisiert. Welche Vorteile und welche Nachteile sind damit verbunden?

---

[30] Wiemann, Günter: Der „Grundlehrgang Metall" als systemstiftendes didaktisches Modell einer industrieorientierten Berufsausbildung – eine berufspädagogische Bewertung. In: Arnold, Rolf; Lipsmeier, Antonius (Hrsg.): Betriebspädagogik in nationaler und internationaler Perspektive. Baden-Baden: Nomos, 1989, S. 179-196, hier S. 180

5.3   Methoden, die selbstgesteuertes Lernen anregen

5.3.1 Selbstgesteuertes Lernen

Von alters her dominiert Frontalunterricht schulische Lehr-Lern-Prozesse, ebenso wie die Berufsausbildung in Betrieben durch traditionelle Unterweisungsmethoden geprägt wurde. Doch immer wieder forderten Pädagogen, dass andere, gegensätzliche Methoden in die Praxis Eingang finden sollten. Dies wurde vor allem damit begründet, dass Frontalunterricht und traditionelle Unterweisung in einseitiger Weise die Lernenden nur als Adressaten betrachteten und dass Unterricht und Unterweisung zwar Qualifizierung und Wissensvermittlung – im Extremfall durch Drill und Paukerei – erreichten, dafür aber in Kauf nahmen, dass die Lernenden in Abhängigkeit von den Lehrenden gehalten wurden und von sich aus keine individuellen Entfaltungsmöglichkeiten hatten. Selbstgesteuertes Lernen und der selbstständige Erwerb von Handlungskompetenz blieben deshalb ausgeschlossen.

Reformpädagogik

Vor über 100 Jahren wandten sich die Vertreter der Reformpädagogik gegen die damals vorherrschende „Buchschule" und deren einseitigen Intellektualismus. Sie forderten die Arbeitsschule und Handlungsorientierung als Gegengewicht zur „Wortorientierung",[31] zu einer allein an kognitiven Zielen ausgerichteten Organisation von Lehr-Lern-Prozessen. Kopf, Herz und Hand – um *Pestalozzis* Schlagworte aufzugreifen – sollen gleichermaßen am Lernen beteiligt sein (vgl. z. B. Riedl 2004, S. 40ff.). Selbsttätigkeit der Lernenden im Sinne der Handlung – und damit selbstgesteuertes Lernen – wurde als Schlüssel zur Bildung der Menschen angesehen wie das folgende Zitat von *Gaudig* belegt.

---

[31] Bunk stellt die Lernmethoden mit „Wortorientierung" jenen mit Handlungsorientierung gegenüber. – Bunk, Gerhard P.: Simulation, Realität und Handlungsorientierung in der Berufsbildung. In: Sommer, Karl-Heinz (Hrsg.): Handlungslernen in der Berufsbildung – Juniorenfirmen in der Diskussion. Esslingen: DEUGRO, 1988, S. 17–31, hier S. 27

Handlung und Selbsttätigkeit nach *Hugo Gaudig* (1912)

„Die selbsttätige Arbeit des Schülers" macht aus seiner Tätigkeit eine *Handlung*, eine Handlung, bei der er „handelndes Subjekt" ist. So entwickelt die Arbeitsschule alle die Eigenschaften, die selbständiges Handeln zu entfalten vermag: Energie, Ausdauer, Entschlußkraft; Verantwortlichkeitsgefühl, Selbstgefühl, Selbstkritik, Fähigkeit der Selbstbesinnung usw. usw.

Indem aber die selbsttätige Arbeit die individuellen Kräfte, die Kräfte des einzelnen, mobil macht, wirkt sie tief in das *werdende Personenleben* ein. In der *selbsttätigen Arbeit läutert sich das Individuum zur Persönlichkeit.*[32]

Neue Methoden der Reformpädagogik

Methoden, die selbstgesteuertes Lernen anregen, wurden seit der Reformpädagogik empfohlen. Insbesondere der Projektunterricht und die Arbeitsschule, die durch *Kerschensteiner* für die Berufsbildung ausgeformt wurde,[33] brachten weit reichende Impulse für die Methodik.

Die Arbeitsschule

Kennzeichen der Arbeitsschule ist, dass sich die Lernenden

- selbsttätig und aktiv um die Lösung von Lernaufgaben bemühen.[34]

- Die Aufgabenstellung sollte praktischer Natur sein und im Zusammenhang von Leben und Arbeit stehen.

- Lernende sollten möglichst manuell die zuvor geplante Arbeit ausführen. Aber auch „rein theoretische Arbeit" wie eine Übersetzung kommt in Frage.[35]

- Die Arbeitsschule beruht auf dem Lernen in Gruppen, denn die Arbeitsgemeinschaft ist ihre kennzeichnende Sozialform.

---

[32] Gaudig, Hugo: Die Arbeitsschule als Reformschule (1912) In: Gaudig, Hugo: Die Schule der Selbsttätigkeit. 2. Aufl., Bad Heilbrunn: Klnikhardt, 1969, S. 25-33, hier S. 33
[33] Kerschensteiner, Georg: Der Begriff der Arbeitsschule (1912). 15. Aufl., Stuttgart: Teubner, 1964
[34] Gaudig, Hugo: Der Begriff der Arbeitsschule (1911). In: Gaudig, Hugo: Die Schule der Selbsttätigkeit. 2. Aufl., Bad Heilbrunn: Klinkhardt, 1969, S. 8-25, hier S. 17
[35] Kerschensteiner, Georg: Der Begriff der Arbeitsschule (1912). 15. Aufl., Stuttgart: Teubner, 1964, S. 39

Entwicklung der Methoden

Die reformpädagogischen Methoden waren zwar seit den 20er Jahren des letzten Jahrhunderts in Deutschland bekannt, sie hatten aber keine Breitenwirkung in der Berufsbildung. Auf die Arbeitsgemeinschaften der Arbeitsschule können die Gruppenarbeit und der Gruppenunterricht (Kapitel 5.3.2.2) zurückgeführt werden, die nach dem Zweiten Weltkrieg in allgemeinen Schulen in der Bundesrepublik Deutschland und – sehr zögerlich – auch im Berufsschulunterricht realisiert wurden. Dies gilt ebenso für das Unterrichtsgespräch (Kapitel 5.3.2.1), das man zu jenen traditionellen Methoden zählt, die selbstgesteuertes Lernen anregen und die für die Entwicklung von sozialer Kompetenz besondere Relevanz besitzen.

In der Berufsausbildung in den Betrieben oder im Werkstattunterricht beruflicher Schulen blieben die Vorschläge für Projektmethode und Arbeitsschule zunächst ebenfalls ohne größere Resonanz. Erst in den 80er Jahren des letzten Jahrhunderts begann im Zusammenhang mit der Forderung nach Handlungsorientierung eine breitere methodische Diskussion in der Berufsbildung. Im Gegensatz zu den traditionellen Methoden, die – wie Unterrichtsgespräch und Gruppenunterricht – selbstgesteuertes Lernen fördern, wurden als moderne Methoden die handlungsorientierten Methoden (Kapitel 5.3.3) für Unterricht und Unterweisung intensiv diskutiert vor allem seit der Einführung der Lernfeldkonzeption in der Berufsbildung (vgl. Nickolaus 2008, S. 87ff.). Selbstverständlich wird auch überlegt, ob Methoden kombiniert werden könnten (Kapitel 5.3.4).

Paradigmenwechsel

Die Abkehr von den typischen Lehrmethoden und die Präferenz des selbstgesteuerten Lernens wird vor allem gefordert, seit die Vermittlung von Schlüsselqualifikationen zum hochrangigen Ziel der Berufsbildung erhoben wurde (Nickolaus 2008, S. 72–77). Daran schloss sich die Diskussion des Konzepts der Handlungsorientierung an (Nickolaus 2008, S. 77–87), womit die Forderung verbunden war, handlungsorientierte Methoden zu bevorzugen.

Im Hintergrund steht die konstruktivistische Theorie des Lernens, nach der jedes Lernen als individuelle *Konstruktion* aufzufassen ist.[36] In der Didaktik ist damit ein Paradigmenwechsel verbunden und man spricht von einer neuen Lernkultur:[37] An die Stelle der *Vermittlungsdidaktik*, die durch Lehrmethoden ihre Ausprägung findet, tritt die *Aneignungsdidaktik*, die auf die methodische Anregung von selbstgesteuertem Lernen zielt. Nicht mehr Lehrende als Vermittler bestimmen die Lehr-Lern-Prozesse, sondern Lehrpersonen gestalten Lernsituationen, in denen die Lernenden Anlass und Anregung finden, sich Lerninhalte selbst anzueignen, individuell zu konstruieren (vgl. Czycholl 2009, S. 193).

Selbstgesteuertes Lernen

Selbstgesteuertes Lernen ist ein aktiver Aneignungsprozess, bei dem das Individuum über sein Lernen entscheidet, indem es die Möglichkeit hat,

- die eigenen Lernbedürfnisse bzw. seinen Lernbedarf, seine Interessen und Vorstellungen zu bestimmen und zu strukturieren,

- die notwendigen menschlichen und materiellen Ressourcen (inklusive professionelle Lernangebote oder Lernhilfen) hinzuzuziehen,

- seine Lernziele, seine inhaltlichen Schwerpunkte, Lernwege, -tempo und -ort weitestgehend selbst festzulegen und zu organisieren,

- geeignete Methoden auszuwählen und einzusetzen und

- den Lernprozess auf seinen Erfolg sowie die Lernergebnisse auf ihren Transfergehalt hin zu bewerten. (Arnold/Tutor/Kammerer 2003, S. 130f.)

Offene Gesamtkonzeption und selbstgesteuertes Lernen

Für selbstgesteuertes Lernen kommen Methoden in Betracht, bei denen dank einer offenen Gesamtkonzeption die Lernenden ihrerseits die Lernwege planen und den Lernprozess organisieren können. Lehr-Lern-Prozesse

---

[36] Zu „Konstruktivismus und Handlungsorientierung in der Didaktik der beruflichen Bildung" vgl. Backes-Haase 2001 S. 233ff.

[37] Vgl. Pätzold, Günter; Lang, Martin: Lernkulturen im Wandel. Bielefeld: Bertelsmann, 1999; Arnold, Rolf; Schüßler, Ingeborg: Wandel der Lernkulturen. Darmstadt: Wiss. Buchges. 1998

sind dann geprägt durch die Selbsttätigkeit der Lernenden. Dafür ist auch die Bezeichnung selbstreguliertes oder selbstorganisiertes Lernen verbreitet.[38]

Methoden für selbstgesteuertes Lernen

Umfassendes selbstgesteuertes Lernen, wie es oben definiert ist, kann im Rahmen von Unterricht und Unterweisung nicht in vollem Umfang realisiert werden. Die Methoden können selbstgesteuertes Lernen nur in eingeschränkter Weise eröffnen. Insbesondere erlauben die Methoden nicht, dass Lernende eigene Lernbedürfnisse bestimmen oder Lernziele und Lerninhalte festlegen.

Von den traditionellen Methoden steht beim Unterrichtsgespräch im Vordergrund die selbstgesteuerte Kommunikation in der Großgruppe (Kapitel 5.3.2.1). Gruppenunterricht (Kapitel 5.3.2.2) und Partnerarbeit (Kapitel 5.3.2.3) eröffnen in kleinerem Rahmen intensive selbstgesteuerte Lernmöglichkeiten. Selbstständige Alleinarbeit (Kapitel 5.3.2.4) vermag prinzipiell die Dimensionen des selbstgesteuerten Lernens weit zu öffnen. Bei handlungsorientierten Methoden impliziert das Leitbild der vollständigen Handlung ein selbstgesteuertes Lernen (Kapitel 5.3.3). Die einzelnen handlungsorientierten Methoden konzentrieren sich jeweils auf bestimmte Phasen der vollständigen Handlung.

Methoden, die selbstgesteuertes Lernen anregen, sind gekennzeichnet durch offene Gesamtkonzeption und indirekte Aktionsform.

Zu den Methoden, die selbstgesteuertes Lernen anregen, gehören

– **traditionelle Methoden:**
  Unterrichtsgespräch, Gruppenunterricht, Alleinarbeit
– **handlungsorientierte Methoden**

---

[38] Vgl. z. B. Herold, Martin; Landherr, Birgit: SOL – Selbstorganisiertes Lernen. 2. Aufl., Baltmannsweiler: Schneider, 2003; zu Abgrenzungen, Befunden und Konsequenzen vgl. Sembill, Detlef u. a.: Selbstorganisiertes Lernen in der beruflichen Bildung. In: bwp@Nr. 13, Dezember 2007 und das „Vier-Stufen-Modell des eigenverantwortlichen Lernens" in Ott, Bernd: Eigenverantwortliches und arbeitsprozessorientiertes Lernen als technikdidaktische Kategorie. In: Nickolaus, Reinhold; Schanz, Heinrich (Hrsg.): Didaktik der gewerblich-technischen Berufsbildung. (Diskussion Berufsbildung Bd. 9) Baltmannsweiler: Schneider, 2008, S. 25-43, hier S. 31

Aufgaben

1. Begründen sie die Modifikation für selbstgesteuertes Lernen, die in den Bezeichnungen „selbstorganisiertes Lernen" und „selbstreguliertes Lernen" zum
   Ausdruck kommt.

   Bedenken Sie: „Selbstreguliertes Lernen bezieht sich … auf die entwickelbare
   Fähigkeit des einzelnen Lernenden, seine Lernhandlungen so zu steuern und zu
   regulieren, dass selbst- oder auch fremdgesetzte Lern-(oder Lehr-)Ziele möglichst gut erreicht werden."[39]

2. Warum ist die offene Gesamtkonzeption für selbstgesteuertes Lernen unabdingbar?

3. Mit welcher Begründung kann man beim Übergang von Lehrformen zu Methoden des selbstgesteuerten Lernens von einem Paradigmenwechsel sprechen?
   Skizzieren Sie die fundierenden Lerntheorien.

4. Welche Autonomiegrade des selbstgesteuerten Lernens kommen nach Ihrer Ansicht für Unterricht und Unterweisung in der Berufsbildung in Betracht?

   Bedenken Sie folgende „Bezugsangaben der Selbststeuerung …:

   – *Lernorganisation:* Entscheidungen über Lernzeitpunkte und -orte, über Res-
     sourcen, Aufteilung des Lernstoffes etc.

   – *Lernkoordination:* Koordination des Lernens mit anderen Tätigkeiten, z. B.
     aus Arbeit und Freizeit.

   – *Bestimmung der Lernziele:* Entscheidung über die Lernziele und die einzuset-
     zenden Strategien.

   – *Lern(erfolgs)kontrolle:* Kontrollen des Lernfortschritts bzw. -erfolgs durch
     den Lernenden.

   – *Subjektive Interpretation der Lernsituation:* Das Subjekt interpretiert sich in
     seiner Rolle als Lernender und empfindet sich als autonomer Lerner."[40]

5. Inwiefern stimmen die Merkmale des selbstgesteuerten Lernens mit der auf
   S. 86 zitierten Auffassung von Gaudig von 1912 zum selbsttätigen Lernen über-
   ein?

6. Welche Möglichkeiten des selbstgesteuerten Lernens sehen Sie im Rahmen der
   betrieblichen Berufsausbildung?

   Bedenken Sie: „Die Selbststeuerung im Rahmen betrieblicher Arbeits- und Ge-
   schäftprozesse bezieht sich auf ein Lernen, das situations- und kontextgebunden
   ist. In der Regel heißt dies, dass das Lernen des Einzelnen an die Lernpotenziale
   und Lernchancen gebunden ist, die in der jeweiligen Arbeitssituation enthalten
   sind.[41]

---

[39] Leutner, Detlev; Leopold, Claudia: Selbstreguliertes Lernen: Lehr-/lerntheoretische Grundlagen. In: Witthaus/Wittwer/Espe 2003, S. 43–67, hier S. 62

[40] Vgl. Wittwer 2003, S. 117

[41] Dehnbostel 2003, S. 188

5.3.2 Traditionelle Methoden, die selbstgesteuertes Lernen anregen

Um selbstgesteuertes Lernen zu ermöglichen, muss den Lernenden ein Entscheidungs- und Handlungsspielraum eingeräumt werden. In der Anfangssituation setzen sie sich zunächst mit der Problem- oder Aufgabenstellung auseinandersetzen und suchen selbstständig Lösungsmöglichkeiten und Lernwege, die sie einschlagen und durchschreiten können. Deshalb folgen diese Methoden einer *offenen Gesamtkonzeption*, denn bei der methodischen Planung bleibt das Lern-Ergebnis offen. Es wird im allgemeinen durch die gemeinsame Bearbeitung einer Aufgabe und die Auseinandersetzung der Lernenden miteinander, mit Medien und beratenden Experten gefunden.

Offene Gesamtkonzeption und nachfolgende Entscheidungen

Als Konsequenz der offenen Gesamtkonzeption ist auf der Ebene der *Aktionsform* indirektes Agieren der Lehrenden richtig. Auf der Ebene der *Sozialformen* kommen neben der Großgruppe beim Unterrichtsgespräch und den Kleingruppen beim Gruppenunterricht auch Zweiergruppen bei der Partnerarbeit und Alleinarbeit in Betracht.

Auf der Ebene der *Artikulation* kann eine formale Gliederung die Lernprozesse fördern, vorausgesetzt sie lässt der Selbsttätigkeit der Lernenden ausreichend Raum. Bei *Lehrgriffen* sind weite Impulse und Anregungen angemessen, denn diese können ein Denkfeld eröffnen und Hilfen für Diskussion und aktives Lernen bieten. Oft kann z. B. die Visualisierung des Diskussionsstandes zur Klärung der Situation verhelfen und Lernprozesse beschleunigen. Diesem Ziel dienen auch *Medien*, wobei folgerichtig Lern- oder Arbeitsmittel in Frage kommen.

Selbstgesteuertes Lernen in traditionellen Methoden

Traditionelle Methoden, die selbstgesteuertes Lernen anregen, sind das Unterrichtsgespräch (Kapitel 5.3.2.1), der Gruppenunterricht (Kapitel 5.3.2.2), Partnerarbeit (Kapitel 5.3.2.3) und Alleinarbeit (Kapitel 5.3.2.4). Gemeinsam ist diesen traditionellen Unterrichtsformen, dass die Lernenden sich selbstständig und ohne direkte Anleitung durch Lehrende mit Lerninhalten oder Problemen auseinandersetzen.

5.3.2.1 Unterrichtsgespräch

Selbstgesteuertes Lernen im Unterrichtsgespräch

Das Unterrichtsgespräch ermöglicht selbstgesteuertes Lernen in der Großgruppe.[42] Auch wenn die Initiative zum Unterrichtsgespräch von Lehrenden
ausgeht, wenn diese Thema und Fragestellung vorgeben, so ergibt sich doch
wie in jedem echten Gespräch der Gesprächsverlauf und das Ergebnis aus
den Beiträgen der Gesprächsteilnehmer. Insofern liegt beim Unterrichtsgespräch die Steuerung bei den Lernenden. Der offenen Gesamtkonzeption
entspricht, dass das Gesprächergebnis aus dem Gesprächsverlauf resultiert.
Mit einem *Lehrgespräch* (S. 94) sollte deshalb diese Methode nicht verwech-
selt werden.

Die Sitzordnung im Unterrichtsgespräch

Für das Unterrichtsgespräch hat sich als Sitzordnung der Kreis deshalb bewährt, weil hierbei die Gesprächsteilnehmer leicht untereinander Blickkontakt aufnehmen können, was verbale Kontakte vorbereitet. Die Hufeisenform erhält ihre Begründung vor allem daraus, dass in kombiniertem Unterricht neben dem eigentlichen Gespräch auch Informationsphasen und damit
eine Ausrichtung auf die lehrende Position und dort präsentierte Medien nötig sind. Der Wunsch nach solchen Informationsphasen kann sich auch im
Verlauf eines Unterrichtsgesprächs ergeben. In solchen Fällen ermöglicht die
Hufeisenform ohne Mühe eine Orientierung an der lehrenden Position ohne
die Gesprächssituation zu beeinträchtigen. Für Debatten bietet sich an, ge-
genüberliegende Sitzpositionen zu wählen (Abb. 5.3.2.1-1).

Unterrichtsgespräch

Das Unterrichtsgespräch als Methode ist äußerlich gekennzeichnet durch die
Kreisform oder andere Sitzordnungen, die ein Gespräch zwischen allen Teil-
nehmern erleichtern. Aufgrund der Beiträge aller Beteiligten ergeben sich
Verlauf und Ergebnis des Gesprächs.

---

[42] Im Gegensatz zum *Frontalunterricht,* der im Terminus die Sitzordnung – die frontale Lehrpo-
sition – aufnimmt, bezieht sich der Begriff *Unterrichtsgespräch* auf die Interaktionsform „Gespräch", also die „innere" Anordnung. Dies mag der Grund sein, weshalb man anstelle von
Unterrichtsgespräch auch von *Großgruppenunterricht* spricht, weil dort ebenso wie im
(Klein-) Gruppenunterricht das typische Interaktionsmuster der Kreisform realisiert wird.

Interaktionen im Unterrichtsgespräch

Die Interaktion im Unterrichtsgespräch ist gekennzeichnet durch die Gleichrangigkeit der Gesprächsteilnehmer und die Möglichkeit aller Beteiligten, miteinander zu kommunizieren. Aktion und Reaktion sind gleichermaßen auf die Beteiligten bezogen, wobei Lehrpersonen keine Sonderstellung zukommt.

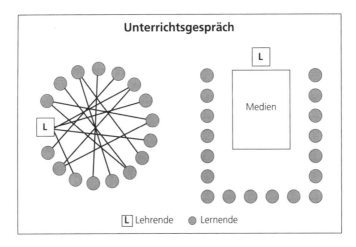

Abb. 5.3.2.1-1
Sitzordnung und Interaktion beim Unterrichtsgespräch

Das Zielspektrum des Unterrichtsgesprächs

Das Unterrichtsgespräch beginnt in der Regel mit Äußerungen zum vorgegebenen Thema, mit Meinungen dazu, Auffassungen, Erfahrungen, Standpunkten, Überzeugungen, Werthaltungen, Einsichten, Begründungen usw., an die sich eine Diskussion anschließt. Als Ziel von Gesprächen steht im Vordergrund, zu einem Thema, zu einer Aufgabe oder Frage, bestehende Gemeinsamkeiten aufzuzeigen oder eine gemeinsame Position zu entwickeln, gegebenenfalls auch divergierende Standpunkte und die Spannweite der Auffassungen herauszustellen. Die Diskussion eines Themas ergibt auch Wissenszuwachs, doch liegen die Lernziele, die das Unterrichtsgespräch als Methode legitimieren, weniger in der Erweiterung von Kenntnissen als in der Aktivierung von Meinungen, der Abwägung von Folgen und der Diskussion von Auffassungen. Selbstständigkeit, Kritikfähigkeit und soziale Kompetenz als allgemeine Lernziele rechtfertigen deshalb diese Methode.

Der Gegensatz von Unterrichtsgespräch und Lehrgespräch

Kennzeichen echter Gespräche sind die Offenheit bezüglich des Gesprächsverlaufs und der Ergebnisse. Deshalb unterscheidet sich ein *Unterrichtsgespräch* grundsätzlich vom *Lehrgespräch*, das zum Frontalunterricht zu rechnen ist (Kapitel 5.2.2). Im Lehrgespräch kommt es gerade nicht zu einem echten Gespräch, weil die lehrende Position Ziel und Verlauf von vornherein festlegt und Umwege oder Abschweifungen konsequent abblockt. Der Verlauf eines Gesprächs hingegen ergibt sich aus den Gesprächsbeiträgen; dies gilt auch für das Unterrichtsgespräch.

Varianten des Unterrichtsgesprächs

Man unterscheidet thematisch gebundenes und freies Unterrichtsgespräch. Im Unterricht sind Gespräche in der Regel gebunden, weil die Lehrenden nach Maßgabe curricularer Vorgaben das Unterrichtsthema festlegen. Beim gebundenen Unterrichtsgespräch unterscheidet man Diskussion, Streitgespräch, Pro-und-Kontra-Gespräch mit zugeordneten Positionen, Debatte mit formalen Regelungen und Fachgespräch.[43] In besonderen Fällen ist auch ein freies Unterrichtsgespräch angemessen, wobei sich das Thema aufgrund von aktuellen Problemen oder besonderen Interessen der Lernenden ergibt.

Zur Praxis des Unterrichtsgesprächs

Im Gespräch sollte man sich zu Wort melden, zuhören und andere ausreden lassen. Solche Regeln werden gemeinsam verabredet und aufgestellt. Gesprächsführung bzw. Moderation ist vorab festzulegen. Die Gesprächsleitung können auch Lernende übernehmen.[44]

Außerdem bewährt sich die Abfassung eines Protokolls, um die Gesprächsergebnisse und nicht zuletzt die fachlichen Lernergebnisse zu sichern. Schließlich sind Gespräche über das Unterrichtsgespräch – *Metakommunikation* – sinnvoll.

Der Aufbau des Unterrichtsgesprächs kann z. B. in folgender Weise geschehen:
1. Organisatorische Vorbereitung
2. Thema und Problemstellung
3. Eigentliches Unterrichtsgespräch
4. Zusammenfassung und Sicherung der Gesprächsergebnisse

---

[43] Zu Gesprächstypen und Funktionen im Unterricht vgl. Peterßen 2009, S. 126
[44] Dies ist empfehlenswert, wenn man vermeiden will, dass Lehrende gleichzeitig als Experten und als Moderatoren eine dominante Position im Gespräch einnehmen.

Unterrichtsgespräche in anderen Methoden

Das Unterrichtsgespräch ist zwar eine eigenständige Methode, die durch Lernziele legitimiert ist. Darüber hinaus greift man im Rahmen anderer Methoden auf das Unterrichtsgespräch zurück. So erfordert z. B. Gruppenunterricht in der Eröffnungsphase ein Unterrichtsgespräch, in dem Ziele und Vorgehensweisen sowie die Aufteilung in Kleingruppen und die Aufgabenverteilung abgeklärt werden. Auch handlungsorientierte Methoden sind auf Phasen angewiesen, in denen in der Form des Unterrichtsgesprächs Aufgaben, Ziele, Vorgehensweisen, Ergebnisse u. a. unter Beteiligung aller zu diskutieren sind und gegebenenfalls eine gesprächsweise Abstimmung über das weitere Vorgehen erfolgt.

Unterrichtsgespräch

- **Kreis- oder Hufeisenform als Sitzordnung**
- **Interaktionsmöglichkeit zwischen allen am Gespräch Beteiligten**
- **offene Gesamtkonzeption**

Didaktische Schwerpunkte

- **Entwicklung selbstständiger Gesprächskompetenz**
- **Vermittlung sozialer Kompetenz**
- **Äußerung und Begründung von Auffassungen und Erfahrungen**
- **themenbezogene Diskussion und Stellungnahme**
- **Meinungsbildung, Klärung von Positionen**

Aufgaben

1. Aus welchen Gründen kann man Lernen im Unterrichtsgespräch als selbstgesteuert bezeichnen?

2. Inwiefern spielt die Sitzordnung eine Rolle bei erfolgreichen Unterrichtsgesprächen?

3. Welche Ziele stehen im Vordergrund, wenn man Lernen im Unterrichtsgespräch plant?

4. Kennzeichnen Sie den Unterschied zwischen Unterrichtsgespräch und Frontalunterricht auf den methodischen Entscheidungsebenen.

5. Warum ist Metakommunikation als Grundlage für die Weiterentwicklung von Gesprächsregeln wichtig?

6. Welche Vorteile bietet die Visualisierung (Kapitel 6.3.2) im Rahmen des Unterrichtsgesprächs?

5.3.2.2 Gruppenarbeit und Gruppenunterricht

Gruppenunterricht ist eine traditionelle Unterrichtsmethode mit selbstgesteuertem Lernen in kleinen Gruppen. Als Gruppenarbeit bezeichnet man die Lernsituation in Kleingruppen in der zentralen Phase (Abb. 5.3.2.2-1). Gruppenunterricht als Methode umfasst außer der Gruppenarbeit eine gemeinsame Phase zur Vorbereitung sowie zur Zusammenfassung der Ergebnisse der Kleingruppen und einen gemeinsamen Abschluss.

Gruppenunterricht

Gruppenunterricht ist eine komplexe Methode, die sich aus drei unterschiedlich organisierten Phasen zusammensetzt: Vor und nach der Gruppenarbeit als zentraler Lern- und Arbeitsphase finden die eröffnenden und abschließenden gemeinsamen Unterrichtsphasen als Unterrichtsgespräch statt.

Gruppenarbeit als zentrale Phase des Gruppenunterrichts

Die Idee, eine große Lernergruppe aufzuteilen und Arbeitsgruppen von 4 bis 6 Personen zu bilden, geht von der Einsicht aus, dass im kleinen Kreis ein Problem oder eine Arbeitsaufgabe intensiver selbstständig von Lernenden bearbeitet werden kann als im Unterrichtsgespräch. Außerdem kann sich dann jede Gruppe unabhängig von anderen einer Aufgabe zuwenden und diskutieren, sodass der Arbeitsumfang insgesamt größer ist.

In der zentralen Phase des Gruppenunterrichts erhalten die Kleingruppen Lern- oder Arbeitsaufgaben. Je nach Intention und Problemstellung wird entweder arbeitsteiliges oder arbeitsgleiches Vorgehen gewählt.[45] Die Gruppen erhalten somit verschiedene oder gleiche Aufgaben.

Gruppenarbeit

Gruppenarbeit als zentrale Lern- bzw. Arbeitsphase des Gruppenunterrichts ist gekennzeichnet durch selbstgesteuerte Lernprozesse in Kleingruppen.

---

[45] Vgl. Hörner, Horst: Lernen durch Gespräche im Gruppenunterricht. In: Bonz, Bernhard (Hrsg.): Beiträge zur Methodik in der beruflichen Bildung. (bzp Bd. 7) Stuttgart: Holland + Josenhans 1976, S. 109–121; Vettiger, Heinz: Gruppenunterricht. Hannover: Schroedel 1981

Eröffnungsphase und Abschlussphase im Gruppenunterricht

Das Problem der *Eröffnungsphase* in Form des Unterrichtsgesprächs besteht im Fall des arbeitsteiligen Gruppenunterrichts vor allem darin, die einheitliche Lernaufgabe für alle bewusst zu machen und dann aufzuteilen. Dabei muss die Gruppenaufgabe als Teil der Gesamtaufgabe klar sein, damit später der Beitrag der Gruppe als Teil einer gemeinsamen Lösung formuliert werden kann. Wiederum im Rahmen eines Unterrichtsgesprächs verläuft die *Abschlussphase* des Gruppenunterrichts. In diesem abschließenden gemeinsamen Unterrichtsabschnitt berichten die einzelnen Gruppen über ihre Arbeit und ihre Ergebnisse. Die Gruppenberichte werden dann diskutiert und zu einem kumulierten Ergebnis zusammengefügt.

Gruppenunterricht als komplexe Methode

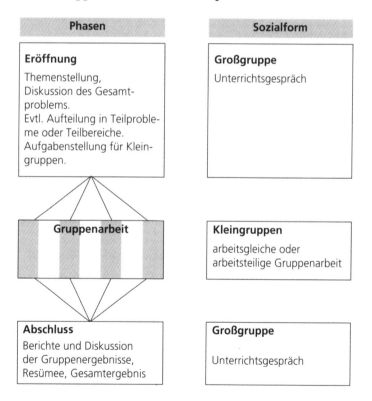

Abb. 5.3.2.2-1 Gruppenunterricht – Phasen und Sozialformen

Arbeitsgleicher oder arbeitsteiliger Gruppenunterricht?

Bezüglich der Organisation von Gruppenunterricht ist zwischen arbeitsteiligem und arbeitsgleichem Vorgehen zu entscheiden. Dementsprechend gestaltet man die Lernaufgaben. Im allgemeinen gilt arbeitsteiliger Gruppenunterricht als didaktisch wertvoller, weil hierbei aufgrund der unterschiedlichen Gruppenarbeit insgesamt in größerer Breite gelernt wird.

Arbeitsteiliger Gruppenunterricht

Bei unterschiedlichen Aufgaben für die Gruppen sind auch unterschiedliche Lernergebnisse aus der Gruppenarbeit zu erwarten. Die in der abschließenden Phase mitgeteilten Ergebnisse sind aber nur dann für Lernende anderer Gruppen verständlich, wenn die Vorgehensweise bei der eigenen Gruppenarbeit ähnlich war. Deshalb liegt das Hauptproblem der Abschlussphase darin, dass man divergierende Gruppenergebnisse in ein Gesamtergebnis integrieren muss.

Diese Aufgabe ist leichter zu bewältigen, wenn folgende Voraussetzungen vorliegen:

1. Aufgrund der gemeinsamen Eröffnungsphase ist für alle Gruppen geklärt, welchen Beitrag sie jeweils mit ihrem Ergebnis zur Gesamtlösung beisteuern können.

2. Die Prozessziele – und damit die Vorgehensweise bei Bearbeitung und Lösung der Lernaufgaben – sind für alle Gruppen gleich oder sehr ähnlich.

Unter diesen Voraussetzungen kann in der abschließenden Phase die Mitteilung über das Teilergebnis einer Gruppe für andere lernwirksam sein, weil dank der Ähnlichkeit bei der Vorgehensweise in den verschiedenen Gruppen die jeweiligen Ergebnisse als Produkt eines geläufigen Lernprozesses verstanden werden können.

Beispiele für arbeitsteilige Aufgabenstellung

Wenn in den Arbeitsgruppen zum einen die Vorteile und zum anderen die Nachteile beispielsweise einer technischen Lösung oder eines Produktionsverfahrens zu ermitteln sind, so ist die Arbeitsweise in beiden Gruppen ähnlich, obwohl beide unter gegensätzlichen Aspekten ermitteln und zu unterschiedlichen Ergebnissen gelangen. Bei der Beschreibung eines Gebäudes oder seiner zeichnerischen Darstellung können arbeitsteilig auf die verschiedenen Seiten konzentrierte Gruppen in der Abschlussphase ohne Schwierigkeiten die „Gesamtansicht" kumulieren, weil die Lernprozesse in jeder Gruppe vergleichbar waren.

Arbeitsgleicher Gruppenunterricht

Arbeitsgleiches Vorgehen ist dann angemessen, wenn auf eine bestimmte Aufgaben- oder Fragestellung von mehreren Gruppen unterschiedliche Ergebnisse zu erwarten sind. Die Divergenz von Lösungen bzw. Antworten und deren Streubreite wird dann im abschließenden Unterrichtsgespräch deutlich und ist zu diskutieren.

Beispiel für arbeitsgleichen Gruppenunterricht
Die Erwartung von divergierenden Arbeitsergebnissen liegt nahe beispielsweise bei aktuellen politischen Themen, die in der Öffentlichkeit kontrovers diskutiert werden. Aber auch bei Berechnungen, die zu einem eindeutigen Ergebnis führen, könnten dann für arbeitsgleiches Vorgehen in Frage kommen, wenn verschiedene Lösungswege abschließend zu diskutieren sind.

Innere Differenzierung – wie sind die Arbeitsgruppen zu bilden?

In beruflichen Schulen spricht eine heterogene Zusammensetzung der Klassen für eine innere *Differenzierung*[46] in der Form des Gruppenunterrichts, denn dabei können die beruflichen und individuellen Voraussetzungen besser berücksichtigt werden. Außerdem bietet eine Differenzierung der Klasse die Möglichkeit, unterschiedliche Aufgaben zu stellen und besondere, günstige Lernbedingungen über die Zusammensetzung der Gruppen zu schaffen. Bei der *Gruppeneinteilung* reicht der Entscheidungsspielraum von den homogenen Gruppen, deren Mitglieder weitgehend gleiche Leistungsfähigkeit vorweisen, bis zu inhomogenen Formationen, deren Vorteil darin liegt, dass leistungsfähige Gruppenmitglieder die anderen fördern. Bei freier Gruppenbildung bzw. bei der Bildung von Sympathiegruppen sind zumindest gute Voraussetzungen für die Kommunikation in der Gruppe gegeben.

---

[46] Zur inneren Differenzierung vgl. Bönsch 2004, S. 113 ff.

Die Planung von Gruppenunterricht

Im Gegensatz zu Frontalunterricht, wo der Unterrichtsverlauf von den Zielen der Unterrichts her geplant wird und lenkende Maßnahmen die Zielorientierung und Sachbezogenheit sichern, muss man sich bei der Planung von Gruppenunterricht auf die Gestaltung der Anfangsphase und die Formulierung von Lernaufgaben konzentrieren.[47]

Gruppenarbeit verbindet eine offene Gesamtkonzeption – von Lernaufgaben bzw. Problemen ausgehend – mit indirekter Aktionsform. Deshalb werden Lernaufgaben und Anregungen für Lernprozesse vorteilhafter Weise als Medien eingebracht. Arbeitsmaterial oder Lernmittel bestimmen insofern weitgehend den Gruppenunterricht.

Im Fall, dass Lernende Gruppenarbeit nicht gewöhnt sind, ist eine Einführung in Methoden des Erarbeitens wichtig (Bönsch, 1995, S. 274 ff.; vgl. auch Pukas 2008, S. 54 ff.), denn Lernende können von sich aus in der Regel nicht gut miteinander kooperieren (vgl. Wellenreuther 2007, S. 394). Vorsorglich sollten in jedem Fall für Stockungen im Lernprozess Lernhilfen vorgesehen und bereitgestellt werden. Selbstverständlich sollten Lehrpersonen bereit sein für eine Beratung oder ein Fachgespräch (S. 131) mit Gruppen je nach Bedarf.

Vorteile von Gruppenunterricht

Grundsätzlich bietet Gruppenunterricht – neben den psycho-sozialen Vorteilen – aufgrund der Arbeitsteilung beim Lernen eine Zeitersparnis. Diese kann allerdings nur dann realisiert werden, wenn geeignete Arbeitsaufgaben ein größeres Spektrum von Lösungen mit sich bringen oder wenn der Lernumfang insgesamt größer wird, weil nicht alle Lernendes jedes Teilthema bearbeiten müssen. Außerdem ist die Lernwirkung größer, weil das, was man selbstständig im Gruppenunterricht erarbeitet hat, besser im Gedächtnis bleibt als träges Wissen aufgrund von fremdgesteuertem Lernen.[48] Im übrigen: Lernende bewerten „grundsätzlich positiv ... die Teamarbeit, die Möglichkeit, Lernweg und Lerntempo selbst bestimmten zu können ebenso wie die Möglichkeit, schülerintern zu kommunizieren" (Nickolaus/Riedl/Schelten 2005, S. 517).

---

[47] Geißler, Karlheinz A.: Lernprozesse steuern. Weinheim: Beltz 1995, S. 34 ff.
[48] Zur Wirksamkeit kooperativer Methoden vgl. Wellenreuther 2007, S. 387 ff.

Varianten von Gruppenunterricht

Viele Varianten von Gruppenunterricht werden empfohlen und praktiziert.[49] Im Zentrum steht jeweils die Gruppenarbeit. Die Anordnung der Phasen variiert. So werden z. B. beim *Stationen-Lernen* bzw. beim *Lernzirkel*[50] für die Arbeitsgruppen unterschiedliche Lernaufgaben als Pflicht- oder Kürstationen angeboten (vgl. Riedl 2004, S. 53–60; Hugenschmidt/Technau 2005, S. 164–170). Beim *Gruppenpuzzle* werden die Lernenden zunächst als Mitglieder von Basisgruppen/Stammgruppen mit den Lernaufgaben konfrontiert, in einer 2. Phase in Expertengruppen eingeteilt, um zuletzt wieder ihr Expertenwissen in den Basisgruppen zu vermitteln (Hugenschmidt/Technau 2005, S. 77–82; Schwendenwein 2000, S. 252-256).

Als Anwendungsbereich für eine Gruppenarbeit, die nicht selbstgesteuertem Lernen verpflichtet ist, kommen *Gruppenrallyes* in Frage. Sie „eignen sich vor allem für die Einübung und Festigung von Inhalten, die zuvor vom Lehrer eingeführt und erklärt wurden" (Wellenreuther 2007, S. 380).

Nachteile von Gruppenunterricht

Als nachteilig kann sich auswirken, dass in den Kleingruppen Abschweifungen vom Thema möglich sind oder dass in der Gruppe mangels Motivation keine Impulse zur erfolgreichen Bearbeitung des Arbeitsmaterials entstehen und dass unsystematisch diskutiert wird. Dies verweist auf das Problem der angemessenen und „zündenden" Aufgabenstellung für die Kleingruppenarbeit sowie auf die notwendige Anleitung zur Gruppenarbeit. Bei divergierenden Lernaufgaben im arbeitsteiligen Gruppenunterricht macht möglicherweise die abschließende Kumulierung Probleme und benötigt viel Zeit.

---

[49] Vgl. z. B. Hugenschmidt/Technau 2005; Peterßen 2001
[50] Vgl. Staiger, Stefan: „Lernen an Stationen" – eine handlungsorientierte Unterrichtsmethode. In: Berufsbild. Schule 54 (2002), S. 91–94; Schulz, Rainer: Lernzirkel: Entlastung der Lehrkraft im Unterricht des BVJ. In: Berufsbild. Schule 57 (2005), S. 39–45;

Die didaktische Position von Gruppenunterricht

Gruppenunterricht wird als günstige Methode angesehen, um hochrangige Lernziele wie Selbstständigkeit, soziale Kompetenz, Toleranz, Teamfähigkeit und Förderung von Problemlösungsfähigkeit zu erreichen. Die Erfahrung von intensiver Zusammenarbeit, in der das Verhalten in kleinem Kreis gelernt und geübt wird, bilden eine gute Ergänzung zu den Unterrichtsgesprächs-Phasen, in denen soziale Kompetenz in der Großgruppe erforderlich ist.

Im Vergleich zum Unterrichtsgespräch (Kapitel 5.3.2.1) kennzeichnet Gruppenunterricht die große Intensität der Kommunikation und der Auseinandersetzung mit Arbeitsmaterial bei der Gruppenarbeit. Im kleinen Kreis sind die Interaktionen häufiger und die Einbeziehung aller in das Gespräch ist selbstverständlicher als in großen Gruppen. Gruppenunterricht ist insofern als handlungsorientiert einzustufen als in der Gruppenarbeit auch Arbeitsplanung, Entscheidungen über die Vorgehensweise ebenso wie Kontrolle und Bewertung der Ergebnisse eingeschlossen sind.

Gruppenunterricht umfasst 3 Phasen:
1. **Eröffnung in Form des Unterrichtsgesprächs mit Aufteilung für die Gruppenarbeit**
2. **Gruppenarbeit in Kleingruppen**
   – arbeitsteilig oder
   – arbeitsgleich
3. **Abschluss in Form des Unterrichtsgesprächs**
   – Berichte der Gruppen mit Diskussion

Didaktische Schwerpunkte
- **Intensive Auseinandersetzung mit Lernaufgaben und Medien**
- **Enge Zusammenarbeit entwickelt sich über fachliche Lernaufgaben**
- **Selbstständiges Erarbeiten von Lösungen in Kleingruppen**
- **Entwicklung von Selbstständigkeit, sozialer Kompetenz und Teamfähigkeit**

Aufgaben

1. Aus welchen Gründen ist Gruppenunterricht als komplexe Methode aufzufassen?
2. Diskutieren Sie die Probleme arbeitsteiliger Lernaufgaben an einem Thema Ihres Fachgebietes.
3. Inwiefern ist in allen Phasen des Gruppenunterrichts selbstgesteuertes Lernen möglich?
4. Diskutieren Sie die Probleme der Gruppenzusammensetzung am Beispiel von leistungsmäßig homogenen Gruppen im Gegensatz zu Gruppen, die so zusammengesetzt sind, dass Lernende mit geringem Leistungsniveau mit Lernenden mit hohem Leistungspotential zusammenarbeiten.
5. Warum kann Gruppenunterricht als weniger belastend für Lehrende angesehen werden als Frontalunterricht?
6. In welcher Weise sollte nach Ihrer Ansicht ein Training oder eine Anleitung zur Gruppenarbeit konzipiert werden?
7. Warum sollten Lehrende für die Gruppenarbeit Lernhilfen bereitstellen, diese aber nur auf Nachfrage einbringen?

5.3.2.3 Partnerarbeit

Ebenso wie Gruppenarbeit kommt auch Partnerarbeit als Phase des selbstgesteuerten Lernens im Rahmen umfassender Methoden in Frage. Beispielsweise kann Gruppenunterricht in der Weise minimalisiert werden, dass an die Stelle der Kleingruppen die Zweiergruppen treten. Die Partnerarbeit ist dann zwischen dem Unterrichtsgespräch, das die Lernaufgaben oder die Problemstellung klärt, und die Präsentation der Ergebnisse der Partnerarbeit mit abschließender Diskussion in Form des Unterrichtsgesprächs eingebunden.

Partnerarbeit

Als Partnerarbeit bezeichnet man die Lernsituation mit zwei Lernenden.

Vorteile der Partnerarbeit

Partnerarbeit bietet ähnliche Vorteile für das Lernen wie Gruppenarbeit. Hinzu kommt, dass ohnehin die Gruppierung von Lernenden an Zweiertischen üblich ist. Im wesentlichen ermöglicht die Verkleinerung der Gruppengröße eine Intensivierung der Auseinandersetzung von Lernenden mit Lernaufgaben und Medien. Allerdings ist damit auch die Verringerung der Anregungen und Lernhilfen von anderen Lernenden verbunden. Sozialdynamisch bestehen wichtige Unterschiede zwischen Partnerarbeit und Kleingruppenarbeit, denn die Zusammenarbeit zwischen zwei Personen erlaubt zwar größte Intensität, doch müssen die Partner zusammenpassen.

Partnerarbeit bedeutet Gruppenarbeit mit zwei Beteiligten.
Selbstgesteuerte Partnerarbeit ist im Sinne des Gruppenunterrichts eingebunden zwischen eröffnender und abschließender Phase als Unterrichtsgespräch.

Aufgaben

1. Welche Vorteile bietet selbstgesteuerte Partnerarbeit im Vergleich zur Gruppenarbeit?

2. Welche Nachteile sind mit einer Verkleinerung der Gruppengröße auf zwei Lernende verbunden?

3. Warum ist selbstgesteuerte Partnerarbeit im Sinne des Gruppenunterrichts auf Unterrichtsgespräche in einer eröffnenden Phase und in der abschließenden Phase angewiesen?

4. Warum kann Partnerarbeit „neben der sozialen auch die Lernkompetenz besonders fördern"?[51]

---

[51] Peterßen 2009, S. 225

5.3.2.4 Alleinarbeit

Alleinarbeit hat in Schulen eine lange Tradition vor allem als Ergänzung von anderen Methoden. Meist werden dabei im Rahmen des Unterrichts oder zu Hause Aufgaben erledigt analog zu bereits bekannten Lösungsverfahren, Anwendungsaufgaben oder Aufgaben im Sinne von Lernprogrammen (Kap. 5.2.3). Kennzeichnend ist, dass ohne Kontakt mit anderen Personen gelernt wird. Hilfen von anderen Lernenden oder von Lehrenden sind nicht vorgesehen.

Alleinarbeit

Bei Alleinarbeit wird isoliert und unabhängig von Lehrpersonen und anderen Lernenden gelernt.

Selbstgesteuerte Alleinarbeit

Im Gegensatz zu Alleinarbeit[52] nach genauen Anweisungen, Vorgaben oder Lernprogrammen beruht Alleinarbeit als selbstgesteuertes Lernen auf einer offenen Gesamtkonzeption. Bei einer komplexen Lernaufgabe oder Problemstellung geht die Individualisierung des Lernens weit über die Zeitplanung hinaus. Das selbstgesteuerte Einzellernen umgreift individuelle Planung des Vorgehens, die eigentliche Lernphase mit individuellem Zugriff auf Medien sowie die Kontrolle und Bewertung des Ergebnisses. Bei selbstgesteuerter Alleinarbeit im Sinne eines Projektes (Kapitel 5.3.3.1) können sowohl Entwurf, Arbeitsplan, Auswahl der zu verwendenden Werkstoffe, Ausführung usw. bis hin zu kreativer Gestaltung frei sein und das Einbringen persönlicher Interessen und Auffassungen erlauben. Für den Fall, dass Alleinarbeit an Schwierigkeiten stößt, hat sich bewährt, wenn Lernende Beratung durch Lehrpersonen erhalten oder mit ihnen ein Fachgespräch (S. 131) führen können.

---

[52] Auch Einzelarbeit oder Einzelunterricht ist als Bezeichnung gebräuchlich.

Spannweite von Alleinarbeit

Wenn man Alleinarbeit nur als lernende Auseinandersetzung Einzelner mit
einer Lernumgebung auffasst, so erstreckt sich die Spannweite in dieser Sozialform vom Einzellernen nach Lernprogramm bis hin zu selbstgesteuertem
Lernen (Abb.5.3.2.4-1).

Spannweite der Alleinarbeit

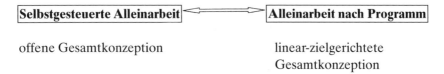

| Selbstgesteuerte Alleinarbeit | ⟵⟶ | Alleinarbeit nach Programm |

offene Gesamtkonzeption   linear-zielgerichtete
                                            Gesamtkonzeption

Abb. 5.3.2.4-1 Formen der Alleinarbeit

Didaktische Position selbstgesteuerter Alleinarbeit
Das Zielspektrum von selbstgesteuerter Alleinarbeit schließt sowohl den Erwerb
von Kenntnissen und Fertigkeiten als auch die Förderung von produktivem, pro-
blemlösendem Denken und die Entfaltung von Kreativität ein. Dank der offenen
Gesamtkonzeption lassen die Lernaufgaben den Lernenden jenen Gestaltungs-
spielraum, der auch Kleingruppen im Gruppenunterricht zukommt. Da hierbei
die Lernenden auf sich selbst gestellt sind, wenn sie die fachlichen Informationen,
Unterlagen und andere Hilfen für ihre Arbeit suchen und auswählen, fördert Alleinarbeit in hohem Maß die Fähigkeit, selbstständig zu arbeiten.

Alleinarbeit bedeutet

- **isoliertes Lernen ohne Hilfe von Personen.**

Selbstgesteuerte Alleinarbeit:

- **Lernen aufgrund offener Gesamtkonzeption**
- **Lernaufgaben, die individuelles Erarbeiten nach eigenem Lernplan
  zulassen**

Didaktische Schwerpunkte:

- **Selbstständigkeit**
- **problemlösendes Denken**

Aufgaben

1. Warum ist selbstgesteuerte Alleinarbeit auf eine offene Gesamtkonzeption angewiesen?
2. Belegen Sie am Beispiel, inwieweit die Möglichkeiten der Selbststeuerung bei selbstständiger Alleinarbeit über das zeitlich unabhängige Einzellernen mit Lernprogrammen hinausgeht.
3. Warum schließt das Zielspektrum von selbstgesteuerter Alleinarbeit nicht nur die Fähigkeiten zu Planung von Vorgehensweisen beim Lernen und zu selbstständigem Zugriff auf mediale Hilfen ein, sondern auch den Erwerb von Kenntnissen und Fertigkeiten?
4. Inwieweit ist Alleinarbeit darauf angewiesen, dass Lernende bereits Lern- und Arbeitstechniken beherrschen?

5.3.3 Handlungsorientierte Methoden

Handlungsorientierte Methoden profilierten sich als Gegensatz zu Frontalunterricht. Handlungsorientierung als eine methodische Auffassung wendet sich somit ab von linear-zielgerichteter Gesamtkonzeption, von systematischem Vorgehen entlang der theoretischen, fachwissenschaftlichen Strukturen und rückt wie die Arbeitsschule die selbsttätige Handlung der Lernenden (vgl. das Zitat von *Gaudig* S. 86) ins Zentrum der Methoden.[53]

Handlungsorientierung und selbstgesteuertes Handeln

Handlungsorientierte Methoden[54] zielen auf selbstgesteuertes *Handeln*, wie es in vielen Lebens- und Arbeitssituationen erforderlich ist.[55] Deshalb stehen am Anfang immer möglichst lebensnahe Problem- oder Aufgabenstellungen. Solche Situationen regen die Lernenden zum Handeln an: Situatives Lernen.[56]

---

[53] Zum „reformpädagogischen Bezug handlungsorientierten Unterrichts" vgl. Schelten 2004, S. 192 ff.

[54] „Zur unterrichtlichen Ebene" im Konzept der Handlungsorientierung vgl. Nickolaus 2008, S. 82 ff.

[55] Zu den unterschiedlichen Ausprägungsformen bzw. Auffassungen von Handlungsorientierung vgl. Ebner, Hermann G.: Facetten und Elemente didaktischer Handlungsorientierung. In: Pätzold, Günter (Hrsg.): Handlungsorientierung in der beruflichen Bildung. Frankfurt (Main): G.A.F.B. 1992, S. 33–53, hier S. 35 ff. und Bader, Reinhard: Handlungsorientierung in der Berufsbildung. In: Berufsbild. Schule 54 (2002), S. 71–73. Vgl. auch das Stichwort „Handlungsorientierung" in Nickolaus 2008, S. 129.

[56] Zu den „Begründungsansätzen für handlungsorientiertes Lernen" vgl. Riedl 2004, S. 804 f.

Handlungsorientierte Methoden werden auch als *lerneraktivierende Verfahren* bezeichnet, denn Lernende suchen aufgrund der Anfangssituation Lösungsmöglichkeiten, planen die Vorgehensweise, überwinden bei der Ausführung möglichst alle Schwierigkeiten selbstständig und bringen die Arbeit praktisch handelnd zum Abschluss. Daran schließen sich die Kontrolle und die Bewertung an. Insofern folgen handlungsorientierte Methoden einer offenen Gesamtkonzeption.

Phasen einer vollständigen Handlung

Eine vollständige Handlung umfasst Überlegungen zur *Zielsetzung*, zur *Planung* der Vorgehensweise, die *Ausführung* sowie die abschließende Kontrolle und *Bewertung*, die sich sowohl auf das Ergebnis des Handelns – das Handlungsprodukt – als auch auf die Vorgehensweise bezieht. Handlungsorientierte Methoden orientieren sich an dieser Artikulation.

Eine vollständige Handlung umfasst
- **Zielsetzung**
- **Planung**
- **Ausführung**
- **Bewertung**

Handlungsorientierte Methoden im Überblick

Handlungsorientierte Methoden formen die einzelnen Phasen einer vollständigen Handlung in unterschiedlicher Intensität und Ausdehnung. Nur bei Projekten (Kapitel 5.3.3.1) sind alle Phasen gleichermaßen berücksichtigt. Bei den anderen Methoden wird die Wirklichkeit simuliert, sodass in einer fiktiven oder in der abgebildeten bzw. nachgestellten Wirklichkeit Handeln vollzogen werden kann (Kapitel 5.3.3.2). Auch Spielformen konzentrieren sich auf besondere Aspekte der Handlung. So stehen bei Planspielen (Kapitel 5.3.3.3) die Entscheidungen im Rahmen der Planungsphase im Vordergrund und bei Rollenspielen (Kapitel 5.3.3.4) die persönliche, zwischenmenschliche Situation beim Handeln. Bei Fallstudien (Kapitel 5.3.3.5) wird problembezogenes Handeln theoretisch vorweggenommen und diskutiert. Die Leittextmethode (Kapitel 5.3.3.6) konzentriert sich auf schriftliche Anregungen, Aufgaben und Hilfen zu den Phasen der vollständigen Handlung. Anderen handlungsorientierte Methoden greifen bestimmte Aspekte selbstständigen Handeln auf (Kapitel 5.3.3.7). Die Entwicklung neuer Methoden im Bereich der Handlungsorientierung ist keineswegs abgeschlossen vor allem wegen der Möglichkeiten, die sich mit Computerunterstützung eröffnen.

5.3.3.1 Projekt

Die Projektmethode sieht man als Idealform von handlungsorientierten Methoden an (vgl. Bönsch 2000, S. 199). Die Projektmethode setzt bei komplexen Aufgaben und Problemen aus der Lebens- und Arbeitswelt an und orientiert sich am Muster der vollständigen Handlung. Lern-Handeln umfasst bei Projekten demnach Zielsetzung, Planung, Ausführung und Bewertung.[57] Im Rahmen des selbstgesteuerten Lernens – in der Regel in Arbeitsgruppen – verschränken sich theoretische Überlegungen und praktische Ausführung (vgl. Bonz 2009, S. 121–127; Kaiser/Kaminski 1999, S. 272–294; Pahl 2008, S. 384–404; Pahl 2007, S. 289–296).

Die Projektmethode wurde von *John Dewey* (1859–1952) und *William Heard Kilpatrick* (1871–1965) als eine umfassende Philosophie der Erziehung verstanden: Im Zusammenhang mit lebensnahen Interessen und Bedürfnissen sollten alle Voraussetzungen für eine erfolgreiche Lebensbewältigung erworben werden.[58]

Diese Auffassung setzte sich in Deutschland nicht durch. *Kerschensteiner*s Vorschläge für die Arbeitsschule (1912) beruhen zwar auf dem Ansatz von *Dewey*, doch sind die Arbeitsaufgaben nicht so breit angelegt und entspringen einer Zielsetzung, die von lehrender Position ausgeht.[59]

Phasen der Projektmethode

In der ersten Phase, der *Zielsetzung*, wird die Problemstellung präzisiert und ausdifferenziert. In der folgenden Phase überlegen die Lernenden, wie dieses Ziel zu erreichen ist. Verschiedene Lösungsmöglichkeiten werden entwickelt. Diese werden in der folgenden Phase der *Planung* diskutiert und bewertet, um die Voraussetzungen für eine begründete Entscheidung darüber zu schaffen, welcher Lösungsweg vorzuziehen ist und dann der praktischen

---

[57] Im Sprachgebrauch wird *Projekt* oft in weitem Sinne gebraucht ohne diese didaktisch-methodische Bedeutung z. B. für ein bestimmtes Vorhaben im Betrieb. Vgl. z. B. Pukas, Dietrich: Projektmanagement und Projektarbeit. In: Erziehungswiss. u. Beruf 52 (2004), S. 187–211

[58] Vgl. Frey, Karl: Die Projektmethode. 10. Aufl., Weinheim: Beltz 2005, S. 30 ff.

[59] Vgl. Kerschensteiners Aufgabe, ein Starenhaus zu bauen. – Kerschensteiner, Georg: Begriff der Arbeitsschule, (1912). 15. Aufl., München: Oldenbourg 1964, S. 33 ff.

Ausführung zugrunde gelegt wird. Nach diesem Plan wird in der dritten Phase, der *Ausführung*, gearbeitet. Das Ergebnis und die Vorgehensweise kann
schließlich in der vierten Phase, der *Bewertung*, beurteilt werden. [60]

Welche Merkmale haben Projekte?

Die folgenden Merkmale der Projekte belegen, dass die Projektmethode auf
Seiten der offenen Gesamtkonzeption im Spektrum methodischer Entschei-
dungen steht und vielfältige Lernchancen im Rahmen des selbstgesteuerten
Lernens bietet:

- *Produkt- und Handlungsorientierung.* Die Überlegungen bei der Projektarbeit beziehen sich auf Handlungen, die eine praktische Ausführung des Geplanten einschließen und ein *Handlungsprodukt* als Ergebnis hervorbringen. Auch die funktionale und ästhetische Gestaltung
  der Produkte kennzeichnet die Qualität von Projekten.

- *Interdisziplinarität.* Da sich komplexe Aufgaben aus der Arbeits- und
  Lebenswelt nicht auf der Grundlage von einzelnen Fächern oder Diszi-
  plinen bewältigen lassen, zeichnen sich Projekte stets durch fächerüber-
  greifendes Lernen aus.

- *Orientierung an Lernenden.* Diese Merkmal von Projekten ergibt sich,
  weil die Lernenden selbstständig in den vier Projektphasen vorgehen.
  Im Verlauf der Projektarbeit können die Lernenden ihre Interessen und
  Erfahrungen einbringen.

- *Situationsbezug.* Dieser Bezug besteht immer, weil Projekte mit Problemen der Arbeits- und Lebenswelt zusammenhängen und die praktischen Interessen der Lernenden wie auch ihr soziales Umfeld berücksichtigen.

- *Gemeinsame Organisation.* Die Lernprozesse werden bei Projekten
  durch die Lernenden selbst organisiert und gesteuert. Falls gewünscht
  oder erforderlich können sie Lehrende oder andere Experten im Rahmen der einzelnen Phasen des Projektes einbeziehen. Als Sozialform
  kommen Gruppenarbeit und Unterrichtsgespräch in Frage.

---

[60] Kerschensteiner hatte in der 2. Phase den „Lösungsvermutungen" eine wichtige Position zu-
gewiesen und verlangte in der letzten Phase die „Verifikation" der Arbeit. A. a. O. S. 33

Projektmethode

Die Projektmethode setzt bei komplexen Aufgaben aus der Lebens- und Arbeitswelt an, die die Lernenden selbstständig bearbeiten. Die Projektarbeit umfasst die vier Phasen einer vollständigen Handlung.

Ziele der Projektmethode

Die Rechtfertigung für die Projektmethode ergibt sich aus den beruflich-fachlichen Zielen und hochrangigen allgemeinen Lernzielen. Die Förderung selbstständigen Handelns und von Handlungskompetenz gelten als herausragende Ziele beim Arbeiten mit Projekten. Hinzu kommt der ganzheitliche Zugriff: Projekte verbinden theoretische Reflexion mit praktischer Realisierung und vereinigen inhaltliche Ziele mit Prozesszielen, denn gleichzeitig mit dem Erwerb von Wissen wird dessen Anwendung gelernt. Dabei sind alle Bereiche des menschlichen Verhaltens betroffen, nämlich die kognitive, die motorische und die affektive Lernzieldimension. So vereinigt die Projektmethode Denken, Handeln sowie Werten und vermittelt in der Berufsbildung durch ganzheitliches Lernen Theorie und Praxis der Berufsarbeit.

Projekte in der Berufsbildung

Die institutionellen und zeitlichen Rahmenbedingungen wirken sich auf die Arbeit mit Projekten aus. Während Projekte in der betrieblichen Berufsbildung organisatorisch ohne Probleme zu bewältigen sind, passt die Projektmethode nicht in eine Schulorganisation mit Fächern und Einzelstunden.

Im Zusammenhang mit der curricularen Umorientierung in der Berufsbildung durch die Lernfeldkonzeption sind auch organisatorische Änderungen vorgenommen worden, sodass diese Argumente nicht mehr gegen Projekte in der Berufsbildung sprechen. Die Lernfeldkonzeption (vgl. Nickolaus 2008, S. 87 ff.) zielt sogar auf die Projektmethode, wenn beispielsweise ein Lernfeld für die Bauberufe mit „Einrichten einer Baustelle" benannt wird. Die Verknüpfung von berufspraktischen und berufstheoretischen Aspekten in solchen Lernfeldern lässt sich durch Projekte in der dualen Berufsausbildung dank schulischer und betrieblicher Anteile gut realisieren aber auch im Berufsvorbereitungsjahr und anderen schulischen Bildungsgängen mit berufspraktischen Anteilen.

Die Projektmethode ist eine handlungsorientierte Methode, bei der komplexe Aufgaben von Lernenden in allen Projektphasen selbstständig bearbeitet werden.

Phasen von Projekten
- Zielsetzung
- Planung
- Ausführung
- Bewertung

Kennzeichen von Projekten
- Produkt- und Handlungsorientierung
- Interdisziplinarität
- Orientierung an Lernenden
- Situationsbezug
- gemeinsame Organisation

Didaktische Schwerpunkte
- Selbstständigkeit
- Handlungskompetenz
- ganzheitliches Lernen

Aufgaben

1. Begründen Sie anhand der Artikulation in vier Phasen, wie selbstgesteuertes Lernen in einem Projekt ermöglicht wird.

2. Inwiefern muss die Projektmethode als Gegensatz zu gefächertem Unterricht angesehen werden?

3. Zeigen Sie an Beispielen, wie bei Projekten alle Lernzieldimensionen betroffen sind.

4. Warum kann man Projekte als Idealform handlungsorientierter Methoden ansehen?

5. Warum kann mit Projekten auch Wissen erworben werden, obwohl die Kenntnisvermittlung nicht zu den besonderen Lernzielen dieser Methode gerechnet wird?

6. Diskutieren Sie folgenden Vorschlag, vom Frontalunterricht schrittweise zur Projektmethode überzugehen.

   Überleitung zum Projektunterricht
   „Eine pädagogisch sinnvolle Überleitung vom Frontalunterricht zum Projektunterricht sollte in einer gestuften Schrittfolge … vollzogen werden …

   a) Vom Frontalunterricht zur (arbeitsgleichen) Gruppenarbeit
   b) Von der (arbeitsgleichen) Gruppenarbeit zur arbeitsteiligen Gruppenarbeit
   c) Von der arbeitsteiligen Gruppenarbeit zum projektorientierten Unterricht
   d) von der Projektorientierung zum Projekt".[61]

7. Weshalb umfasst selbstgesteuertes Lernen bei Projekten auch Präsentation, Vermittlung, Dokumentation?[62]

8. Warum sind „bestimmte offene Formen des Unterrichtens wie Projektarbeit …, die weitgehend durch die Schüler geplant und durchgeführt werden, … von direkter Instruktion abzugrenzen"?[63]

   Bedenken Sie: „Unter direkter Instruktion lassen sich alle" Lern-Arrangements einordnen, in denen Lehrende „neue Informationen präsentieren und den Lernprozess bis zur sicheren Festigung und Verankerung der neuen Inhalte im Langzeitgedächtnis steuern".[64]

5.3.3.2 Simulation

Die Simulation von betrieblichen Praxissituationen und beruflichen Tätigkeiten hat in der Berufsbildung alte Wurzeln. Handeln im Betrieb, in Büros wurde als Vorbereitung auf den „Ernstfall" simuliert. In Simulationsspielen wurde auf die berufliche Wirklichkeit vorbereitet. Eine komplizierte Handhabung oder Steuerung wurde zunächst an Übungsmaschinen und Geräten eingeübt. Die Diskussion in der Berufsbildung verbreitete sich in den 70er Jahren, als Simulationsmodelle aus der Technik und Unternehmensspiele für die schulische Berufsbildung vorgeschlagen wurden. Seither ist die Simulation eine wesentliche Grundlage für handlungsorientierte Methoden und selbstgesteuertes Lernen.

---

[61] Jung, Eberhard: Projektpädagogik als didaktische Konzeption. In: Reinhardt, Volker (Hrsg.): Projekte machen Schule. Schwalbach: Wochenschau Vlg., 2005, S. 13–34, hier S. 25
[62] Vgl. Emer, Wolfgang; Lenzen, Klaus-Dieter: Projektunterricht gestalten – Schule verändern. 2. Aufl., Baltmannsweiler: Schneider 2005, S. 62
[63] Wellenreuther 2007, S. 331
[64] Wellenreuther 2007, S. 331

Simulation in der Berufsbildung

Einerseits kann die Praxis in Betrieben als Ganzes simuliert werden, wobei man die Auswirkungen oder den Aktionsbereich – wie z. B. im Lernbüro – begrenzt. Andererseits kann man Ausschnitte aus beruflicher und betrieblicher Praxis zum Gegenstand von Spielen machen wie z. B. bei Plan- und Rollenspielen. Schließlich können Medien und vor allem Computer die Wirklichkeit simulieren wie z. B. bei der Schulung für die Bedienung komplizierter Werkzeugmaschinen oder beim Lernen in fiktiven Praxissituationen (Abb. 5.3.3.2-1).

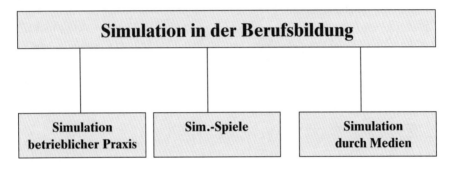

Abb. 5.3.3.2-1 Arten der Simulation

Das Modell der Simulation

Grundsätzlich wird bei der Simulation die Wirklichkeit in bestimmter Weise vereinfacht, damit sie als Lernumgebung für Lernende in Frage kommt und damit ungünstige oder gefährliche Auswirkungen ausgeschlossen werden. Durch eine Transformation oder Abbildung muss zunächst die komplexe Realität z. B. einer betrieblichen Situation soweit reduziert werden, dass sie für die Lernenden zu bewältigen ist. In dieser simulierten Wirklichkeit als Lernumgebung handeln die Lernenden. Nachdem das simulierende Lernen abgeschlossen ist, muss das Gelernte gleichsam erweiternd auf die Realität transferiert werden. Die Generalisierung bahnt den Transfer auf die Wirklichkeit an (Abb. 5.3.3.2-2).

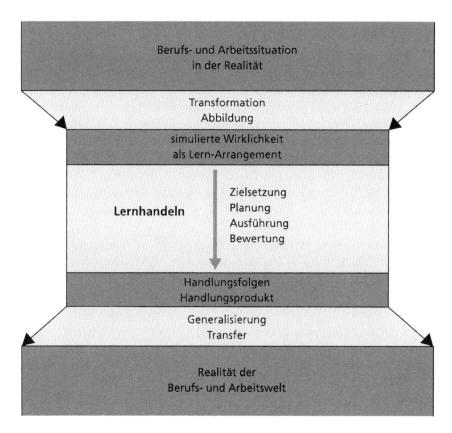

Abb. 5.3.3.2-2 Modell der Simulation

Simulation

Bei der Simulation werden komplexe Situationen, Strukturen oder Prozesse in einem wirklichkeitsnahen Modell abgebildet. Diese Abbildung der Realität ermöglicht Lernhandeln.

Die Simulation von betrieblicher Praxis – Lernbüro, Übungsfirma, Juniorenfirma, Schülerfirma

Übungsfirmen oder *Lernfirmen* und *Lernbüros* als Formen der Simulation betrieblicher Praxis öffnen den Lernenden einen weiten Erfahrungs- und Lernraum (Tramm/Achtenhagen, 1994, S. 215; Rebmann/Tenfelde/Uhe 2005, S. 134f.). Lern-Handeln in einer Übungsfirma oder im Geschäftsverkehr zwischen Übungsfirmen ermöglicht ebenso wie eine Geschäftätigkeit im Lernbüro nicht nur realitätsnah berufliche Kenntnisse und Fertigkeiten zu erlernen, sondern auch die Auswirkungen des Handelns in einem komplexen System zu erkennen. „Die Marktbeziehungen ... werden ... im Lernbüro durch den Lehrenden simuliert". Die Übungsfirma hingegen „zeichnet sich durch reale, ... nicht simulierte Geschäftsbeziehungen zu anderen Übungsfirmen" aus (Deißinger/Ruf 2006, S. 19).

Verantwortungsvolles Handeln kann noch besser in *Juniorenfirmen* (Fix 1989; Kutt 2000; Rebmann/Tenfelde/Uhe 2005, S. 165), die man auch als reale Übungsfirmen bezeichnet, und in *Schülerfirmen* entwickelt werden, da in diesem Fall mit echten Produkten und echtem Kapital gearbeitet wird, so dass die Folgen des Handelns an realen Auswirkungen deutlich werden.

Die Simulation von Praxis in Betrieben findet in der betrieblichen Berufsbildung allgemeine Anerkennung und beschränkt sich nicht auf die kaufmännisch-verwaltenden Bereiche (vgl. Tramm/Achtenhagen, 1994). Lernbüros und Übungsfirmen haben sich auch im Bereich schulischer Berufsbildung etabliert (vgl. Deißinger/Ruf 2006, S. 23), da dieser ganzheitliche Ansatz Erfolg verspricht in Bezug auf Handlungsfähigkeit, Systemdenken, informationstechnische Kompetenz, Problemlösungsfähigkeit sowie Kommunikations- und Kooperationsfähigkeit.

Simulationsspiele

Simulationsspiele gibt es in verschiedenen Ausprägungsformen. In der Berufsbildung haben vor allem Planspiel (Kapitel 5.3.3.3) und Rollenspiel (Kapitel 5.3.3.4) ihren Platz gefunden. In diesen Simulationen wird berufliches Handeln unter bestimmten Aspekten für ein Spiel reduziert und abgebildet. Solch ein wirklichkeitsnahes Spiel-Arrangement ermöglicht Lernhandeln. Für alle Spielformen gibt es die Festlegung von Regeln für das Spiel und Kooperation zwischen den Akteuren, die versuchen, eine Problem-Situation bei der Berufstätigkeit selbstständig im Spiel zu bewältigen.

Simulation durch Medien

Simulation durch Medien ist von den Simulationsspielen insofern zu unterscheiden, als im Zentrum des Lernhandelns nicht Interaktionen zwischen Personen sowie deren gemeinsame Auseinandersetzung mit dem Lern-Arrangement stehen, sondern die Konfrontation einzelner Lernender mit der simulierten beruflichen Situation.

Bei der Simulation durch Medien werden Lernende mit einer Abbildung der Wirklichkeit konfrontiert. Meist wird im Sinne der *Anwendungssimulation* (vgl. Euler/Twardy, 1995) auf dem Bildschirm eine Situation abgebildet, und die Lernenden sind aufgefordert, darauf zu reagieren bzw. auf dem Bildschirm zu handeln. Neben Computern können auch Geräte und andere Darstellungen der Wirklichkeit diesem simulierenden Lernen dienen.

Ziele des Lernens bei der Simulation durch Medien

Die Lernprozesse, die bei Simulation durch Medien angeregt werden, liegen oft im Bereich der Fertigkeiten und der Reaktionsfähigkeit. Dies ist beispielsweise der Fall, wenn man simulierte Werkzeugmaschinen steuert. Computersimulation kann auch komplexe Situationen präsentieren wie z. B. einen Arbeitsplatz, an dem fiktives Handeln im ganzheitlichen Sinne möglich ist. Deshalb erstreckt sich das Spektrum der Ziele bei der Simulation durch Medien vom Training einfacher Betätigungen bis hin zu selbstständigem Handeln in fiktiven Betrieben.

Beispiel für die Computersimulation bei Einarbeitung und Ausbildung

Im gewerblich-technischen Bereich wird in vielen Fällen bei der Ausbildung und Einarbeitung die Computersimulation einbezogen. Die Wirklichkeit z. B. der Zerspanung mittels einer Werkzeugmaschine erscheint auf dem Bildschirm. Die Betätigung der Maschinensteuerung bewirkt virtuelle Folgen, die sofort ablesbar sind. Je nach dem sind weitere Interventionen unerlässlich. Insofern eignet sich die Simulation zum Trainieren von Fertigkeiten, von Geschicklichkeit und Reaktionsfähigkeit bei der Maschinensteuerung. Fehlverhalten führt aber im extremen Fall nur zu einem Crash auf dem Bildschirm und nicht zu Unfallgefahr und einer tatsächlichen Zerstörung oder Beschädigung von Werkstück, Werkzeug und Werkzeugmaschine.[65]

---

[65] vgl. Keller, Siegfried; Reuter, Wolfgang: Lernen durch Simulation in der CNC-Qualifizierung. In: Friede, Christian K.; Sonntag, Karlheinz (Hrsg.): Berufliche Kompetenz durch Training. Heidelberg: Sauer 1993, S. 209-215; Schwendenwein 2000, S. 285

Durch Simulation werden komplexe Situationen, Strukturen und Prozesse wirklichkeitsnah abgebildet oder transformiert, um Handeln wie in der Wirklichkeit zu ermöglichen.

Simulation von betrieblicher Praxis in

- **Übungsfirmen, Lernfirmen und Lernbüros sowie in**
- **Juniorenfirmen und Schülerfirmen.**

Simulationsspiele

- **Planspiel**
- **Rollenspiel**

Simulation durch Medien

- **Computersimulation – fiktive Wirklichkeit auf dem Bildschirm**

Die didaktische Position von Simulation erstreckt sich

- **von der Einübung einfacher Betätigung und Reaktion**
- **bis zu verantwortlichem Handeln in komplexen Situationen.**

Aufgaben

1. Vergleichen Sie das Lernhandeln im Rahmen der drei Arten der Simulation (Abb. 5.3.3.2-1).

2. Warum muss beim Lernen in simulierten Lernsituationen abschließend der Transfer auf die Wirklichkeit angebahnt werden?

3. Welche Phasen einer vollständige Handlung fehlen bei der Simulation durch Medien im Fall der Einübung von Fertigkeiten?

4. Inwiefern realisiert die Übungsfirma Grundgedanken der handlungsorientierten Didaktik? [66]

---

[66] Vgl. „zur Normierung handlungsorientierten Lernens in der Übungsfirma" Deißinger/Ruf 2006, S. 43–48.

5.3.3.3 Planspiel

Simulationsspiele ermöglichen Lernen in einer fiktiven Wirklichkeit, die durch das Spielmodell dargestellt wird. Bei Planspielen stehen – bezogen auf eine vollständige Handlung – die Entscheidungen im Rahmen der Planungsphase im Vordergrund (vgl. Bonz 2009, S. 135–139; Kaiser/Kaminski 1999, S. 171–188; Pahl 2007, S. 276–282; Rebmann 2001).[67]

Planspiele

Planspiele zielen auf die Simulation von Entscheidungsprozessen und darauf beruhender Planung. Ein Spielmodell bildet realitätsbezogene Situationen als Grundlage des Lernhandelns in Arbeitsgruppen ab und verarbeitet die Entscheidungen der Arbeitsgruppen.

Unternehmensplanspiel als Beispiel

Bei Unternehmensplanspielen müssen die Lernenden in Arbeitsgruppen für ihr fiktives Unternehmen planen und entscheiden, ob sie beispielsweise – angesichts einer bestimmten Marktsituation – die Produktion in ihrem Betrieb verändern wollen. Die Entscheidungen der verschiedenen Arbeitsgruppen / Unternehmen werden der Spielleitung übergeben, die die Auswirkungen ermittelt auf dem Markt, den das Spielmodell nachbildet. Die neue Situation aufgrund der Entscheidungen in der ersten Spielphase bildet die Grundlage für die weitere Planung der Arbeitsgruppen / Unternehmen in der folgenden Spielphase.

Die Grundstruktur des Planspiels

Die Grundstruktur des Planspiels ist zweiseitig: Einerseits agieren die Spieler in Arbeitsgruppen, und auf der anderen Seite steht die Spielleitung, die die Entscheidungen und Ergebnisse der Arbeitsgruppen nach bestimmten Regeln oder Gesetzmäßigkeiten verarbeitet. Somit bestehen Planspiele aus dem eigentlichen *Spiel*, in dem die Teilnehmer handeln und Entscheidungen treffen, sowie dem *Modell*, das Spielrahmen und Hintergrund festlegt.

---

[67] Im Gegensatz dazu wird Planspielmethode als „Überbegriff ... für zahlreiche erfahrungsorientierte Lernformen, wie z.B. Rollenspiele, Improvisationen, Teamübungen, Unternehmenstheater, (Computer-)Simulationen und (Unternehmens-)Planspiele, verwendet". – Blum, Ewald: Unternehmensplanspiele – eine Methode für den wirtschaftswissenschaftlichen Unterricht beruflicher Schulen? In: Wirtschaft u. Erzieh. 57 (2005), S. 363–367, hier S. 363

Charakteristisch für Planspiele ist, dass sich Spielphasen in der Sozialform von Gruppenarbeit mit gemeinsamen Reflexions- und Diskussionsphasen in der Form des Unterrichtsgesprächs periodisch abwechseln.

Anfangssituation und Spielphasen im Planspiel

Am Anfang steht eine komplexe Problemstellung, ein Konflikt oder eine situationsbezogene Aufgabe, die aus der Realität abgeleitet wurden. Diese Anfangssituation wird im Rahmen eines Unterrichtsgesprächs erläutert, um die notwendigen Entscheidungen herauszustellen. Von den Lernenden wird erwartet, dass sie die Rolle von handelnden Personen in einem Unternehmen übernehmen und sich in der anschließenden Spielphase in der Gruppe damit auseinandersetzen und sich entscheiden, wie sie angesichts dieser komplexen Situation vorgehen wollen.

Nach Abschluss der Spielphase übermitteln die Arbeitsgruppen ihre Entscheidungen an die Spielleitung. Diese ermittelt nach Maßgabe des Spielmodells, das die Reaktion von komplexen Systemen in der Wirklichkeit – in der Regel computerunterstützt – simuliert, jene Situation, die insgesamt aufgrund des Handelns aller am Spiel Beteiligten entstand. Die Teilnehmer werden so mit den Auswirkungen ihrer Entscheidungen konfrontiert. Von dieser neuen Situation, die die Teilnehmer diskutieren – Unterrichtsgespräch – geht die nächste Spielphase aus, in der die Arbeitsgruppen die Konsequenzen ihrer früheren Entscheidungen bedenken und anschließend erneut planen und entscheiden.

Nach Abschluss der letzten Spielphase werden die Spieler mit den endgültigen Auswirkungen ihres Handelns und der Schlusssituation konfrontiert. Daran schließt sich eine Diskussion und Auswertung des Planspiels an, die auch die Beurteilung des Spielmodells sowie die Überlegungen zum Transfer des Gelernten auf die Lebens- und Arbeitssituationen in der Realität einschließt.

Varianten des Planspiels

Bei Planspiel en sind verschiedene Varianten entstanden je nach den Merkmalen, die bei der Konstruktion des Spiels einbezogen wurden. So unterscheidet man nach dem Umfang der zu verarbeitenden Informationen *einfache und komplexe Spiele*, oder nach den Hilfsmitteln für die Auswertung *manuelle Spiele* und *Computerspiele*.[68] Auch Kombinationen mit Rollenspielen (Kapitel 5.3.3.4) haben sich bewährt.

---

[68] Capaul, Roman; Ulrich, Markus: Planspiele – Simulationsspiele für Unterricht und Training. Altstätten: Tobler, 2003

Die didaktische Position der Planspiele

Planspiele zielen darauf ab, die Komplexität von Handlungssituationen und die Veränderung der Situation aufgrund der eigenen Entscheidungen sowie der Entscheidungen anderer vorausschauend einzubeziehen, damit Planung und entsprechender Vollzug erfolgreich sein kann. Deshalb bereiten Planspiele über Entscheidungen unter Berücksichtigung von Interdependenzen auf Handeln in Lebens- und Arbeitssituationen vor und fördern vernetztes Denken.

Planspiele in der Berufsbildung

Planspiele, vor allem Unternehmens-Planspiele haben ihren festen Platz in der schulischen Berufsbildung gefunden (Blötz, 2008)[69] und wurden Bestandteil von Lehrplänen. Die Evaluation von Planspielen erwies, dass diese Methode sowohl den neuen Qualifikationsanforderungen aufgrund des ökonomischen, technischen und sozialen Wandels als auch den individuellen Ansprüchen genügen kann.[70]

Planspiele zielen auf die Simulation von Entscheidungen und die Planung in komplexen Situationen.

Planspiele sind zweiseitig

1. **Modell, das den Spielrahmen festlegt**
2. **eigentliches Spiel als Aktionsbereich der Spieler**

Im Planspiel wechseln

- **Reflexions- und Diskussionsphasen in Form des Unterrichtsgesprächs ab mit**
- **Spielphasen in Form von Gruppenarbeit.**

Didaktische Position von Planspielen

- **Handeln in komplexen Situationen**
- **Entscheiden unter Berücksichtigung von Interdependenzen**
- **Vorausschauendes Planen unter Berücksichtigung von wahrscheinlichen Reaktionen bzw. Folgen**

---

[69] Katalogisiert sind derzeit über 500 aktuelle deutschsprachige Planspielangebote, Blötz 2008
[70] Zur Evaluation von Planspielunterricht vgl. Fürstenau, Bärbel: Interaktives Problemlöseverhalten von Schülern im Planspielunterricht. In: Achtenhagen/John, 1992, S. 125–139, hier S. 128 ff.

Aufgaben

1. Inwiefern wird bei Planspielen der Handlungserfolg rückgekoppelt?

2. Warum eignen sich Planspiele vor allem für die Simulation von Situationen, die sich dem schnellen Verstehen, Erfahren oder Einschätzen entziehen, weil sie intransparent, zu komplex oder unbestimmt eintreten bzw. aktuell nicht gegeben sind?[71]

3. Begründen Sie die Sozialformen Gruppenarbeit und Unterrichtsgespräch für die Phasen der Planspiele.

4. Welche Vorteile haben PC-gestützte Planspiele gegenüber Brettplanspielen?

5. Diskutieren Sie die Auffassung, „dass Unternehmensplanspiele problemorientiertes Lernen in authentischen Lernumgebungen ermöglichen und dabei sowohl konstruktivistische als auch kognitivistische Lehr-Lern-Auffassungen berücksichtigt werden können".[72]

5.3.3.4 Rollenspiel

Im Gegensatz zu Planspielen können Rollenspiele mit relativ geringem Aufwand von den Lehrenden vorbereitet und auf die besondere Situation der Lernenden zugeschnitten werden. Man denke z. B. an Verkaufsgespräche, die Situation bei der Bewerbung um einen Arbeitsplatz oder Konflikte zwischen Auszubildenden und ihren Ausbildern.

Das Rollenspiel als Lern-Arrangement

Rollenspiele als Lern-Arrangements in der Berufsbildung (vgl. Bonz 2009, S. 140–143; Kaiser/Kaminski, 1999, S. 156–171; Pahl 2007, S. 329–335) dienen der Vorbereitung, Einübung und Reflexion sozial-kommunikativen Handelns in Beruf und Arbeit. Typische berufliche Situationen werden simuliert, indem Lernende spielerisch ein adäquates Verhalten auszuüben versuchen. Insofern handelt es sich beim Rollenspiel um eine *Verhaltenssimulation*, die darauf abzielt, dass in einem Lern-Arrangement bestimmte Verhaltensweisen erlernt werden.[73]

---

[71] Blötz, 2008, S. 12

[72] Blum, Ewald: Unternehmensplanspiele – eine Methode für den wirtschaftswissenschaftlichen Unterricht beruflicher Schulen? In: Wirtschaft u. Erzieh. 57 (2005), S. 363–367, hier S. 366

[73] Die Simulationsspiele sind bei *Pahl* ähnlich akzentuiert. – Pahl 2005, S. 318–327

Rollenspiele

Rollenspiele sind dadurch gekennzeichnet, dass Lernende als Akteure Rollen übernehmen und in simulierten Situationen aus dem Bereich von Arbeit und Beruf soziale Verhaltensweisen im Spiel realisieren.

Spieler und Beobachter beim Rollenspiel

In der Regel kann nur ein Teil der Lernenden in das eigentliche Rollenspiel einbezogen werden. Alle, die nicht selbst spielen, erhalten Beobachtungsaufgaben. Dadurch erreicht man einerseits, dass Beobachter indirekt „mitspielen" sowie entsprechende Erfahrungen sammeln und dass andererseits auch die aktiven Spieler erfahren, welche Auswirkungen ihr Verhalten auf Außenstehende hat.

Ablauf der Rollenspiele

Im Zentrum der Methode des Rollenspiels steht die *Spielphase*. Das eigentliche Spiel muss man vorbereiten durch Informationen über Ziel und Thema sowie organisatorische Erläuterungen zum Spielverlauf sowie die Rollen- und Aufgabenverteilung – z. B. anhand von Rollenkarten und Informationskarten. Deshalb sind der zentralen Spielphase die Phasen der *Information* und der *Vorbereitung* vorgeschaltet.

In der *Spielphase*, beim eigentlichen Rollenspiel, identifizieren sich die Akteure mit den Interessen, Einstellungen und Werthaltungen jener Personen, deren Rolle sie übernommen haben. Danach folgen die Reflexionsphasen mit *Diskussion*, die auf den Spielverlauf, das Verhalten der Spieler und die Ergebnisse sowie Überlegungen für Änderungen des Spiels gerichtet ist. Dabei werden nicht zuletzt die Erfahrungen und Eindrücke zwischen Spielern und Spielbeobachtern ausgetauscht. An die anschließende *Zusammenfassung* der Ergebnisse von Spiel und dessen Beobachtung und der Diskussion schließt sich die Phase von *Generalisierung und Transfer* an, um allgemeine Erkenntnisse zu gewinnen, die auf reale Situationen übertragen werden können.

Vorbereitung eines Rollenspiels und Aufgaben der Lehrenden

Die Aufgaben der Lehrenden konzentrieren sich beim Rollenspiel auf die Spielleitung. Hinzu kommt die Vorbereitung der Anfangssituation sowie die Mitwirkung bei den abschließenden Diskussionen und Überlegungen zum Transfer auf betriebliche Situationen.

Die Rollenverteilung und Übernahme von Rollen wird dadurch erleichtert, dass das Rollenspiel in Form von Karteikarten vorgeplant vorliegt. Aus Informationskarten sind die Aufgaben und Grundlagen des Spiels zu ersehen. Rollenkarten enthalten die notwendigen Informationen über die Position, die die Rollenspieler einnehmen und vertreten sollen. Auch die Beobachtungsaufgaben sowie die an das Spiel anschließenden Reflexionsphasen können über solche Karten strukturiert werden.

Welche Ziele erstrebt man mit Rollenspielen?

Soziales Handeln wird im Rollenspiel bewusst und realitätsnah geübt. Insofern eignet es sich besonders gut, das Verhaltensrepertoire zu erweitern, die Auswirkungen des eigenen Verhaltens, die Handlungsspielräume und -möglichkeiten zu erkennen sowie adäquate Reaktionen auf das Verhalten anderer zu fördern (Schaller 2006). Das Rollenspiel zielt deshalb vorrangig auf die Erweiterung der Sozialkompetenz.

Da die Spieler im Rollenspiel auf andere und deren Verhalten eingehen müssen, können sie – ebenso die Beobachter – die emotionalen Voraussetzungen und Bedingungen des Handelns sowie eigene und fremde Wertmaßstäbe erkennen. Dies ist für die Berufsbildung sehr wichtig, denn viele Entscheidungen und Reaktionen im Betrieb sind emotional beeinflusst, weil beim Handeln stets die affektive Dimension beteiligt ist. Man denke an das Verhalten in Konfliktsituationen, die im Berufs- und Arbeitsleben tagtäglich auftreten.

Allgemein erscheint das Rollenspiel als handlungsorientierte Methode immer dann unersetzlich, wenn affektive Lernziele im Vordergrund stehen oder eng mit Themen der Berufsbildung verknüpft sind. Neben sozialer Kompetenz wird auch Fachkompetenz erworben.

Im Rollenspiel übernehmen Lernende festgelegte Rollen und praktizieren im Spiel soziales Verhalten. Die Erfahrungen der Akteure und die Beobachtungen werden anschließend diskutiert.

Ablauf eines Rollenspiels

1. Information zum Spiel
2. Vorbereitung und Rollenverteilung
3. Spielphase
4. Diskussion der Erfahrungen und Beobachtungen
5. Zusammenfassung der Ergebnisse
6. Generalisierung und Transfer

Didaktische Position des Rollenspiels

- Sozialkompetenz als Handeln in sozialen Situationen
- Erweiterung des Verhaltensrepertoires
- Voraussetzungen und Bedingungen sozialen Handelns ermitteln
- affektive Dimension des sozialen Verhaltens erkennen und berücksichtigen

Aufgaben

1. Warum sollten Rollenspiele über das Spielen hinaus eine Analyse und die Reflexion der Spielergebnisse, des Spielverlaufs insgesamt und der einzelnen Entscheidungen oder Verhaltensweisen der Spieler einschließen?

2. Beim Rollenspiel sollen sich die Akteure mit ihrer Rolle identifizieren. Inwiefern können dabei Spieler und Beobachter die implizierten Interessen, Einstellungen und Werthaltungen beim Handeln erkennen?

3. Skizzieren Sie an einem Beispiel, in welcher Weise man Konfliktsituationen in Betrieben als Thema von Rollenspielen erwägen kann.

4. Welche Vorteil hat es, wenn man bei Rollenspielen das Spiel mit vertauschten Rollen wiederholt?

5. Begründen Sie am Beispiel, weshalb Rollenspiele im Gegensatz zu Planspielen auch improvisiert und spontan in den Unterricht eingefügt werden können.

6. Wie erklären Sie sich, dass der Zuwachs an fachlichen Kenntnissen zu den Themen „Dividendenpolitik der Aktiengesellschaft" und „Organe der AG" bei einem Rollenspiel größer sein kann als bei Frontalunterricht?[74]

---

[74] Irmler, Ulrike: Effizienz und Akzeptanz verschiedener Unterrichtsmethoden an der kaufmännische Schule bei Schülern mit besonderem Förderungsbedarf. Universität Hohenheim, unveröffentl. Diplomarbeit 1996

5.3.3.5 Fallstudie

Im berufsbezogenen Unterricht hat man schon immer Fälle aus der Praxis im Sinne von Beispielen herangezogen. Doch bei Fallstudien rücken komplexe Fälle ins Zentrum der Methode; an ihnen wird problembezogenes Handeln theoretisch vorweggenommen.

Fallstudien in der Berufsbildung

Fallstudien hat man für die schulische Berufsbildung entwickelt und evaluiert,[75] um die Lernenden mit Situationen aus dem Bereich von Arbeit und Beruf zu konfrontieren und sie auf praktisches Handeln im Betrieb vorzubereiten (vgl. Bonz 2009, S. 144–148; Brettschneider 2000; Euler/Hahn 2007, S. 300–311; Kaiser/Kaminski, 1999, S. 137–156; Pahl 2007, S. 107–114). Der Fall und die zugrunde liegende Realsituation – beispielsweise die Planung der Produktion mit einer neuen Werkzeugmaschine – muss komplex sein und Probleme enthalten; der Fall muss vielschichtig sein und mehrere Lösungsvarianten erlauben.[76]

Fallstudie

Die Fallstudie ist eine Methode, die von komplexen Fällen aus dem Berufs- und Arbeitsleben ausgeht, zu denen Lösungsmöglichkeiten gesucht, diskutiert und ausgewählt werden.

Phasen der Fallstudie

Eine Fallstudie gliedert sich in fünf Phasen. Zunächst dient die *Konfrontation* mit einem Fall dazu, die Situation zu erfassen und die zentralen Probleme des Falls zu bestimmen. In dieser ersten Phase wird der Fall dargeboten und be-

---

[75] Vgl. Reetz, Lothar: Curriculumentwicklung und entdeckendes Lernen mit Hilfe von Fallstudien. In: Achtenhagen/John, 1992, S. 340–352; John, Ernst G.: Fallstudien und Fallstudienunterricht. In: Achtenhagen/John, 1992, S. 79–91

[76] Beispiele für Fallstudien in der Berufsbildung z. B. bei Frey, Karl: Die curriculare Struktur in einer Fallstudien-Serie – Reflexion über ein flächendeckendes Fallstudien-Curriculum. In: Achtenhagen/John, 1992, S. 327–339; Weber, Birgit: Verringerung des Energieverbrauchs. In: Steinmann, Bodo; Weber, Birgit (Hrsg.): Handlungsorientierte Methoden in der Ökonomie. Neusäß: Kieser 1995, S. 398–411; Weitz, Bernd O.: Handlungsorientierte Methoden und ihre Umsetzung. Bad Homburg vor der Höhe: Gehlen 1998, S. 20–29

sprochen – Frontalunterricht. Daran schließen sich Überlegungen zum Vorgehen bei der Bearbeitung des Falls in der Sozialform des Unterrichtsgesprächs an. In der zweiten Phase zur *Beschaffung und Auswertung von Informationen* werden in Gruppenarbeit die erforderlichen Voraussetzungen für die Lösung des Falls beschafft und ausgewertet.

In der dritten Phase, der *Entscheidungsfindung,*[77] erarbeiten die Arbeitsgruppen Lösungswege und Lösungsvarianten. Die Lernenden müssen sich entscheiden, welche der Lösungsalternativen sie bevorzugen, wobei sie die Bedingungen und Voraussetzungen bedenken sowie die Vor- und Nachteile bzw. die unterschiedlichen Konsequenzen der Lösungsvarianten reflektieren.

Die Arbeitsgruppen bringen ihre Lösungen in der vierten Phase – *Diskussion der Ergebnisse* – in die Großgruppe ein, wo die Varianten diskutiert werden, um eine gemeinsam akzeptierte Lösung zu finden. Doch eine Fallstudie ist erst abgerundet, wenn die Lernenden in der Phase des *Praxisvergleichs* ihre Entscheidung und Lösung des Falls mit jener in der Wirklichkeit getroffenen Lösung verglichen haben, was wiederum in der Sozialform des Unterrichtsgesprächs erfolgt (Abb. 5.3.3.5-1).

Phasen einer Fallstudie und Sozialformen	
1. Konfrontation mit dem Fall	Frontalunterricht / Unterrichtsgespräch
2. Beschaffung und Auswertung von Informationen	Gruppenarbeit
3. Entscheidungsfindung	Gruppenarbeit
4. Diskussion der Ergebnisse	Unterrichtsgespräch
5. Praxisvergleich	Unterrichtsgespräch

Abb. 5.3.3.5-1 Ablauf von Fallstudien

---

[77] Die früheren Bezeichnungen für die Phasen der Fallstudie
1. Konfrontation,
2. Information,
3. Exploration,
4. Resolution,
5. Disputation,
6. Kollation (vgl. Bonz, Bernhard: Methoden der Berufsbildung – ein Lehrbuch. Stuttgart: Hirzel 1999, S. 142 f. und Kaiser/Kaminski, 1999, S. 139 f.) werden hier nicht mehr durchgängig verwendet. Die Phasen *Exploration* und *Resolution* sind in der Phase der *Entscheidungsfindung* zusammengezogen (vgl. Weitz, Bernd O.: Handlungsorientierte Methoden und ihre Umsetzung. Bad Homburg vor der Höhe: Gehlen 1998, S. 18).

Ziele von Fallstudien

Über die selbstständige Bearbeitung von Fällen sowie die Entwicklung von Lösungsmöglichkeiten erwerben die Lernenden Problemlösungs- und Entscheidungskompetenz. Dies schließt die Fähigkeiten zur Situationsanalyse sowie zur Beschaffung von Informationen ein und bereitet auf Handeln im Berufs- und Arbeitsleben vor. Weil die Lernprozesse fächerübergreifend angelegt sind, kommt der Erwerb von Kenntnissen aus unterschiedlichen Wissensgebieten, die Bezüge zum vorliegenden Fall aufweisen, hinzu.

Fallstudien konfrontieren die Lernenden mit komplexen Problemsituationen aus dem Berufs- und Arbeitsleben. Die Lösung dieser realitätsnahen Fälle setzt Lernprozesse in Gang, die praktisches Handeln begründen und vorbereiten.

Phasen einer Fallstudie

1. **Konfrontation mit dem Fall**
2. **Beschaffung und Auswertung von Informationen**
3. **Entscheidungsfindung**
4. **Diskussion der Ergebnisse**
6. **Praxisvergleich**

Didaktische Position von Fallstudien
   - **Analyse von komplexen Fällen**
   - **Beschaffung und Bewertung von Informationen**
   - **Problemlösungs- und Entscheidungsfähigkeit**

Aufgaben

1. Inwiefern können bei Fallstudien aus der Analyse eines Falls theoretische Kenntnisse erworben werden?
2. Warum setzen Fallstudien voraus, dass Lernende sich in Arbeitsgruppen selbst organisieren können?
3. Stellen Sie anhand eines selbst gewählten Falls heraus, wie dieser methodisch unterschiedlich eingebunden wird bei einer Fallstudie im Gegensatz zu traditionellem Frontalunterricht mit Bezug zur Praxis.
4. In welcher Hinsicht ist die Handlung bei Fallstudien unvollständig im Vergleich zur Projektmethode?

5. Welche Aufgaben haben Lehrende bei Fallstudien in den einzelnen Phasen?

Bedenken Sie: „Letztendlich bleibt der Lehrer für die erfolgreiche Durchführung von Entscheidungsprozessen im Rahmen der Fallstudienarbeit unerläßlich ... Insbesondere bleibt dem Lehrer die Aufgabe, die Lernenden anzuleiten, die induktiv am einzelnen Fall gewonnenen Kenntnisse zu verallgemeinern, um ihren Transfer sicher zu stellen." [78]

6. Welche Kriterien sind bei der Auswahl der Fälle zu bedenken? [79]

7. Vergleichen Sie die Phasen der Fallstudie mit jenen des Gruppenunterrichts (Kapitel 5.3.2.2).

5.3.3.6 Leittextmethode

Die Leittextmethode wurde in der betrieblichen Berufsbildung, vor allem im Zusammenhang mit der Projektausbildung in der gewerblich-technischen Berufsausbildung entwickelt. Im Mittelpunkt stand das Fertigen eines Werkstücks wie z. B. des Modells einer Dampfmaschine.[80] Doch fanden Leittexte darüber hinaus in beruflichen Schulen Verwendung als schriftliche Anleitung von Lernprozessen (vgl. Bonz 2009, S. 149–155; Kaiser/Kaminski, 1999, S. 215–272; Riedl 2004, S. 120–135; Pahl 2007, S. 234–240; Rottluff 2000; Schelten, 2005, S. 148–156).

Leittextmethode und selbstgesteuertes Lernen

Die Leittextmethode ist gekennzeichnet durch schriftliche Anregungen, Aufgaben und Hilfen im Rahmen einer offenen Gesamtkonzeption. Leittexte als Hilfen zu selbstgesteuertem Lernen orientieren sich an Lernhandeln, das von Informieren über Planen, Entscheiden, Ausführen, Kontrollieren zum Bewerten fortschreitet.

Leittextmethode

Die Leittextmethode benützt Leittexte zur Strukturierung von Lernprozessen. Die Leittexte umfassen Leitfragen und andere schriftlichen Hilfen zu den Phasen des Informierens, Planens, Entscheidens, Ausführens, Kontrollierens und Bewertens.

---

[78] Kaiser, Franz-Josef; Brettschneider, Volker: Entscheidungsprozesse in Kleingruppen im Rahmen der Fallstudienarbeit. In: Beck/Krumm 2001, S. 209–229, hier S. 226

[79] Vgl. Kaiser/Kaminski, 1999, S. 152 ff.

[80] Vgl. z. B. Koch, Johannes; Selka, Reinhard: Leittexte – ein Weg zu selbständigem Lernen. 2. Aufl. Berlin: Bundesinstitut für Berufsbildung, 1991, S. 9

Phasen der Leittextmethode

1. Informieren

Leitfragen verschaffen zunächst eine Vorstellung von der Arbeitsaufgabe. Die Fragen leiten die Lernenden an, wie sie sich informieren können und sich einen Einblick verschaffen über die Beobachtung von Arbeitsabläufen, über Personalbefragungen, Erkundungen usw. Zusätzliche *Leitsätze* können Zusammenfassungen arbeitsbezogener Kenntnisse enthalten (vgl. Riedl 2004, S. 124).

2. Planen

Die *Leitfragen* – und eventuell zusätzliche *Leitsätze* – sollen in der Planungsphase die Lernenden anregen, den Arbeitsablauf zu erwägen und gedanklich vorwegzunehmen. Die Arbeitsschritte sowie die notwendigen Hilfsmittel und Werkzeuge werden in einem *Arbeitsplan* zusammengestellt. Es sind aber auch Alternativen und Modifikationen zu entwickeln.

3. Entscheiden

Hier zielt der Leittext auf die Entscheidung zwischen den verschiedenen Möglichkeiten der Ausführung, die in den Arbeitsplänen vorgeschlagen werden. Dazu dienen sowohl die Diskussion in der Lerner- oder Arbeitsgruppe als auch *Fachgespräche* mit Experten beispielsweise über den Fertigungsablauf.

4. Ausführen

Im Zentrum dieser Phase steht der Arbeitsprozess nach Maßgabe des Arbeitsplanes und damit die Herstellung des Werkes bei gleichzeitiger Aneignung von Fertigkeiten und Kenntnissen.

5. Kontrolle

Jetzt sollen die Leittexte zur Kontrolle der ausgeführten Arbeit anleiten. Kontrollbögen helfen den Lernenden, das Arbeitsergebnis zu beurteilen.

6. Bewerten

Abschließend müssen im Rahmen eines *Fachgesprächs* und einer Diskussion die Konsequenzen aus dem zuvor ermittelten Ergebnis der Kontrollphase gezogen werden. Insbesondere ist zu klären, wie man Fehler künftig vermeidet.

Zur didaktischen Position der Leittextmethode

Leittexte betreffen vor allem berufsmotorische und kognitive Lernzielbereiche. In der betrieblichen Berufsausbildung stehen berufsmotorische Fertigkeiten im Vordergrund, während in beruflichen Schulen die Leittexte mehr auf den Erwerb von Kenntnissen zielen. Doch unabhängig von der Zielorientierung sollte die Leittextmethode die Lernenden zu selbstständigem Lernhandeln anregen. In diesem Kontext sind auch die Fachgespräche zu sehen: Als Hilfestellung zu selbstständigem Lernen.

Idealtypus eines Fachgesräches

„Fachgespräche sind unterstützende Eingriffe bzw. Hilfestellungen einer Lehrkraft in einem individualisierten Lernprozess in einer komplexen Lernumgebung, in der die Lernenden selbstgesteuert und handelnd lernen. Fachgespräche erfolgen in einem inhaltlichen Dialog mit den Lernenden. Der Dialog bezieht sich auf den Lerngegenstand und den Lernprozess. Fachgespräche sind Expertengespräche zwischen Lehrkraft und Lernenden. ... Es können Einzel- oder Kleingruppengespräche sein."[81]

Varianten der Leittextmethode

Die Formulierung von Texten in Form von Leitfragen, Leitsätzen, Arbeitsplänen und Kontrollbögen bewährt sich nicht nur bei fachpraktischen Projekten, sondern auch bei theoretischem Unterricht.

Im Zuge der Weiterentwicklung der Leittextmethode entstanden Leittexttypen wie z. B. *Experimentalleittexte, Lehrgangsleittexte* und *Erkundungsleittexte*. Entwickelt wurden für den kaufmännischen Bereich *generell orientierte Leittexte*, die allgemein auf den Erwerb von Kenntnissen und Fertigkeiten in den Fachabteilungen des Unternehmens gerichtet sind, *speziell orientierte Leittexte*, die auf die Struktur und die Aufgaben einzelner Abteilungen zugeschnitten sind, und *tätigkeitsorientierte Leittexte*, die sich an den auszuführenden Tätigkeiten orientieren.[82]

---

[81] Schelten, Andreas: Fachgespräche. In: Berufsbild. Schule 58 (2006), S. 107–108

[82] Höpfner, Hans-Dieter u. a.: Leittexte – ein Weg zu selbständigem Lernen, Referentenleitfaden. 2. Aufl. Berlin: Bundesinstitut für Berufsbildung, 1991

Leittexte und Lehrtexte

Leittexte werden in der Berufsbildung nicht nur mit dem Ziel eingesetzt, eine vollständige Handlung anzuregen, wie es ursprünglich vorgesehen war. Sie können auch so formuliert sein, dass sie die Steuerung einer linear-zielgerichteten Gesamtkonzeption anstelle von Lehrenden übernehmen und somit die direkte Aktionsform (Kapitel 3.2.3) ablösen. Leittexte erhalten dann die Funktion von *Lehrtexten*. Die Spannweite von Leittexten erstreckt sich deshalb von Lernhilfen und Texten zur Anregung von selbstgesteuertem Lernen einerseits bis hin zu Lehrtexten im Sinne von Lernprogrammen (Kapitel 5.2.3) andererseits.

Die Leittextmethode benützt Leittexte zur Anregung und Strukturierung von selbstgesteuertem Lernen. Leittexte haben die Form von

- **Leitfragen,**
- **Leitsätzen,**
- **Arbeitsplänen und**
- **Kontrollbögen.**

Die Leittexte zielen auf 6 Phasen des Lernhandelns

- **Informieren**
- **Planen**
- **Entscheiden**
- **Ausführen**
- **Kontrolle**
- **Bewerten**

Didaktische Position der Leittextmethode

- **Schriftliche Informationen, Denkanstöße und Lernhilfen anstelle von Steuerung durch Lehrende**
- **Selbstständiges Handeln verbunden mit dem**
- **Erwerb von berufsbezogenen Fertigkeiten und Kenntnissen**

Aufgaben

1. Vergleichen Sie die Position und Aktionsform von Lehrenden bei der Leittextmethode und beim Frontalunterricht.

   Bedenken Sie: „Die Lernenden setzen sich bei der Leittextmethode in erster Linie mit Medien, vor allem mit Texten, auseinander und nicht mit Äußerungen lehrender Personen. Lehrende treten nicht als Autoritätspersonen auf, die Lernwege bestimmen und durchsetzen sowie Informationen vermitteln, sondern als Berater, die man hinzuziehen kann."[83]

2. Welche Bedeutung haben Fachgespräche im Rahmen der Leittextmethode?

   Bedenken Sie: „ Fachgespräche können wiederholend, erläuternd, erklärend und begründend ... stattfinden und auf eine ganze Gruppe oder auf einzelne Lernende bezogen sein. Sie überprüfen die Ergebnisse der Lernarbeit, bestätigen oder korrigieren und stellen sicher, dass theoriegeleitete und sinnvolle Lernhandlungen erfolgen."[84]

3. Welche Funktion können Leittexte bei anderen Methoden übernehmen?

   Bedenken Sie, dass schriftliche Texte beispielsweise die „Funktion des Scaffolding erfüllen, indem sie in Einleitungen an das Vorwissen anknüpfen, geeignete Überschriften und orientierende Gliederungen verwenden, die wichtigsten Inhalte zusammenfassen, zentrale Ideen herausstellen und mit Beispielen verknüpfen und indem sie auch komplexe Darstellungen durch Visualisierungen verdeutlichen, in denen kurze Texte integriert sind."[85]

4. Warum kann die Leittextmethode dann nicht mehr zu den handlungsorientierten Methoden gezählt werden, wenn Leittexte die Form von Anweisungen wie bei Lernprogrammen annehmen?

5. Warum hängt die didaktische Position der Leittextmethode davon ab, wie offen Leittexte formuliert sind?

   Bedenken Sie: „Bezüglich der vorgegebenen Hauptintention der Leittextmethode, nämlich Selbststeuerung des Lernprozesses sowie Entwicklung individueller Lern- und Lösungsstrategien, spielt die innere Strukturiertheit eine wichtige Rolle. In der Realität finden sich Leittexte mit ...
   – tiefreichender Struktur (alle Informationen und Lösungshinweise vorgegeben),
   – mittlerer Struktur (viele Informationen gegeben, aber auch Quellenhinweise zum Selbststudium),
   – flacher Struktur (nur Anregungen und Impulse für weitere Informationen und Erkundungen)."[86]

---

[83] Bonz 2009, S. 153
[84] Nickolaus/Riedl/Schelten 2005, S. 518
[85] Wellenreuther 2007, S. 233
[86] Huisinga, Richard; Lisop, Ingrid: Wirtschaftspädagogik. München: Vahlen, 1999, S. 267

5.3.3.7 Weitere handlungsorientierte Methoden

Im folgenden werden noch weitere handlungsorientierte Methoden zusammengestellt, die in der Berufsbildung seltener praktiziert werden. Teilweise ist die Anwendung dieser Methoden unter den institutionellen Rahmenbedingungen der Berufsbildung nicht ohne weiteres praktikabel, teils liegt die Zielsetzung solcher Methoden nur am Rande der Curricula, die für die Berufsbildung verbindlich sind.[87]

Szenario und Zukunftswerkstatt

Szenario und Zukunftswerkstatt sind handlungsorientierte Methoden, deren Lernstruktur ähnlich ist, die aber von unterschiedlichen Ansätzen ausgehen. Das *Szenario* geht von der gegenwärtig bestehenden Situation aus, während die *Zukunftswerkstatt* an der erstrebten zukünftigen Situation ansetzt (Abb. 5.3.3.7-1). Ähnlich strukturiert ist die *Geschichtswerkstatt*,[88] die historische Faktoren für die Entwicklung zur gegenwärtigen Situation ermittelt.

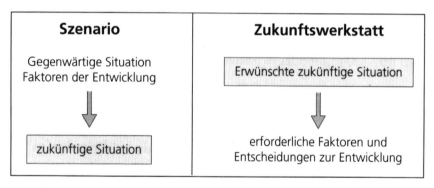

Abb. 5.3.3.7-1 Szenario und Zukunftswerkstatt

---

[87] Zur „lernorganisatorischen und materiellen Rahmengebung für beruflichen Unterricht" vgl. Pahl, 2008, Berufsschule ... S. 257–355

[88] Vgl. z. B. Hufer, Klaus-Peter: Die Geschichtswerkstatt: eine aktivierende Projektmethode in der Erwachsenenbildung. In: Mickel, Wolfgang W.; Zitzlaff, Dietrich (Hrsg.): Methodenvielfalt im politische Unterricht. Hannover: Metzler 1993, S. 264–273

Szenario

Szenarien (vgl. Bonz 2009, S. 157–158; Kaiser/Kaminski, 1999, S. 207–231; Pahl 2007, S. 358–365) stellen die Entwicklung eines komplexen Systems heraus, sodass die Auswirkungen einer Fortentwicklung der gegenwärtigen Situation nicht zu übersehen sind. Falls man diese Entwicklung nicht wünscht, entsteht die Notwendigkeit von Interventionen, damit die vorhersehbare zukünftige Situation vermieden wird.

Mit der Analyse des komplexen Systems wird auch erkennbar, dass keine eindeutige Voraussage möglich ist. Das System kann sich nämlich auch verändern und gewissermaßen lernen, wie man negative Entwicklungen vermeidet oder kompensiert. Aufgrund von Interdependenzen mit noch unbekannten Faktoren nimmt außerdem mit der Entfernung vom Ausgangspunkt die Zahl der möglichen Entwicklungspfade zu.

Szenario-Methode in der Berufsbildung

Die Szenario-Methode eignet sich in der Berufsbildung sowohl für einfache Überlegungen wie sich z. b. eine einseitigen Ernährung der Lernenden auf ihre körperliche Entwicklung auswirkt oder über die Folgen der wachsenden Zulassungszahl von Kraftfahrzeugen in einer Region als auch für eine breite Problematik wie „Arbeit und Umwelt". In beruflichen Schulen werden Szenarien angewandt auf Zukunftsfragen oder globale Modelle.[89]

Szenario

Mit der Szenario-Methode ermittelt man eine zukünftige Situation und die Entwicklung, die zu ihr aufgrund einer bestimmten Ausgangslage und vorliegender Entwicklungsfaktoren führt.

---

[89] Vgl. z. B. König, Manfred: Szenariotechnik – Unterrichtsgegenstand und Unterrichtsmethode in Kaufmännischen Schulen. In: Becker, Manfred; Pleiß, Ulrich: Wirtschaftspädagogik im Spektrum ihrer Problemstellung. Baltmannsweiler: Schneider 1988, S. 260–279

Lernziele der Szenario-Methode

Die didaktische Position der Szenario-Methode ist dadurch gekennzeichnet, dass die Lernenden System- bzw. Zusammenhangswissen erwerben und Interdependenzen von Faktoren in einem komplexen System erkennen. Gleichzeitig mit der Anwendung von Wissen und mit dem Erwerb von systemischem Denken werden die Lernenden sensibilisiert für Zukunftsfragen und für die Auswirkungen bestehender Entwicklungstendenzen.[90]

Ein Szenario ermittelt die künftige Entwicklung und die zu erwartende Situation in der Zukunft.

Die Szenario-Methode zielt auf

- **Beachtung der Interdependenzen zwischen Faktoren, die ein System und seine Entwicklung bestimmen,**
- **die Anwendung von Wissen und Systemdenken,**
- **Folgenabschätzung.**

Zukunftswerkstatt

Die Zukunftswerkstatt (vgl. Bonz 2009, S. 159–160; Kaiser/Kaminski, 1999, S. 231–250; Pahl 2007, S. 428–435) entwirft aufgrund der Kritik an der gegenwärtigen Situation eine *wünschenswerte* Zukunft. In Umkehrung der Vorgehensweise beim Szenario (Abb. 5.3.3.7-1) legt man zunächst das gewünschte Zukunftsbild fest und ermittelt in einer anschließenden Verwirklichungsphase, auf welche Weise und unter welchen Bedingungen dieses Wunschbild für die Zukunft erreicht werden kann.[91]

---

[90] Vgl. Weinbrenner, Peter: Welche Methoden fördern einen handlungsorientierten Unterricht? Vorschläge und Beispiele für die wirtschafts- und sozialwissenschaftlichen Unterrichtsfächer. In: Albers, Hans-Jürgen (Hrsg.): Handlungsorientierung und ökonomische Bildung. Bergisch Gladbach: Hobein 1995, S. 117–134; Weinbrenner, Peter: Politische Bildung an beruflichen Schulen. In: Schanz, Heinrich (Hrsg.): Didaktik allgemeiner Fächer an beruflichen Schulen. (bzp Bd. 18) Stuttgart: Holland + Josenhans 1997, S. 24–39, hier S. 34ff.

[91] Vgl. Dauscher, Ulrich: Moderationsmethode und Zukunftswerkstatt. Neuwied: Luchterhand, 1996, S. 95ff.

Zukunftswerkstatt

Eine Zukunftswerkstatt klärt zunächst die Zielvorstellung für eine künftige Situation. Von dieser Zielprojektion ausgehend werden Strategien entworfen und Entscheidungen getroffen, die eine Entwicklung auf das gewünschte Ziel hin gewährleisten.

Lernziele der Zukunftswerkstatt

Die Ziele der Zukunftswerkstatt liegen – wie beim Szenario - vor allem in der Anwendung von Wissen auf komplexe Zusammenhänge. Selbstverständlich ist zunächst Kritikfähigkeit sowie Phantasie und Kreativität nötig, um die Vision einer künftigen Situation zu entwickeln. Daran schließen sich sowohl rational-analytische als auch intuitiv-emotionale Prozesse an, besonders bezüglich der Vorbereitung von Handeln im Hinblick auf die erstrebte Zielprojektion und entsprechender Entscheidungen in der Gegenwart.

Die Methode der Zukunftswerkstatt geht von einer erstrebten künftigen Situation aus und ermittelt die Voraussetzungen und Bedingungen für eine entsprechende Entwicklung.

Die Methode der Zukunftswerkstatt zielt auf

- **Entwicklung von Zielvorstellungen,**
- **die Beachtung der Interdependenzen zwischen Faktoren, die ein System und seine Entwicklung bestimmen,**
- **Anwendung von Wissen und Systemdenken,**
- **Folgenabschätzung.**

Handlungsorientierte Analyse-Methoden

Verschiedene Methoden konzentrieren sich auf Analysen in unterschiedlicher Zielrichtung: Die *Systemanalyse* und der Einsatz von *Netzwerken* können komplexe Sachverhalte erschließen sowie Systemdenken und das Erkennen von Zusammenhängen fördern. Zentrales Anliegen dieser Methoden ist die Veranschaulichung und Visualisierung komplexer Zusammenhänge (Kaiser/Kaminski, 1999, S. 189–206). Die *Problemanalyse* zeigt ebenso wie *Konfliktanalyse* oder *Strukturanalyse* Wege auf, wie man über das Analysieren unter bestimmten Aspekten Lösungen findet.

Sonstige handlungsorientierte Methoden

Als handlungsorientierte Spielformen in Bezug auf besondere Aspekte sind zu erwähnen

- das *Konferenzspiel*,
- das *Regelspiel* und
- das *Wissensspiel*.[92]

Weitere handlungsorientierte Methoden:

- Die *Dilemma-Methode* bietet insbesondere Möglichkeiten, Lernende für moralische und ethische Fragen zu sensibilisieren (Kaiser/Kaminski, 1999, S. 331–-338).

- *Arbeitsanaloge Lernaufgaben* (Achtenhagen 1994, S. 191; Sloane/Twardy/Buschfeld 2004, S. 166) ermöglichen selbstgesteuertes Lernen in fiktiven Arbeitsumgebungen (vgl. Kapitel 7). Analog zu Geschäftsprozessen in Betrieben kommt auch Lernen in und an visualisierten Geschäftsprozessen – *geschäftsprozessorientiertes Lernen* – in Frage (Rebmann/Tenfelde/Uhe 2005, S. 169–171).

- *Experimentierendes Lernen* (Rauner/Eicker 1996) bzw. *Experimentalübungen* (Ott/Weber 1997, S. 155–157) und die *experimentelle Unterrichtsmethode* (Bernard/Ebert/Schröder 1995, S. 72–75) kommen für naturwissenschaftliche und technische Lernbereiche in Frage.[93]

Besondere Methoden für Technikunterricht [94]

Im Zusammenhang mit der gestaltungsorientierten Didaktik (vgl. Nickolaus 2008, S. 67–72; Pahl 2003) wurden Methoden entwickelt, die auf die Befähigung zur Gestaltung von Arbeit und Technik abzielen. Zu diesen Methoden,[95] deren Anwendung nicht auf Technikunterricht beschränkt ist, gehören[96]

---

[92] Vgl. z. B. Steinmann, Bodo; Weber, Birgit (Hrsg.): Handlungsorientierte Methoden in der Ökonomie. Neusäß: Kieser, 1995

[93] Vgl. auch die „ Experimentelle Werkkunde " als historische Konzeption. – Pukas, Dietrich: Die Experimentelle Werkkunde Maschinenbau – eine bedeutende berufsschultypische Fachdidaktik. In: Berufsbild. Schule 58 (2006), S. 88–94

[94] Zur Entwicklung der „Methode in Zeiten der Handlungsorientierung – oder: Technikdidaktik zwischen Unterrichts- und Fachmethodik" vgl. Schütte, Friedhelm: Technikdidaktik zwischen Lehrmethode und Fachmethodik. In: Bonz, Bernhard; Ott, Bernd (Hrsg.): Allgemeine Technikdidaktik – Theorieansätze und Praxisbezüge. (Berufsbildung konkret Bd. 6) Baltmannsweiler: Schneider, 2003, S. 19–35 hier S. 26ff.

[95] *Pahl* verwendet die Bezeichnung „Ausbildungs- und Unterrichtsverfahren" – Pahl 2007

[96] In *Pahl* 2007 sind 59 Methoden von A wie Arbeitsorganisationsanalyse bis Z wie Zukunftswerkstatt zusammengestellt.

- „gestaltungsorientierte Lern- und Arbeitsaufgaben ..., die Auszubildende zur (Mit-)Gestaltung der Arbeitswelt" befähigen sollen (Rauner/Spöttl 2002, S. 128),

- die genetische Methode, auch historisch-genetische Methode (Bernard/Ebert/Schröder 1995, S. 82–84; Pahl 2008, S. 240–248),

- die *Funktionsanalyse* (Pahl 2007, S. 135–140),

- die Nacherfindungsaufgabe (Pahl 2007, S. 263–269), die insbesondere auf die Förderung von Kreativität gerichtet ist,

- Lernaufgaben (Pätzold/Lang 2000), die vor allem im Zusammenhang mit auftragsorientiertem Lernen zu erwägen sind und deren Bearbeitung dem Vorgehen bei der Leittextmethode vergleichbar erscheint,

- versuchsorientierter Technikunterricht (Ott/Pyzalla 2003, S. 117–129), problemorientierter Technikunterricht (Ott/Pyzalla 2003, S. 104–116) und technisches Experiment (Pahl 2007, S. 368–372) sowie

- mehrere Methoden, die eine offene Gesamtkonzeption umsetzen. Diesen Aufgaben-Methoden sind hier Analyse-Methoden gegenübergestellt, die „weitgehend selbstständig durchzuführen" sind (Pahl 2008, S. 264), aber auch im Sinne der Lehrmethoden realisiert werden können:

Konstruktionsaufgabe – Konstruktionsanalyse
Fertigungsaufgabe – Fertigungsanalyse
Instandhaltungsaufgabe – Instandhaltungsanalyse
Recyclingsaufgabe – Recyclinganalyse
(Pahl 2008, S. 249–329)

In ähnlicher Weise stehen sich gegenüber

konstruktiver Unterricht – erklärender Unterricht. [97]

---

[97] Bonz, Bernhard: Gegensätzliche Konzeptionen im Technik-Unterricht – konstruktiver und erklärender Unterricht. In: Sommer, Karl-Heinz (Hrsg.): Pädagogische und sozio-/psychologische Perspektiven im beruflichen und nachberuflichen Bereich. Esslingen: DEUGRO 1989, S. 126–147

Mit berufspraktischem Schwerpunkt: Lerninsel und Lernstatt

Im Rahmen von *Lerninseln* wird die gleiche Arbeit verrichtet wie im benachbarten Arbeitsbereich der Werkstatt. Allerdings begleiten auf der Lerninsel arbeits- und berufspädagogisch qualifizierte Fachkräfte die Arbeits-Lern-Prozesse, die in starkem Maße von den Auszubildenden organisiert und gesteuert werden. Gruppenarbeit und Gruppenlernen sind ebenso Kernmerkmale dieses Lern-Arrangements. Nach einem Rotationsmodell werden dabei Lernende aus der Produktion in die Arbeitsgruppen der Lerninsel eingefügt (Dehnbostel 2005; Rebmann/Tenfelde/Uhe 2005, S. 164).

Die *Lernstatt*-Methode hat einen unmittelbaren Bezug zur Arbeit in der Werkstatt. Sie geht von einer Aufgabenstellung aus, die die Auszubildenden selbst bestimmen sollen. Es folgen Gruppenarbeit und die Präsentation der Arbeitsergebnisse. Nach gruppendynamischen Übungen – z.B. Rollenspielen – folgt eine zweite Runde der Gruppenarbeit, die Präsentation der Ergebnisse und eine abschließende Reflexion der Lernstatt-Arbeit insgesamt. Lehrende – möglichst zwei Personen – übernehmen bei der Lernstatt nur die Aufgabe der Moderation.[98]

Erkundung

Die Erkundung (Kaiser/Kaminski, 1999, S. 295–315) bzw. die Betriebsbesichtigung mit Aspekterkundung kann ebenfalls zu den handlungsorientierten Ausbildungs- und Unterrichtsverfahren (Pahl 2008, S. 229–239) gezählt werden, wenn sie sich durch selbstgesteuertes Lernhandeln auszeichnet. Dann werden die Erkundungsschwerpunkte von den Lernenden selbstständig erarbeitet und festgelegt.[99]

Die Erkundung gliedert sich in die Phase der *Vorbereitung*, in deren Zentrum die Festlegung der Beobachtungs- und Befragungsschwerpunkte steht, die *Durchführung* und die *Auswertung*.

---

[98] Wittwer, Wolfgang: Lernstatt. In: Wittwer 2005, S. 115-123

[99] Die Erkundung kann auch in eine linear-zielgerichtete Gesamtkonzeption eingepasst sein. Eine solche Erkundung nach Maßgabe der lehrenden Position gehört nicht zu den handlungsorientierten Methoden.

Weitere handlungsorientierte Methoden und Lern-Arrangements
- **Szenario**
- **Zukunftswerkstatt**
- **Analysemethoden**
- **Lerninsel**
- **Lernstatt**
- **Erkundung**

Aufgaben

1. Warum kann man bei Szenario und Zukunftswerkstatt auf die gleichen Sozialformen und eine ähnliche Artikulation zurückgreifen?
2. Welche institutionellen und organisatorischen Voraussetzungen müssen bei Szenario, Zukunftswerkstatt, Lernstatt, Lerninsel, Erkundung vorliegen?
3. Inwiefern unterscheiden sich versuchsorientierter und problemorientierter Unterricht?

Bedenken Sie:

„ *Versuchsorientierter Unterricht* ist auf eine begrenzte technische Frage konzentriert. Das Wesentliche ... liegt darin, dass der Schüler
- eine im Lerngegenstand enthaltene Frage herausarbeitet und Erklärungsvermutungen (Hypothesen) formuliert (*Versuchsvorbereitung*),
- an einer möglichst selbstersonnenen und selbstkonstruierten Geräteanordnung, die Vermutungen experimentell verifiziert oder falsifiziert (*Versuchsdurchführung*) und
- die quantitativen und qualitativen Ergebnisse formuliert und diskutiert (*Kontrollieren*).
- *Problemorientierter Unterricht* basiert auf einer technischen Denkaufgabe. Das wesentliche des problemorientierten Unterrichtsverfahrens liegt darin, dass der Schüler
- mit einer Denkaufgabe konfrontiert wird (*Problemstellung*),
- das im Lerngegenstand enthaltene Problem erkennt sowie Lösungsprinzipien strukturiert und formuliert (*Problemstrukturierung*),
- das Problem möglichst eigenständig löst und die Problemlösung bewertet (*Problemlösung*) und
- die Problemlösungstrategie auf ähnlich gelagerte Probleme überträgt (*Anwendung der Problemlösung*).“ [100]

---

[100] Ott 2003, S. 93

5.3.4 Kombinationen mit handlungsorientierten Methoden

Handlungsorientierte Methoden kombinieren verschiedene Sozialformen, in denen selbstgesteuertes Lernen ermöglicht wird. Bei der Fallstudie beispielsweise sind dies Gruppenarbeit und Unterrichtsgespräch. Hinzu kommen möglicherweise Phasen der Information, die als Darbietung oder im Sinne des Frontalunterricht erfolgen. Insofern können handlungsorientierte Methoden nach Maßgabe einer offenen Gesamtkonzeption unterschiedliche methodische Abschnitte kombinieren.

Lehrmethoden im Rahmen handlungsorientierter Methoden

Abgesehen von der Darbietung und Erläuterung der anfänglichen Aufgaben- oder Problemstellung sind Lehrmethoden im Rahmen handlungsorientierter Methoden nur dann didaktisch gerechtfertigt, wenn von den Lernenden Informationen oder Hilfestellung begehrt werden oder wenn diese offensichtlich zur Unterstützung weiteren selbstgesteuerten Lernens unerlässlich sind. Lehrmethoden kommen deshalb nur sekundär, d. h. nur zur Ergänzung selbstgesteuerte Erarbeitung in Frage.

Handlungsunterricht

Ein Muster, das handlungsorientierten Unterricht als Kombination von traditionellen Unterrichtsmethoden auffasst, ist *Handlungsunterricht* (Halfpap 1996, S. 34). Je nach Lernvoraussetzungen und internen Bedingungen werden dabei Problemlösungsphasen mit Informationsbeschaffung oder -vermittlung kombiniert (Bönsch 2000, S. 265). Ebenso ergänzen sich Alleinarbeit oder Gruppenarbeit mit integrierenden Phasen, die alle Lernenden umfassen.[101]

SEL-Methode – eine kombinierte Methode

SEL – Selbstgesteuertes Erarbeitungs-Lernen – kombiniert in drei Phasen selbstgesteuerte Alleinarbeit, Gruppenarbeit und Unterrichtsgespräch. Nach der Aufgabenstellung in Form einer Darbietung oder als Leittext wird zunächst in der 1. Phase in Alleinarbeit nach Lösungen gesucht; Lernende erarbeiten für sich eine Lösung. Die Ergebnisse der Alleinarbeit diskutieren die Lernenden in der (Klein-)Gruppe, um in der 2. Phase das Ergebnis der Gruppenarbeit zu ermitteln. In der 3. Phase werden im Plenum die Gruppenergebnisse präsentiert und dann diskutiert – Unterrichtsgespräch –, um ein gemeinsames Ergebnis zu erarbeiten.

---

[101] Vgl. Bonz 2009, S. 164

Die SEL-Methode entspricht weitgehend der Methode *Platzdeckchen*, [102] die ihren Namen daraus ableitet, dass die Ergebnisse der Alleinarbeit jeweils in einem Randfeld des rechteckigen Arbeitspapiers auf dem Gruppentisch fixiert werden, das Ergebnis der Gruppenarbeit im zentralen Feld des Papierbogens.

Die handlungsorientierte Lernschleife

Die Verknüpfung von verschiedenen Formen des selbstgesteuerten Lernens – möglicherweise auch mit Lehrmethoden – wird zuweilen als *Methoden-Mix* bezeichnet.[103] Ein Beispiel dafür ist die *handlungsorientierte Lernschleife*, bei der im Methoden-Mix der Lernprozess von der Problemstellung und Problemstrukturierung bis zur Anwendung der Problemlösung fortschreitet. Dazwischen durchlaufen die Lernenden die Auftragsübergabesituation, die Phase der selbstständig-produktiven Erarbeitung, die Präsentationssituation und die Besprechungssituation.[104]

Integratives Unterrichtsgesamtkonzept

Ein integratives Unterrichtsgesamtkonzept umfasst viele Methoden, von handlungsorientiertem Unterricht bis zu Frontalunterricht (Riedl 2004, S. 119), denn „moderner beruflicher Unterricht konstituiert sich durch geführtes, systematisches Lernen in definierten Wissensdomänen und situationsbezogenem Lernen in realitätsnahen, berufstypischen Aufgabenbereichen. Ein solcher Unterricht umfasst selbstgesteuertes Lernen ebenso wie einen lehrergeführten Dialog. Situiertes Lernen ist hier verknüpft mit systematikorientiertem Lernen." (Riedl 2004, S. 118)

> **In der Kombination mit handlungsorientierter Methoden kommen Lehrmethoden zur Begründung der Anfangssituation oder als Ergänzung selbstgesteuerter Lernphasen in Frage.**

---

[102] Die Platzdeckchen-Methode (placemat) gilt als Klassiker unter den Methoden des kooperativen Lernens.

[103] Vgl. z. B. Wittwer 2000, S. 115

[104] Vgl. Ott 2003, S. 97–98; Ott Bernd: Eigenverantwortliches und arbeitsprozessorientiertes Lernen als technikdidaktische Kategorie. In: Nickolaus, Reinhold; Schanz, Heinrich (Hrsg.): Didaktik der gewerblich-technisch Berufsbildung (Diskussion Berufsbildung Bd. 9) Baltmannsweiler: Schneider, 2008, S. 25–43, hier S. 35–37

Aufgaben

1. Formulieren Sie die didaktische Begründung, weshalb die Reihenfolge von selbstgesteuerten und von ergänzenden, von lehrender Position gesteuerten Phasen nicht umgekehrt werden darf.
2. Begründen Sie die Kombination von Lernsituationen am Beispiel des Planspiels und der handlungsorientierten Lernschleife. In welchen Phasen könnte man Lehrmethoden auf Anforderungen von Lernenden ergänzen?
3. Vergleichen Sie die Artikulation und die Sozialformen im Gruppenunterricht mit jenen der SEL-Methode und diskutieren Sie die Unterschiede unter didaktischen Aspekten.
4. Welche Vorteile bietet eine Kombination von direkter Instruktion mit selbstgesteuertem Lernen?
   Bedenken Sie: „Insgesamt belegt empirische Forschung eindeutig, dass es zu einer 'guten' direkten Instruktion bestimmte sinnvolle Ergänzungen, aber keine insgesamt ernstzunehmende Alternative gibt. Direkte Instruktion ist die Urform des Unterrichts, in deren Rahmen der Lehrer Gruppenarbeit sowie bestimmte Formen handlungsorientierten Unterrichts organisieren kann."[105]
5. Inwiefern kann man auch die 4-Stufen-Methode (Abb. 5.2.4-1) als kombinierte Methode ansehen?
6. Warum kann auch Gruppenunterricht als handlungsorientierte Methode angesehen werden?
7. Versuchen Sie zu ergründen, weshalb die Befunde zu selbstgesteuertem Lernen widersprüchlich sind.[106]
   Bedenken Sie, dass Lernende über selbstgesteuertes Lernen „einen deutlichen Zuwachs in ihrer fachspezifischen Problemlösefähigkeit erzielen, während die traditionell unterrichteten Schüler hier stagnieren." Gleichzeitig wurde nachgewiesen, dass sich mit selbstgesteuertem Lernen „keinerlei Nachteile hinsichtlich des Erwerbs von Faktenwissen" ergeben. „Weiterhin bestätigen die Befunde, dass Selbstorganisiertes Lernen selbstbestimmte Motivation fördert. ... Gleichzeitig kann die Befürchtung, dass Selbstorganisiertes Lernen eine Überforderung für die Schüler darstellt, entkräftet werden." Darüber hinaus zeigte sich, dass „das emotional-motivationale Befinden deutlich günstiger ist" im Vergleich zur traditionell unterrichteten Klasse.[107]
8. Diskutieren Sie, inwieweit für selbstgesteuertes Lernen der Frontalunterricht als anleitende Hilfe oder als behinderndes Kontrastprogramm anzusehen ist.[108]
9. Welche Voraussetzungen für selbstgesteuertes Lernen müssen auf Seiten der Lernenden bereits vorliegen, wenn Sie selbstgesteuertes Lernen anregen wollen?

---

[105] Wellenreuther 2007, S. 366
[106] Vgl. Nickolaus 2008, Seite 105
[107] Sembill, Detlef u. a.: Förderung der Problemlösefähigkeit und der Motivation durch Selbstorganisiertes Lernen. In: Beck/Krumm 2001, S. 257–281, hier S. 278
[108] Vgl. Dubs, Rolf: Lehr-Lern-Prozesse in der kaufmännischen Erstausbildung – Rückblickende Würdigung eines DFG-Schwerpunktprogramms. In: Beck/Krumm 2001, S. 391–408, hier S. 394

6 Medien in Lern-Arrangements

In den folgenden Kapiteln geht es um Medien unter didaktischen Aspekten, also um den Medieneinsatz im Zusammenhang mit Lehr-Lern-Prozessen in der Berufsbildung. Zunächst werden die Medien nach ihren Funktionen dargestellt (Kapitel 6.1). Die grundsätzliche didaktische Position von Medien kommt in der Unterteilung nach Lehr- und Lernmitteln zum Ausdruck (Kapitel 6.2). Der Rolle der Medien bei Präsentation und bei Moderation wendet sich Kapitel 6.3 zu.

6.1 Medien und ihre Funktion

Die Entwicklung der Medien für Unterricht und Unterweisung führte in der Berufsbildung vom klassischen Anschauungsmaterial der Lehrer und Lehrbüchern[1] zu Modellen hoch entwickelter Maschinen und zu elektronischen Geräten. Das Spektrum der Medien reicht von Realobjekten und Modellen über Bilder, Wandkarten, Schulbücher bis hin zu Videos und Multimedia.

Die Funktion und damit der Sinn von Medien erweist sich im didaktischen Zusammenhang. In Bezug auf Lern-Arrangements übernehmen Medien als Kommunikationsmittel vermittelnde Aufgaben und sind deshalb mit vorrangigen didaktischen Entscheidungen, insbesondere mit der gewählten Gesamtkonzeption abzustimmen.

Medien

Medien dienen der Ausgestaltung und Optimierung von Lern-Arrangements. Ihre Einplanung in Unterricht und Unterweisung muss didaktisch begründet oder gerechtfertigt sein.

Medienträger und die Funktion von Medien

Für die Gestaltung von Lehr-Lern-Prozessen in der Berufsbildung ist die Aussage des Mediums, seine didaktische Funktion relevant. Die Medienträger oder Aussageträger haben untergeordnete Bedeutung (Bönsch 2000,

---

[1] Vgl. z. B. Comenius, Joh. Amos: Orbis sensualium pictus. 1685. – Die Bilder und Erklärungen in diesem Lehrbuch betreffen auch den Bereich der Berufsbildung.

S. 158ff.). Beispielsweise kann man anhand der Abbildung eines Vierzylin-dermotors dessen Funktionsweise erklären. Oder man kann eine Banküber-weisung besprechen und demonstrierend ausfüllen. In beiden Fällen ist nicht entscheidend, ob die Darstellung über eine Overhead-Projektion, einen Bea-mer oder über sonstige Medienträger erfolgt.

Welche Funktionen übernehmen Medien in Lern-Arrangements?

Medien unterstützen Lehr- und Lernprozesse in den verschiedenen Phasen oder Lernschritten. Aufgrund der Funktion, die dabei im Vordergrund steht, dienen Medien

- zur *Motivation* der Lernenden, indem sie z.B. über eine Arbeitssituati-on informieren, die das Interesse am Thema weckt,
- zur *Anregung von Lernprozessen* als *Lernmittel* (Kap. 6.2), z.B. über eine Darstellung, die eine zu behebende Störung an einer Maschine aufzeigt,
- zur *Information* über Lerninhalte oder Sachverhalte, z.B. durch ein Strukturbild über den Aufbau eines Betriebs,
- zur *Unterstützung des Lehrens* als *Lehrmittel* (Kap. 6.2), wie bei An-schauungs- und Demonstrationsmitteln,
- als Hilfe bei *Lernkontrolle* und Rückmeldung, z.B. im Zusammenhang mit Tests,
- zur *Förderung der Lernprozesse* durch angemessene Lernhilfen, insbe-sondere
  - zur Aktivierung Lernender,
  - beim Üben, Wiederholen, Einprägen,
  - zur Anwendung z.B. am Arbeitsplatz im Betrieb und zum Transfer.[2]

Funktionen von Medien

Medien übernehmen Funktionen bezüglich der verschiedenen Phasen und Aspekte von Lehr-Lern-Prozessen. Nach der Funktion unterscheidet man vor allem Lehrmittel und Lernmittel.

---

[2] Zur weiteren Differenzierung der Medienfunktionen vgl. Martial/Ladenthin 2002, S. 49ff.

Optimierung und Rationalisierung durch Medien

Weil Medien Lernprozesse unterstützen und den Lerneffekt verstärken, dienen sie der *Optimierung* von Lern-Arrangements. Weil Medien in der Regel wiederholt eingesetzt werden können, dienen sie auch der *Rationalisierung* von Unterricht und Unterweisung.

> Eine Optimierung von Lehr-Lern-Prozessen durch Medien bezieht sich vor allem auf die Steigerung der Effizienz im Sinne der Unterrichtstechnologie: Unterschiedliche Medien erweisen sich in Bezug auf festliegende Lernziele, bestimmte Adressaten und Lernsituationen als unterschiedlich wirkungsvoll. Bekannt ist z. B., dass die simultane Darbietung von Lerninhalten durch Wort und Bild die Lernprozesse bezüglich des Behaltens verbessert.

Medien als Vermittler von Wirklichkeit

Eine Ordnung der Medien, die sich an der Distanz oder Nähe zur Wirklichkeit orientiert, bietet der sogenannte Erfahrungskegel.[3] Die Basis bildet dabei die direkte Erfahrung der Menschen in der Realität des Lebens. Größere Distanz zur praktischen Erfahrung haben Simulationen oder Abbildungen. Weit entfernt steht die durch sprachliche Symbole vermittelte Wirklichkeit (vgl. Bonz 2009, S. 177).

Jedes Medium hat eine zunächst neutrale Position. Seine didaktische Qualität wird erst durch die konzeptionelle Entscheidung aktiviert.

Soll das Medium helfen,

- einen Lerninhalt anschaulicher und erfahrbarer zu machen, und will man von prinzipiell-abstrakten Vorstellungen zur anschaulich-konkreten Wirklichkeit hinführen, oder will man
- mit Hilfe der Medien abstrahieren, von unmittelbarer Erfahrung hin zur symbolischen Erfahrung voranschreiten, zum Prinzip?

---

[3] Erfahrungskegel von Dale (1950), Quelle: Otto, Gunter: Medien der Erziehung und des Unterrichts. In: Otto, Gunter; Schulz, Wolfgang (Hrsg.): Methoden und Medien der Erziehung und des Unterrichts. (Enzyklopädie Erziehungswissenschaft, Bd. 4) Stuttgart: Klett 1995, S. 74–107, hier S. 89

> **Medien dienen der Gestaltung von Lern-Arrangements. Ihre Verwendung ist didaktisch zu begründen.**
>
> **Allgemeiner Zweck der Medien**
> - **Optimierung des Lern-Arrangements im Hinblick auf bestimmte Ziele**
> - **Rationalisierung von Lehr-Lern-Prozessen**
>
> **Medien dienen zur**
> - **Motivation,**
> - **Anregung von Lernprozessen,**
> - **Information,**
> - **Unterstützung des Lehrens,**
> - **Förderung von Lernen und**
> - **Lernkontrolle.**

Aufgaben

1. Warum ist die Medienwahl und der Medieneinsatz im Kontext der Entscheidungen auf anderen Ebenen (Kap. 3.2) zu sehen? Belegen Sie dies am Beispiel.

2. Belegen Sie an Beispielen, dass sich auch der Medienträger auf die Funktion von Medien auswirken kann.
   Bedenken Sie, dass man bei Medien unterscheidet zwischen
   - Informations-Übertragungsmedien (z.B. Overheadprojektor),
   - Informationsträger (Folie / Transparent),
   - Präsentation (Tabelle) und
   - Funktion (Aussage).[4]

3. Welche Funktionen von Medien erscheinen Ihnen im Zusammenhang mit handlungsorientierten Methoden wichtig?

4. Warum ist die durch Medien gestaltete Lernsituation einer rationalen Diskussion weit mehr zugänglich als die Aktivität von Lehrpersonen?

5. Welche Auswirkungen auf die Anregung von Lernprozessen hat es, wenn die medial vermittelte Wirklichkeit abgebildet, nachgebildet oder dargestellt ist?[5]

6. Belegen Sie anhand von Beispielen
   a) den didaktisch-methodischen Aspekt von Medien und
   b) den organisatorischen und den ökonomischen Aspekt von Medien.[6]

---

[4] Aus einem beispielhaften Überblick über „pädagogische Medien" in Fegebank 2004, S. 180
[5] Apel 2002, S. 85
[6] Vgl. Pahl 2008, Berufsschule … S. 432 f.

6.2 Lehr- und Lernmittel

Medien in der Berufsbildung wurden – analog zu den vorherrschenden Lehrmethoden (Kapitel 5.2) – vorzugsweise als Lehrmittel entwickelt. Lernmittel, auch Arbeitsmittel genannt, erhalten seit den Bestrebungen der Reformpädagogik zunehmend größere Bedeutung, weil sie für die Selbsttätigkeit der Lernenden unverzichtbar sind und bei selbstgesteuertem Lernen (Kapitel 5.3) sowie in handlungsorientierten Methoden zentrale Aufgaben erfüllen.

Lehrmittel

Als Lehrmittel oder Lehrmedien bezeichnet man jene Medien, die eine Lehrtätigkeit von Lehrpersonen unterstützen. Die Güte der Lehrmittel – auch unter dem Aspekt der Effizienz – erweist sich daran, dass das Medium die Lehrtätigkeit und als deren Folge mittelbar das Lernen verbessert. Klarheit, Prägnanz, Übersichtlichkeit usw. müssen bei Lehrmitteln bezüglich der intendierten Lernprozesse und Themen sowie im Hinblick auf die Adressaten optimiert werden.

Lernmittel

Im Gegensatz zu den Lehrmitteln sollen Lernmittel oder Lernmedien die Lernenden unmittelbar anregen und fördern. Im Vordergrund steht zunächst, dass das Medium selbst den Lernenden eine Frage, Aufgabe oder Problemstellung vermittelt und zur selbstständigen Bearbeitung oder Lösung der Aufgabe anregt. Außerdem sollten Lernmittel den Lernenden Informationen geben und Hilfen bei Vorgehensweise, Bewertung, Lernkontrolle; sie sollten anregen, Lernstrategien zu erwerben und einzusetzen.

Lehrmittel

Lehrmittel unterstützen die Lehrtätigkeit. Sie entfalten ihre Funktion in der Regel „in der Hand" von Lehrenden.

Lernmittel

Lernmittel dienen direkt der Anregung von Lernen und unterstützen Lernprozesse. Sie entfalten ihre Funktion „in der Hand" von Lernenden.

Aktionsform und Medien

Bei der Unterscheidung von Lehr- und Lernmitteln sieht man die Funktionen der Medien vor dem Hintergrund der Aktionsform (Kapitel 3.2.3). Die Zuordnung von Medien zur direkten oder indirekten Aktionsform erleichtert deren Auswahl oder Gestaltung sowie den Medieneinsatz bei Unterricht und Unterweisung.

Lehrmittel verstärken und verbessern die *direkten* Aktionen und Impulse, die von lehrender Position ausgehen (Abb. 6.2-1). Lernmittel hingegen müssen die entscheidenden Impulse für Lernprozesse gleichsam in sich tragen. Die Intentionen der Lehrenden, die die Gestaltung oder Auswahl eines Lernmittels bestimmten, wirken sich nur *indirekt* über das Medium aus. Auf Lernmittel oder Arbeitsmitteln greifen die Lernenden direkt zu (Abb. 6.2-2).

Beispiele für Medieneinsatz

Lehrmittel : Am Beispiel des Schnittbilds eines Motors kann man sich vorstellen, dass Lehrende dessen Wirkungsweise erklären.

Lernmittel : Das Schnittbild des Motors kann auch als Lernmittel dienen, denn das Bild kann ohne Hilfe von Lehrenden analysiert werden. Vollständigkeit und Prägnanz der Darstellung sind aber keine entscheidenden Kriterien für Lernmittel, denn möglicherweise trägt bei der Gruppenarbeit eine lückenhafte, womöglich fehlerhafte Abbildung weit mehr zur Aktivierung der Lernenden bei als ein von vornherein plausibles Bild.

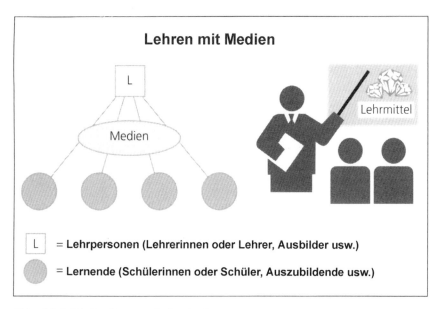

Abb. 6.2-1 Die Position von Lehrmitteln

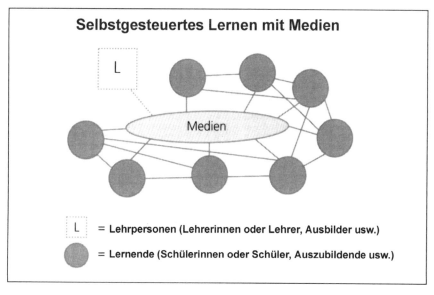

Abb. 6.2-2 Lernmittel in der Arbeitsgruppe

> ● **Lehrmittel**
> – unterstützen die Lehrtätigkeit
> – geeignet für Lehrmethoden, für typisches Lehren in direkter Aktions-
>   form
> ● **Lernmittel**
> – ermöglichen die selbstständige Auseinandersetzung von Lernenden mit
>   dem Medium
> – geeignet für selbstgesteuertes Lernen

Aufgaben

1. Bei den Schulbüchern unterscheidet man Lehrbücher und Arbeitsbücher. Ermitteln Sie, inwieweit diese Unterscheidung der Charakteristik von Lehrmitteln und
   Lernmitteln entspricht.
2. Belegen Sie an einem Beispiel, dass möglicherweise Medien aufgrund didaktischer Ambivalenz ihre Wirkung erst in Abhängigkeit von konzeptionellen und
   anderen methodischen Entscheidungen entfalten können.
3. Warum kann man Lehr- und Lernmittel auch als Lehrermedien und Lernermedien[7] bezeichnen?
4. In welchen Methoden und in welcher Gesamtkonzeption erhalten Interaktionsmedien ihre didaktische Berechtigung?
   Bedenken Sie: Interaktionsmedien fordern und fördern die Lernenden über Fra-
   ge-, Aufgaben- und Problemstellungen. „Fragestellungen zielen auf die Reproduktion und das Verstehen von Wissen. *Aufgabenstellungen* zielen auf die Anwendung von Wissen … *Problemstellungen* zielen auf die Einbringung kreativer
   Elemente zur Lösung von Problemen.“[8]
5. Warum hängt die Aktivität von Lernenden in der Gruppenarbeit von der Qualität der Lernmittel ab?
   Bedenken Sie: Die Eigenaktivität von Lernenden wird vor allem „durch die
   Qualität der zum Einsatz gebrachten Unterrichtsmaterialien beeinflusst. …
   Dies gilt nicht nur für den 'klassischen' Gruppenunterricht, sondern insbesondere für Konzeptionen wie das Selbstorganisierte Lernen“.[9]

---

[7] Gronwald, Detlef: Wandel der fachdidaktischen Ansprüche an Konfiguration und Nutzung
   von Medien in der Ausbildung im Berufsfeld Elektrotechnik. In: Lipsmeier, Antonius; Rauner,
   Felix (Hrsg.): Beiträge zur Fachdidaktik Elektrotechnik. Stuttgart: Holland+Josenans 1996,
   S. 211–226, hier S. 217
[8] Euler 2009, S. 158
[9] Seifried, Jürgen; Klüber, Christina: Lehrerinterventionen beim selbstorganisierten Lernen.
   In: Gonon/Klauser/Nickolaus 2006, S. 153–164, hier S. 162

6.3 Präsentation und Moderation mit Medien

Die Präsentation mit Medien und die Moderation sind besondere Formen der Ausgestaltung von Lernumgebungen mit Medien. Im Folgenden werden noch die Präsentation (Kapitel 6.3.1) und die mediengestützte Moderation (Kapitel 6.3.2) gesondert betrachtet.

6.3.1 Präsentation mit Medien

„Präsentieren heißt: etwas darstellen, vorzeigen, so herausstellen, dass es anderen auffällt." (Apel 2002, S. 29) Die didaktisch überlegte Präsentation dient der Information und soll Aufmerksamkeit sowie Interesse wecken.

Präsentation

Präsentation ist die Darbietung mit Medien, um Lernprozesse anzuregen.

Präsentation im Frontalunterricht

Nicht nur eine Darbietung, sondern auch andere Formen des Frontalunterrichts umfassen Präsentationen. Bilder und Modelle (Anschauungsmittel), Texte, Experimente u. a. werden präsentiert (vgl. Martial/Ladenthin 2005, S. 63–152). Bei diesem Lern-Arrangement sind Lernende als Empfänger von Informationen anzusehen. Weil Rückmeldungen oft nicht möglich sind, sind die Anforderungen an die Medien bei einer Präsentation sehr hoch: Sie sollten verständlich und plausibel sein, die Aufmerksamkeit wecken und erhalten sowie dazu dienen, dass die dargebotenen Inhalte ohne Schwierigkeiten rezipiert werden.

Projektion mit dem Beamer als Beispiel

Moderne Präsentationsprogramme erlauben die Darbietung von Folien.[10] Wie bei einem Tageslichtprojektor (Overheadprojektor) (vgl. Martial/Ladenthin 2005, S. 213–231) bestehen bei einer Darbietung mit dem Beamer viele Möglichkeiten, die Präsentation z. B. durch Ergänzungen – Pfeile, Unterstreichungen, Skizzen etc. – zu bereichern und quasi von Hand auf dem Laptop einzugreifen. Insofern können Präsentationstechniken jene Funktionen übernehmen, die traditionell beim Frontalunterricht mit der Tafel verbunden waren. Hinzu kommt

---

[10] Die Bezeichnung „Folien" hat sich auch auf jene Darstellungen ausgedehnt, die nicht mehr auf transparenten Folien als Träger aufgebracht sind.

bei einer Beamer-Präsentation die Möglichkeit, Dias, Folien und Film- oder Videosequenzen einzubauen.

Präsentation beim selbstgesteuerten Lernen

Im Zusammenhang mit selbstgesteuertem Lernen sind Präsentationen beispielsweise nach Abschluss von Gruppenarbeit vorgesehen: Die Lernergebnisse einer Arbeitsgruppe werden zusammengestellt und dokumentiert sowie allen anderen Lernenden übermittelt. In solchen Fällen kann man die Präsentation meist nicht von langer Hand – wie bei einer Powerpoint-Präsentation – vorbereiten. Flip-Charts oder Blättertafeln sind hierbei oft günstiger als traditionelle Schreibtafeln. Die Präsentation mit Folien auf dem Overheadprojektor hat sich ebenfalls bewährt.

Tafeln

In Frage kommen (vgl. Martial/Ladenthin 2005, S. 189–212) außer

- Schreibtafeln und
- Hafttafeln auch
- Whiteboards (Weißwandtafeln) mit Druckfunktion oder
- elektronische Tafeln (z. B. Smartboards), bei denen die mit elektronischen Stiften geschriebenen Texte und gezeichneten Tafelbilder[11] gespeichert, ausgedruckt und auf dem Computer weiterbearbeitet werden können.

Präsentation mit Medien dient
- **der Übermittlung von Informationen an Lernende und**
- **zur Anregung von Lernprozessen.**

Aufgaben

1. Welche Bedeutung hat die Präsentation für selbstgesteuertes Lernen?

   Bedenken Sie: „Die schülerorientierte Instruktion ist eine Bedingung für die erfolgreiche Bearbeitung neuer Lerninhalte." „Lernende müssen ihr Wissen und Können selbst erarbeiten. Gekonnte Darstellungen wecken Interesse an Sachverhalten und eröffnen Perspektiven."[12]

---

[11] Mit einem elektronischen Schwamm lassen sich auch Einträge löschen.
[12] Apel 2002, S. 72

2. Weshalb reduziert sich bei einer Power-Point-Präsentation „der Vortrag, so beeindruckend auch die gelungenen Visualisierungen einzuschätzen sind, auf Erläuterungen zu den projizierten Bildern, Grafiken und Textmodulen"?[13]

3. Belegen Sie anhand von Beispielen, weshalb auch Lernende in der Lage sein sollten zu präsentieren.

4. Stellen Sie Anforderungen an eine Präsentation heraus und ordnen Sie diese einer offenen und einer linear-zielgerichtete Gesamtkonzeption zu.

   Bedenken Sie: Präsentationen „sind didaktisch sinnvoll und wertvoll, wenn die Schülerinnen und Schüler zu selbstständiger Problemlösung aktiviert werden."[14]

5. Auf welche Weise kann eine Präsentation Aufmerksamkeit und Interesse wecken, zu selbstständigem Problemlösen anregen und Urteilsfähigkeit fördern?

6.3.2 Moderieren mit Medien

Vor allem im Rahmen des Unterrichtsgesprächs haben Lehrende die Aufgabe, das Gespräch in der Großgruppe zu moderieren. Die Aufgabe der Moderation können möglicherweise Lernende übernehmen, was bei Kleingruppen ohnehin die Regel ist. Die Moderation geht über eine bloße Gesprächsleitung – Wortmeldungen registrieren, das Wort erteilen – hinaus, weil sie zum Ziel hat, die Auffassung, Meinung, Position oder Stellungnahme einer Gruppe zu ermitteln. Die Äußerungen der Gesprächsteilnehmer zu sammeln, zu ordnen und zu strukturieren erleichtern Pinnwand / Metaplantafel, Flipchart und Zubehör sowie Medien zur Visualisierung (Bock 2005; Ott 2007, S. 148 ff.). Durch die Pinnwand-Moderations-Technik beispielsweise wird der Gesprächsverlauf und das Diskussionsergebnis sichtbar herausgestellt.

Visualisierung

Visualisieren ist eine Technik des Darstellens, um Vorgänge und Funktionen, Strukturen und Folgen durch Bildsprache zu verdeutlichen (Apel 2002, S. 99).

---

[13] Apel 2002, S. 66
[14] Apel 2002, S. 122

Medien zur Visualisierung

Medien zur Visualisierung können jene Gedanken und Stichworte fixieren, die in einer Diskussion zur Sprache kommen. Darüber hinaus ist es sinnvoll, die Struktur oder den Verlauf der Diskussion und ihre Ergebnisse zu veranschaulichen. Mind Mapping[15] „ist die konsequente Fortsetzung der Einsicht in den netzartigen Aufbau subjektiven Wissens hin zur äußeren Darstellung des Wissens." (Peterßen 2009, S. 206) „Mind Maps sind Gedankenlandkarten, die mit dem Prozess ihrer Entstehung unsere Gedanken sichtbar abbilden und sie gleichzeitig anregen."[16]

Zu solch einer Visualisierung eignen sich Medien und vorgefertigte Teile, die variabel handhabbar sind. Neben traditionellen und anderen Tafeln (Kap. 6.3.1, S. 166) kommen zur Visualisierung vor allem die Hilfsmittel der Metaplan-Methode in Frage.

Metaplan – Materialien

Materialien zur Metaplanmethode sind Pinnwände und Karten unterschiedlicher Form und Farbe, Filzstifte und Nadeln. Die Karten beschriften die Gesprächsteilnehmer oder der Moderator. Klebepunkte kennzeichnen Prioritäten (vgl. Siebert 2008, S. 77).

Moderation mit Medien ermöglicht, über die Visualisierung den Verlauf und das Ergebnis einer Diskussion zu veranschaulichen.

Aufgaben

1. Inwiefern werden bei der Visualisierung Vorgänge des Denkens und Wissensstrukturen sichtbar?

2. Welche Aufgaben haben Moderatoren? Wählen Sie aus und begründen Sie Ihre Entscheidung.
   - Fragen formulieren zur Anregung der Diskussion,
   - Fragen stellen, um die Diskussion zu einem bestimmten Ziel zu lenken,
   - Beurteilung der Äußerungen der Gesprächsteilnehmer,
   - bei Konflikten in der Großgruppe vermitteln,
   - Visualisieren von Gesprächbeiträgen.

---

[15] Vgl. Waibel, Patric: Die Unterrichtsmethode Mind Mapping im Betriebswirtschaftslehre-Unterricht. In: Erziehungswiss. u. Beruf 50 (2002), S. 269–286

[16] Langner-Geißler, Traute; Orthey, Astrid: Mind Mapping. In: Wittwer 2005, S. 156–165, hier S. 156

3. Belegen Sie am Beispiel, in welchen Fällen man Medien als Kommunikationsmittler bezeichnen kann.

4. Welche Aufgaben kann ein Strukturbaum im Zusammenhang mit der Moderation übernehmen?

5. Welche Vorteile bietet eine visualisierte Diskussion z. B. an einer Pinwand oder Hafttafel gegenüber einem schriftlichen Gesprächsprotokoll?

6. Welche Unterschiede bestehen zwischen Visualisierung und Präsentation?

7. Wie beurteilen Sie bei der Moderation die Verwendung eines „Gesprächsballs",[17] der jene Person kennzeichnet, die das Wort hat?

8. Inwieweit geht die Moderationsmethode mit einer Artikulation in sechs Abschnitten über eine Moderation im Sinne der Gesprächsleitung hinaus?

Bedenken Sie:
Das **Rad der Moderation** umfasst[18]

1. Einstieg
 – Erwartungen klären
 – Ziele formulieren
 – Methoden festlegen
 – Protokollfragen klären

6. Abschluss
 – Gruppenprozess reflektieren
 – Lern-Arrangements
 – Feed-back einholen
 – Aktionen verfolgen

2. Themenorientierung
 – Fragestellung formulieren
 – Moderationskarten verteilen
 – Ideen sammeln (Kartenabfrage)
 – Ideen ordnen (clustern)

5. Handlungsorientierung
 – Matrix des Maßnahmenplans entwickeln
 – Verantwortlichkeiten regeln
 – Aktionsplan erstellen

3. Themenordnung
 – Themenspeicher anlegen
 – Zielfragen formulieren
 – Themen 'gewichten' lassen (Punktabfrage)

4. Themenbearbeitung
 – Kernprobleme analysieren
 – Bearbeitungsmethode entscheiden
 – Lösungsvorschläge entwickeln

---

[17] Hugenschmidt/Technau 2005, S. 128
[18] Ott 2007, S. 148

7 Computer in der Berufsbildung und E-Learning

Computer werden von Lernenden auch während der Lernprozesse als *Arbeitsinstrumente*[1] benutzt. Didaktische Bedeutung erhält der Computer aber dann, wenn er als *Medium* in die Gestaltung der Lern-Arrangements einbezogen wird (Kapitel 7.1) in der Form von Lehrmitteln oder von Lernmitteln. E-Learning (Kapitel 7.2) stellt ein besonderes Lern-Arrangement dar, bei dem der Computer den Zugang zu Telekommunikationsnetzen ermöglicht (vgl. Abb. 7-1). So können Lernende über das Internet oder über ein internes Netz kommunizieren mit anderen Lernenden oder mit Lehrenden und auf diesem Weg an Lehrveranstaltungen teilnehmen. Außerdem können Lernende auf Informationen, Daten und Software im Netz zugreifen sowie Lehrprogramme oder Lernprogramme aufrufen. Solch ein Zugriff mit Hilfe der Computer reicht weit über die traditionellen Möglichkeiten hinaus.

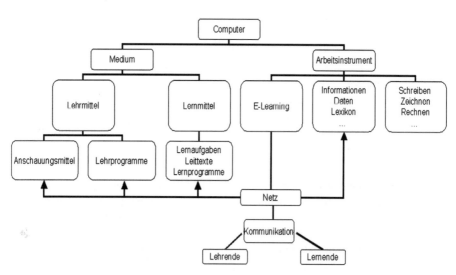

Abb. 7-1 Die Einsatzmöglichkeiten des Computers in der Berufsbildung

---

[1] Lange Zeit „wurde der *Werkzeugcharakter* von Medien … übersehen bzw. in seiner Relevanz unterschätzt". (Kerres 2001, S. 247)

7.1 Computer als Medien

Grundsätzlich können Computer die Funktionen herkömmlicher Medien bei Unterricht und Unterweisung übernehmen. Als E-Medium sind sie dann in erster Linie auf die Unterstützung und die Verbesserung von Lehren und Lernen ausgerichtet. Darüber hinaus eröffnen Computer neue didaktische Möglichkeiten bei der Präsentation komplexer Lernsituationen, mehrdimensionaler Lern-Arrangements oder bei Simulationen.

Lehren und Lernen mit Computern

Entscheidende und erste Frage in Bezug auf die Verwendung des Computers bei der Planung von Unterricht und Unterweisung ist, ob er im Sinne eines Lehrmittels oder eines Lernmittels eingesetzt werden soll. Dies hängt davon ab, welche Gesamtkonzeption dem Lern-Arrangement zugrunde liegt:

- Steht das Lehren im Vordergrund – wie z. B. im Frontalunterricht oder bei der Vier-Stufen-Methode – dann sind Computer als *Lehrmittel* angemessen.
- Soll selbstgesteuertes Lernen angeregt werden, z. B. im Rahmen von Gruppenarbeit, dann sind Computer als *Lernmittel* adäquat.

Computer als Lehrmittel

Computer als Lehrmittel haben die Funktion, Lehrpersonen zu unterstützen oder selbst die Position von Lehrenden einzunehmen. Die Funktionen der traditionellen Lehrmittel können weitgehend Computer übernehmen: Eine Darstellung durch Film, Dia, Wandbild, Folien usw. ist auch über einen Bildschirm oder dessen Projektion mit Hilfe eines Beamers möglich. Außerdem kann man die spezifischen Möglichkeiten solcher Medien mit Hilfe des Computers verknüpfen, denn auf dem Bildschirm können beispielsweise stehende und bewegte Bilder abwechseln und mit Einblendungen versehen werden.

Funktionen des Computers als Lehrmittel

Die wichtigsten Funktionen von Computern als Lehrmittel sind
- die *Präsentation* von Informationen – Inhalte, Strukturen, Aufgaben, Probleme, z. B. über Kunststoffe und ihre Verarbeitung –,
- Hilfen zum Verständnis der Lehrinhalte – z. B. der funktionellen Zusammenhänge einer Maschine –,
- die Veranschaulichung von komplexen Lerninhalten – z. B. der Praxis in einem Betrieb.

Darüber hinaus kommen Computer als Lehrmittel in Betracht zur
- *Motivation*: Anregende Gestaltung der Lernsituation, Interesse wecken, Fragen stellen
- *Interaktion*: Aktivierende Einbeziehung der Lernenden in den Lehr-Lern-Prozess, interaktives Abrufen von Informationen
- *Ablaufsteuerung*: Anpassung von Entwicklungs-Fragen an den individuellen Lernstand von Lernenden
- *Lernkontrolle:* Kontrollfragen, Auswertung von Antworten

Lenkung von Lernprozessen

Computer als Lehrmittel kommen bei jenen Methoden in Frage, bei denen von Seiten der Lehrenden der Ablauf des Lehr-Lern-Prozesses aufgrund einer linear-zielgerichteten Gesamtkonzeption geplant wird und bei denen die Lernprozesse von lehrender Position aus in direkter Aktionsform auf das Lehrziel hin gelenkt werden. Für diese Methoden sind Frontalunterricht, Darbietung und Vier-Stufen-Methode typisch.

Anschauungsmittel und Computer

Anschauungsmittel, deren Funktionen von Computern übernommen werden können:
- Abbildungen
- Funktionsmodelle
- Schnittmodelle
- Zeichnungen, technische Zeichnungen
- Bewegtbilder
- Lehrtafeln, Wandbilder

Veranschaulichung und Multimedia

Über eine Verknüpfung von Bild und Ton hinaus hat sich das Spektrum der Veranschaulichung dank der Computer bis hin zu multimedialen Darstellungen erweitert. Deshalb bieten Computer bei der Präsentation von Lerninhalten vielgestaltige Möglichkeiten. Selbstverständlich kann man mit Computern auch Text projizieren und in ähnlicher Weise wie mit dem Overheadprojektor vermitteln. Aber die besonders eindrucksvollen Möglichkeiten der Computer erweisen sich bei multimedialen Präsentationen.

Multimedia

Multimedia bezeichnet die Fähigkeit der Computer, Informationen in allen wichtigen Codierungsformen gleichzeitig anbieten und verarbeiten zu können sowie problemlos zwischen ihnen zu wechseln: Schriftlicher Text, Grafik, Animation, Ton, Videosequenzen usw. (Dick 2000, S. 269).

Lehrende Computer – Lehrprogramme

Der Computer als Lehrmittel wird gleichsam perfektioniert, wenn er die lehrende Person nicht nur unterstützt, sondern ersetzt. Dies ist bei Lehrprogrammen[2] und bei Übungsprogrammen der Fall: Die lehrende Position nimmt der Computer ein; Lehren wird durch den Computer und die Software realisiert.

Lehrprogramme sind im allgemeinen so aufgebaut, dass nach einer Phase der Präsentation von Informationen eine Frage an die Lernenden gestellt wird. Die dann eingegebene Antwort wird analysiert und leitet zum nächsten Programmschritt. Die Entwicklung der Software erfolgt analog zur Planung und Vorbereitung von Unterricht und Unterweisung in linear-zielgerichtete Gesamtkonzeption und in direkter Aktionsform. (Zu den einzelnen Programmtypen vgl. Dick 2000, S. 24 ff.)

---

[2] Verbreitet ist – auch im vorliegenden Buch –, dass „Lernprogramm" als Überbegriff für Lehrprogramm und Lernprogramm im Sinne eines Lernmittels verwendet wird – vgl. Kap. 5.2.3.

Lehrprogramme

Bei Lehrprogrammen unterscheidet man *Drill and Practice* Lehrprogramme und *Tutorielle Programme*. In beiden Fällen werden die Lernenden von den Programmen zielgerichtet geführt. Intelligente tutorielle Systeme versuchen wesentliche Verhaltensweisen von Lehrenden zu imitieren, z. B. indem sie den Schwierigkeitsgrad bei der Vermittlung von Inhalten den individuellen Voraussetzungen von Lernenden – beispielsweise dem jeweiligen Wissensstand – anpassen.

Computer als Lernmittel

Während für Lehren im Sinne der linear-zielgerichteten Gesamtkonzeption viele Programme entwickelt wurden und zur Verfügung stehen, ist das Angebot von Lernprogrammen[3] für selbstgesteuertes Lernen noch nicht umfangreich. Dies wird immer wieder beklagt, da handlungsorientierte Methoden und selbstständiges Lernen einen hohen Stellenwert in der Berufsbildung haben. Dementsprechend sollten Computer möglichst als *Lernmittel* im Rahmen einer offenen Gesamtkonzeption eingesetzt werden, um selbstgesteuertes Lernen zu ermöglichen.

Programme für selbstgesteuertes Lernen

Leicht lässt sich zwar die Problemstellung oder die Lernaufgabe in der Anfangssituation für selbstgesteuertes Lernen über den Computer präsentieren, doch ist schwierig zu programmieren, wie der Computer auf unerwartete Anfragen von Lernenden reagieren soll und angemessene Antworten geben kann. Ebenso ist es schwierig, ein Programm so zu gestalten, dass es von sich aus den Lernenden dann Lernhilfen anbietet, wenn der Lernprozess stockt.

Kennzeichnend für Computer als Lernmittel ist, dass die Lernprogramme nach der präsentierten Anfangssituation offen lassen, welche Wege die Lernenden einschlagen, um eine Lösung der Aufgabe oder des Problems zu finden. Deshalb können sich Lernende bei *interaktivem Lernen* mit dem Computer bei Intelligenten Tutoriellen Systemen neben Informationen auch Hilfen und Vorschläge bezüglich der Lernwege einholen (vgl. Strittmatter/Niegemann 2000, S. 135ff.). (Einen Überblick über „Interaktionen als Verzweigungsanlässe in Makrostrukturen" gibt Dick 2000, S. 134; Gestaltungsbeispiele für Makrostrukturen a.a.O. S. 175ff.)

---

[3] Vgl. Fußnote 2.

Neue methodische Möglichkeiten durch Computer

Computer eröffnen neue didaktische Möglichkeiten, indem sie ganzheitliche Handlungs- und Erfahrungsfelder erschließen. Im kaufmännisch-verwaltenden Bereich sind Unternehmensspiele,[4] Planspiele und Hypertextanwendung Beispiele dafür, dass der Computer die Simulation volks- und betriebswirtschaftlicher Entscheidungen und ihrer Konsequenzen ermöglicht.[5] Die Präsentation komplexer arbeitsanaloger Lernaufgaben,[6] die Simulation einer „Jeansfabrik" oder einer zukünftigen Lebenssituation könnten mit herkömmlichen Medien nicht bewältigt werden. Auch in anderen Bereichen der Berufsbildung kann selbstgesteuertes Lernen durch Lernaufgaben für *fiktive Arbeitssituationen* angeregt werden. Der Einsatz von Simulationssystemen ist im gewerblich-technischen Bereich dann geboten, wenn Realsysteme gefährlich oder zu kostspielig sind,[7] was insbesondere bei der Qualifizierung für die Programmierung von Robotern und CNC-Maschinen[8] der Fall ist.

Beispiel einer fiktiven Arbeitssituation

Für selbstgesteuertes Lernen eignen sich fiktive Arbeitsplätze auf dem Computer, nämlich die Übermittlung einer Arbeitssituation aus der Praxis zusammen mit einer Problemstellung oder Lernaufgabe. Beim Beispiel „Reparatur eines Akkubohrschraubers" wird die Arbeitssituation über den Computer präsentiert (Abb. 7.1-1).[9] Der Auftrag für die Reparatur – die Lernaufgabe – wird als Leittext herkömmlich oder über den Computer vermittelt. Die Aufgabenstellung muss der offenen Gesamtkonzeption verpflichtet sein und darf nicht im Sinne von Anweisungen abgefasst werden, die eine bestimmte Reaktion verlangen. In der letzten Phase des selbstgesteuerten Lernens müssen die Auszubildenden über Auswahl und Anwendung von Maßnahmen zur Kontrolle und Bewertung ihrerseits entscheiden.

---

[4] Vgl. z.B. Schneider, Wilfried: Zur Integration von fachbezogenem und fachübergreifendem Lernen mit computergestützten Unternehmensspielen (gezeigt am Beispiel Micro Wave One). In: Achtenhagen/John 1992, S. 373–382

[5] Tramm, Tade: Grundzüge des Göttinger Projekts „Lernen, Denken, Handeln in komplexen ökonomischen Situationen – unter Nutzung neuer Technologien in der kaufmännischen Berufsausbildung". In: Achtenhagen/John 1992, S. 43–47, hier S. 45

[6] Vgl. Niegemann, Helmut M. u.a.: Lernen mit arbeitsanalogen Lernaufgaben zur Kostenrechnung: Beiträge zur Theoriebildung, Forschungsmethodik und Empirie. In: Beck/Dubs 1998 S. 80–99

[7] Twardy, Martin; Wilbers, Karl: Computerunterstützter Unterricht in der Berufsbildung. In: Bonz, Bernhard (Hrsg.): Didaktik der Berufsbildung. (bzp Bd. 17) Stuttgart: Holland + Josenhans, 1996, S. 144–161, hier S. 150

[8] CNC = computerized numerical control; vgl. Keller, Siegfried; Reuter, Wolfgang: Lernen durch Simulation in der CNC-Qualifizierung. In: Friede, Christian K.; Sonntag, Karlheinz (Hrsg.): Berufliche Kompetenz durch Training. Heidelberg: Sauer, 1993, S. 209–215

[9] Quelle: Institut für Steuerungstechnik und Didaktik für Technik der Universität Hannover

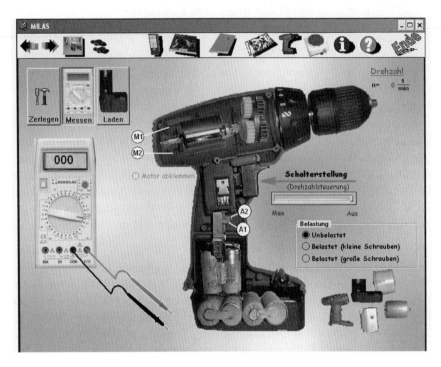

Abb. 7.1-1 Fiktiver Arbeitsplatz

Computer in Lern-Arrangements

Computer dienen in Unterricht und Unterweisung einerseits

– **als Arbeitsinstrument, andererseits ermöglichen sie**

– **als Lehrmittel sowie**

– **als Lernmittel die Verbesserung wichtiger Funktionen herkömmlicher Medien und eröffnen darüber hinaus**

– **neue methodische Möglichkeiten insbesondere über die Simulation komplexer Situationen.**

Aufgaben

1. In welcher Funktion werden Computer verwendet bei der Ausfertigung eines Geschäftsbriefs oder beim Zeichnen, Entwerfen und Konstruieren?

2. Welche Funktionen von Medien (Kap.6) können Computer übernehmen?

3. Warum ist die Unterscheidung von Lehrmitteln und Lernmitteln auch bei Computern in Lern-Arrangements berechtigt?

4. Ordnen Sie Lehrclips im Sinne der audio-visuellen Aufzeichnung einer Unterrichtssequenz im Spektrum der Einsatzmöglichkeiten des Computers ein (Abb. 7-1) und begründen Sie dies.

5. Warum müsste ein „Lernprogramm" für den Erwerb von Kenntnissen bezüglich der Eigenschaften von Metallen oder ein Übungsprogramm für kaufmännisches Englisch, in dem die Lernkontrolle integriert ist, eigentlich als „Lehrprogramm" bezeichnet werden?

6. Weshalb sind didaktische Überlegungen erforderlich, ehe man Computer in Lern-Arrangements einbezieht?

7. Welche Nachteile sind damit verbunden, dass Lernprogramme flexibel in Bezug auf Lernort, Zeitpunkt, Lerntempo sind?

8. Warum ist das Lernen in fiktiven Arbeitssituationen auf Erfahrungen der Lernenden in der Wirklichkeit des Arbeitslebens angewiesen?

9. Begründen Sie die didaktische Position von arbeitsanalogen Lernaufgaben, die über Computer vermittelt werden wie in Abb. 7.1-1.

    Bedenken Sie: „*Arbeitsanaloge Lernaufgaben* konfrontieren den Lernenden mit einer praxisnahen Problemstellung und stellen einen Hintergrund an Lernressourcen zur Verfügung, die er während der Bearbeitung verwenden kann und über die er insgesamt die Lerninhalte erarbeitet."[10]

10. Welche Vorteile hat es, wenn „der Lernweg ... bei wissensbasierten ('intelligenten') Instruktionssystemen nicht von vornherein eindeutig vorgegeben" ist, sondern „jeweils vom Programm situativ in Anpassung an den Wissensstand des Lernenden generiert" wird?[11]

---

[10] Euler 2009, S. 158
[11] Strittmatter/Niegemann 2000, S. 135

7.2 E-Learning und Computer als Arbeitsinstrumente

E-Learning erweitert das traditionelle Methodenspektrum über die Nutzung von Computern mit Internetverbindung. Analog zu den sozial-kommunikativen Formen des Lehrens und Lernens erfolgt in diesem Fall die Kommunikation zwischen Lehrenden und Lernenden über Telekommunikationsnetze als E-Communication. Anstelle von E-Learning werden auch die Bezeichnungen Telelernen, Online-Lernen oder netzbasiertes, netzgestütztes Lernen verwendet.

Computer als Arbeitsinstrumente

Computer haben Werkzeugcharakter und sind als *Arbeitsinstrumente* anzusehen, wenn Lernende beispielsweise Texte erstellen, am Bildschirm zeichnen, etwas berechnen oder wenn sie Informationen von Datenträgern abrufen. Dies gilt auch für E-Learning insoweit als der Computer dazu dient, den Zugang zu Telekommunikationsnetzen herzustellen, im Netz zu navigieren, zu kommunizieren, Informationen oder Programme herunter zu laden usw (Abb. 7-1).[12]

E-Learning

Als *E-Learning* werden alle Lern-Arrangements bezeichnet, in denen die Verbindung zwischen Lehrenden und Lernenden sowie zwischen den Lernenden oder den Gruppen untereinander telematisch[13] erstellt wird (vgl. Zimmer 2002, S. 84).

---

[12] Computer dienen häufig auch Lehrpersonen als Arbeitsinstrumente, wenn sie z. B. mit einem Internet-Programm Aufgaben zur Lernkontrolle erstellen.

[13] Für die Nutzung von Telekommunikationstechnik und Informatik ist nach Arnold/Kilian/Thillosen/Zimmer (2004, S. 15) „telematisch" präziser als „virtuell".

Ausprägungsformen von E-Learning

Im Einzelnen ergeben sich als telekommunikativ gestaltete Lern-Arrangements die folgenden Formen des Lehrens und Lernens (Euler 2009, S. 159f.):

- Bei *E-Instruktion* vermitteln Lehrende die Inhalte über das Netz. Wird beispielsweise eine Darbietung übertragen, dann wird dies für die räumlich entfernten Lernenden als *Teleteaching* bezeichnet.

- Bei *E-Tutoring* oder *Teletutoring* steht eine Lehrperson dann zur Verfügung, wenn die Lernenden eine Rückmeldung oder Lernhilfen durch Lehrende benötigen.

- Bei *E-Moderation* bzw. *E-Coaching* arbeiten die Lernenden an einer Aufgaben- oder Problemstellung während sie über das Netz miteinander verbunden sind. Dabei wird der Lernprozess von Lehrenden moderiert bzw. gecoacht. Zu dieser Form des E-Learning gehören vor allem Chats und Diskussionsforen. Als *Telekooperation* kommt auch selbstgesteuertes Lernen in Groß- oder Kleingruppen in Frage, ohne dass Lehrpersonen moderieren oder coachen.

Kombinationen mit E-Learning

Selbstverständlich ist auch eine Kombination von *E-Learning* mit Kommunikationsmöglichkeiten auf direktem Weg – ohne Computer – praktikabel. Das methodische Spektrum lässt sich von einer niedrigen bis zu einer hohen Virtualisierung von Unterricht und Unterweisung sowie von der Präsenzlehre bis zum ausschließlichen E-Learning aufspannen:

- Anreicherung von Unterricht oder Unterweisung als Präsenzlehre um den zeitlich begrenzten Einsatz von E-Medien – z. B. einer Simulationssoftware;

- Erweiterung der Präsenzlehre um Formen der E-Communication – z. B. durch ein ergänzendes Diskussionsforum;

- Ersatz von Teilen der Präsenzlehre durch E-Medien oder Formen der E-Communication.

Blended Learning

Die Verbindung von Sequenzen der Präsenzlehre mit E-Learning wird als blended Learning bezeichnet. „Die Mischung kann dabei insbesondere die folgenden Ausprägungen bekommen:

- Verbindung von Offline – Online Learning.
- Verbindung von selbstgesteuertem Lernen mit synchronem E-Learning.
- Verbindung von gelenkten mit offenen Lernformen.
- Verbindung von adressatenunspezifischen Selbstlernmaterialien mit spezifischen präsenz- und E-Learning-unterstützten Lehrsequenzen." (Euler 2009, S. 162)

Lernplattformen

Lernplattformen in der Berufsbildung fassen die Angebote in der Weise zusammen, dass über eine Netzverbindung Programme, Informationen, Online-Bibliothek, Kommunikationsmöglichkeiten und sonstige Lernhilfen am Computer aufgerufen werden können. Sie bieten – häufig im internen Netz – vor allem Lehrprogramme und Medien. Hinzu kommen aber auch Angebote und Hilfen für ein selbstgesteuertes Lernen wie Problemstellung / Lernaufgaben, Leittexte, Projektberichte.[14]

Die Ausprägungsformen von E-Learning können als Bausteine in die Gestaltung von Lern-Arrangements einbezogen werden. In der Abb. 7.2-1 sind sie traditionellen Lehr-Lern-Formen gegenüber angeordnet.

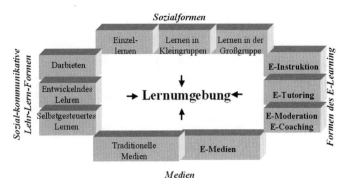

Abb. 7.2-1 Gestaltung von Lern-Arrangements mit Bausteinen von E-Learning[15]

---

[14] Zum „Lernen im Netz – Welche Möglichkeiten gibt es?" vgl. Meschenmoser 2002, S. 154–171
[15] Euler 2009, S. 157, teilweise modifiziert.

> **E-Learning umfasst telematisch vermittelten Lern-Arrangements.**
>
> **Formen des E-Learning:**
> - **E-Instruktion oder Teleteaching**
> - **E-Tutoring oder Teletutoring**
> - **E-Moderation und E-Coaching**

Aufgaben

1. „Im Hinblick auf die E-Medien kann grob zwischen Präsentations- und Interaktionsmedien unterschieden werden."[16] – Suchen Sie Beispiele für Präsentations- und Interaktionsmedien im Rahmen von E-Learning.

2. Beim Teletutoring erlernen die Lernenden Wissen und Fertigkeiten mit Unterstützung des Teletutors. Diskutieren Sie die Vor- und Nachteile von synchronem und von asynchronem Teletutoring anhand von Beispielen.

3. Ordnen Sie – mit Begründung – die Ausprägungsformen von E-Learning den Aktionsformen (Kap. 3.2.3) und der linear-zielgerichteten bzw. offenen Gesamtkonzeption (Kap. 3.2.2) zu.

4. Nehmen Sie Stellung zu der Behauptung, dass E-Learning nur in Verbindung mit Sequenzen der Präsenz-Lehre erfolgreich sein kann.

5. Welche Bedeutung hat es für selbstgesteuertes Lernen, dass sich Lernende sowohl E-Medien als auch alle möglichen Informationen über Datenträger oder aus dem Netz beschaffen können?

6. Legen Sie dar, wie selbstgesteuertes Lernen an einem virtuellen Kundenauftrag zu realisieren ist.

   Bedenken Sie. „Das Lernen mit virtuellen Kundenaufträgen folgt dem Konzept des Lernens am Kundenauftrag als vollständige Lern- und Arbeitshandlung. Es beginnt mit einer simulativen Kundenanfrage, z. B. nach dem Einbau einer Solaranlage, oder einem Kundenkontakt" und erstreckt sich über die Durchführung des Auftrags bis zur Inbetriebnahme sowie der Abrechnung.[17]

7. Vergleichen Sie die Lernchancen in Übungsfirmen mit jenen in Lernfirmen, die Lernen in und an virtuellen Unternehmen ermöglichen.

---

[16] Euler 2009, S. 157

[17] Hahne, Klaus: Lernen am virtuellen Kundenauftrag – ein „Blended-Learning-Ansatz" für Kompetenzzentren. In: Berufsbild. in Wiss. u. Praxis 34 (2005), S. 25–29, hier S. 26

8 Besondere methodische Ansätze und Theorien in der Berufsbildung

Methoden als Muster für das Arrangement von Lernsituationen beruhen auf Annahmen darüber, wie gelernt wird. Diese lerntheoretischen Grundlagen (Kapitel 2) erstrecken sich von der Fundierung des Lernens als Reaktion auf Instruktionen oder als deren Folge – der Hintergrund von Methoden des Lehrens – bis hin zur Auffassung des Konstruktivismus, wonach Lernen stets individuelles Konstruieren ist – der Hintergrund für Methoden zur Anregung des selbstgesteuerten Lernens.

Entwicklung der theoretischen Leitbilder für methodische Praxis

Nach *Wellenreuther*[1] „orientiert sich das heute noch vorherrschende pädagogische Leitbild an der Verbindungslehre von E. L. Thorndike. Lernen besteht danach im Einstanzen von Reiz-Reaktions-Verbindungen" (Wellenreuther 2007, S. 60). Dem entspricht das didaktische Instruktionsdesign für die Gestaltung von Lern-Arrangements (Lang/Pätzold 2002, S. 49).

Alternative Ansätze wurden von *Dewey, Piaget* und Bruner entwickelt (vgl. Wellenreuther 2005, S. 64). *Bruners* Theorie des Entdeckungslernens (vgl. Straka/Macke 2003, S. 107–120 u. Straka 2009, S. 17 ff.) fundiert Methoden, die selbstgesteuertes Lernen anregen. Diese Methoden wurden noch mehr theoretisch gestützt durch die pragmatisch-konstruktivistische Lerntheorie (vgl. Backes-Haase 2001; Wellenreuther 2007, S. 65 ff.).

Instruktion und Konstruktion

Somit werden gegensätzliche didaktischen Positionen (vgl. Kap. 5.1) heute in der Gegensätzlichkeit der Theorie von Instruktion und Konstruktion bzw. von methodischem Instruktionsdesign und konstruktivistischem Design deutlich (Lang/Pätzold 2002, S. 48 ff.).

Unter *Instruktion* lassen sich Lern-Arrangements einordnen, in denen Lehrende neue Informationen präsentieren und den Lernprozess bis zur sicheren Festigung und Verankerung steuern. Kennzeichnend ist, dass Lehrende Unterricht oder Unterweisung lenken und kontrollieren. Dies betrifft „alle Phasen des Lehr-Lern- Prozesses, angefangen bei der Aktivierung des Vorwissens, der ersten darauf bezogenen Darstellung der neuen Wissenselemente,

---

[1] Wellenreuther bezieht sich auf Untersuchungen von Resnick, Lauren B. & Hall, Megan W. (1998): Learning Organizations for Sustainable Education reform. Daedalus, Bd. 127, No. 4, 89–118

der Gestaltung vielfältiger, aufeinander bezogener Übungen bis hin zur Festigung, Konsolidierung und Abgrenzung dieses Wissens von anderen Inhalten." (Wellenreuther 2007, S. 331–333) Dabei gilt als „Grundprinzip … die Sicherung der Lernvoraussetzungen für die jeweils folgenden Lehrinhalte" (Strittmatter/Niegemann 2000, S. 12).

Nach der Auffassung des Konstruktivismus bzw. der konstruktivistischen Lerntheorie beruhen Lernprozesse auf individueller Wahrnehmung und Verarbeitung von Erlebnissen. Lernen ist zu verstehen „als aktiver Prozess der *Konstruktion* von Wissen auf der Basis des vorhandenen Erfahrungs- und Wissensschatzes" (Meschenmoser 2002, S. 115), Wissen als Resultat von individuellen und sozialen Konstruktionsprozessen.

Instruktionsdesign der zweiten Generation

Die Weiterentwicklung führte zum „Instruktionsdesign der zweiten Generation", das davon ausgeht, dass Lernen ein Prozess ist, der die Aktivität der Lernenden erfordert; durch Instruktion erworbenes Wissen erleichtert dies. Insofern wird ein „Mittelweg zwischen freier Exploration des Lernangebots und strikter Außensteuerung durch die Lernumgebung" gesucht. Instruktion und Konstruktion betrachtet man „nicht als unvereinbar, sich wechselseitig ausschließende theoretische Gegensätze, sondern als komplementäre Ansätze". Die „Zwischenposition wird damit begründet, dass instruktionsorientiertes Lernen den Nachteil hat, dass der Lernende zu stark in eine passiv-rezeptive Rolle gedrängt wird, während beim Lernen nach konstruktivistischen Prinzipien die Gefahr bestehen kann, dass die systematische Aneignung von Grundlagenwissen zu kurz kommt." (Lang/Pätzold 2002, S. 57f.)

Folgerungen für Lernumgebungen

Zusammenfassende Anforderung an die Gestaltung von Lernumgebungen im Sinne des Instruktionsdesigns der zweiten Generation:[2]

– Komplexe Ausgangsprobleme,
– Authentizität und Situiertheit,
– Multiple Perspektiven,
– Guiding – auch bei selbstgesteuertem Lernen sollte „ein Lernweg angeboten werden, der die Lerninhalte vorstrukturiert und lernerfreundlich anbietet" –,
– Artikulation und Reflexion,
– Lernen im sozialen Austausch. (Lang/Pätzold 2002, S. 59–60)

---

[2] Vgl. dazu die sieben Merkmale konstruktivistischen Unterrichts bei Riedl 2004, S. 113.

Auf diesen Grundlagen entstanden als Ansätze und Theorien, die in den letzten Jahren diskutiert wurden und die für Methoden der Berufsbildung bedeutsam sind, der *Cognitive-Apprenticeship-Ansatz* und das Modell der *Anchored Instruction.*

Cognitive-Apprenticeship-Ansatz

Das Prinzip des Cognitive-Apprenticeship-Ansatzes, der kognitiven Meisterlehre, besteht darin, dass man Lernende nach anfänglicher Instruktion schrittweise zur Selbstständigkeit im Wissenserwerb führt. „Der Lehrende oder der Experte führt sein Vorgehen zunächst vor und verbalisiert sein Tun und Denken. Auf diese Weise werden kognitive Prozesse für den Lernenden beobachtbar. Danach befasst sich der Lernende selbst mit einem Problem. Wobei er bei Bedarf vom Lehrenden Hinweise oder aktive Hilfen (Coaching und Scaffolding) erhält. Diese Hilfestellungen werden mit zunehmendem Können des Lernenden allmählich ausgeblendet (Fading)." (Lang/Pätzold 2002, S. 61)

Artikulation der kognitiven Meisterlehre

Die Artikulation der kognitiven Meisterlehre umfasst 6 Schritte:

1. *Modellhaftes Vorführen* – modelling – durch Experten.
2. *Anleiten* – coaching – bedeutet, Lernende beim Bearbeiten einer Aufgabe zu beobachten und ihnen dabei Hinweise, Hilfen, Rückmeldungen etc. zu geben und neue Aufgaben zu stellen.
3. *Strukturiertes Unterstützen* – scaffolding – und *allmähliche Rücknahme* – fading – der Hilfestellungen.
4. *Artikulation* – die Lernenden sollen ihr Wissen, Denken oder Problemlöseverhalten explizit artikulieren.
5. *Reflexion* – die Lernenden sollen ihr Vorgehen beim Problemlösen mit dem von Experten und von anderen Lernenden vergleichen und reflektieren.
6. *Erkunden* – exploration – soll Lernende in die Lage versetzen, Probleme auf sich selbst gestellt zu lösen. (Straka/Macke 2003, S. 127f.; Straka 2009, S. 19–21)

Anchored Instruction

Das Anchored-Instruction-Modell, die verankerte Unterweisung, setzt an am Problem des trägen Wissens, einem Wissen, das eine Person zwar reproduzieren kann, das sie aber nicht anzuwenden vermag. Im Gegensatz dazu erscheint situiertes Lernen, das in einen konkreten Situationskontext eingebunden ist, auf andere Anwendungssituationen transferierbar (vgl. Straka 2009, S. 21–23).

Die Lernenden werden – um die Situation zu vermitteln – mit videobasierten Fällen konfrontiert. Auf diese Weise wird zunächst „ein so genannter 'narrativer Anker gesetzt', das heißt, es wird eine Geschichte als Film präsentiert, die ein komplexes Problem beinhaltet. Damit wird sowohl ein realitätsnahes Problem situationsgebunden präsentiert als auch Aufmerksamkeit und Motivation erzeugt. Die Problemstellungen sind so gestaltet, dass die Lernenden Wissen aus unterschiedlichen Fachbezügen aktivieren müssen. Im Anschluss an die Präsentation der Geschichte besteht die Aufgabe der Lernenden darin, das in der Geschichte 'versteckte' Problem herauszufinden und zu präzisieren und schließlich zu lösen. Alle für die Problemlösung notwendigen Informationen sind in der Geschichte enthalten. Weitere Selbsterarbeitungsprozesse schließen sich an, in denen die Lernenden mit Variationen des Problems konfrontiert werden. Auf diese Weise wird die zunächst an eine Situation gebundene Problemlösung dekontextualisiert." (Euler/Hahn 2007, S. 394)

Instruktion
   – Lernen als Reaktion auf Lehren,
   Instruktionsdesign des Lern-Arrangements
Konstruktion
   – Lernen als individueller Aufbau von Wissen und Fähigkeiten
Instruktion und Konstruktion werden kombiniert im
   – Cognitive-Apprenticeship-Ansatz und im
   – Anchored-Instruction-Modell.

Aufgaben

1. Typische Formen des Lehrens nach Maßgabe des Instruktionsdesigns stehen in der Gefahr, nur träges Wissen zu vermitteln, das nicht in konkreter Problemsituation abgerufen werden kann. Auf welche Weise versuchen kognitive Meisterlehre und verankerte Unterweisung dies zu vermeiden?

2. Zeigen Sie auf, inwieweit der Cognitive-Apprenticeship-Ansatz Analogien zu der Vier-Stufen-Methode der Unterweisung (Kap. 5.2.4) aufweist.

3. Inwiefern kann ein narrativer Anker bei der Anchored Instruction „Interesse wecken und die Aufmerksamkeit auf das Wahrnehmen und Verstehen der gestellten Probleme lenken"?[3]

4. In welcher Weise wird beim Ansatz der Anchored Instruction verankert?
   Bedenken Sie:
   „Die Verankerung der Lehre erfolgt vor allem auf zwei Arten: Zum einen wird dem bereits erworbenen Wissen entscheidende Bedeutung begemessen. Dieses Wissen hat die Funktion eines Ankers, der die übermittelten Informationen bedeutungsvoll macht. Zum anderen wird das vorhandene bzw. zu erlernende Wissen in einem lebenspraktischen Zusammenhang erfahrbar gemacht (= verankert). Das hat zur Folge, dass der Erwerb von Wissen nicht als Selbstzweck gesehen wird, sondern als ein Mittel, bedeutungsvolle Zwecke zu erreichen.[4]

5. Welche Bedeutung haben bei methodischem Handeln Scaffolding und Fading im Hinblick auf die Entwicklung von selbstständiger Handlungskompetenz?

6. Warum kann man die Gestaltung von Lernumgebungen und das methodische Vorgehen nach dem Cognitive-Apprenticeship-Ansatz als Kombination von Instruktion und Konstruktion oder von gegensätzlichen Gesamtkonzeptionen (Abb. 3.2.2-1) ansehen?
   Bedenken Sie: „Wissen rekonstruieren und Wissen produzieren sind zwei Grundformen schulischer Informationsverarbeitung. Instruktion und Konstruktion sind die entsprechenden didaktischen Operationen."[5]

7. In welcher Weise wird bei der Artikulation der kognitiven Meisterlehre der alte pädagogische Grundsatz umgesetzt, dass sich Lehrende zunehmend überflüssig machen sollten?

---

[3] Strittmatter/Niegemann 2000, S. 28
[4] Straka 2009, S. 22
[5] Apel 2002, S. 122

9 Methodenkompetenz und professionelles didaktisch-methodisches Handeln

9.1 Methodenkompetenz von Lehrpersonen

Methodenkompetenz

Methodenkompetenz von Lehrpersonen erweist sich an adäquater Wahl einer Methode sowie entsprechender Planung und Realisierung von Lehr-Lern-Prozessen.

Didaktisch-methodisches Handeln in der Berufsbildung

Neben fachwissenschaftlichen Kenntnissen und einschlägiger beruflicher Erfahrung erfordert didaktisch-methodisches Handeln in der Berufsbildung

- die Bedingungen und Voraussetzungen im didaktischen Feld – einschließlich der Rahmenbedingungen, der curricularen Vorgaben und der Lernvoraussetzungen – zu analysieren (Kapitel 4.2 und 4.3),
- dementsprechend unter Beachtung der Interdependenz der Strukturelemente und aufgrund umfassender methodischer Kenntnisse eine Erfolg versprechende Methode auszuwählen (Kapitel 4.4),
- methodisch zu planen und
- die Methode entsprechend zu realisieren sowie
- abschließend sowohl die Folgen und Ergebnisse zu ermitteln als auch das didaktisch-methodische Handeln zu evaluieren.

Methodenwahl

Entscheidende Aufgabe bei der Planung von Unterricht und Unterweisung ist, dass man solche Methoden auswählt, deren *didaktische Position* zu den vorgesehenen Zielen passt. Das Methodenspektrum der Berufsbildung erstreckt sich von traditionellen Methoden für Unterricht und Unterweisung bis hin zu handlungsorientierten Methoden, von den Formen des Lehrens (Kapitel 5.2) bis hin zu Methoden zur Anregung selbstgesteuerten Lernens (Kapitel 5.3).

Zielrichtung der Methoden

Der Zusammenhang zwischen Lernzielen und Methoden wurde immer wieder herausgestellt.[1] Für die wichtigsten Methoden der Berufsbildung sind in Abb. 9.4.2-1 die didaktische Position bzw. die Zielrichtung ausgewiesen.[2]

Zielspektrum von Methoden					
Methode	**Zielbereich**				
	kognitiv	berufsmotorisch	affektiv	selbstgesteuert handlungsorientiert	fremdgesteuert Lehren
Frontalunterricht	A				A
Lernprogramm	A				A
4-Stufen-Methode		A			A
Unterrichtsgespräch	B			A	
Gruppenunterricht	A		B	A	
Projektmethode	A	A	B	A	
Simulation (Medien)	C	C		C	
Planspiel	A			A	
Rollenspiel			A	A	
Fallstudie	A			A	
Leittextmethode	B	A		A	
A bedeutsam		B weniger bedeutsam		C je nach Variante bedeutsam	

Abb. 9.4.2-1 Didaktische Position von Methoden

Befunde zur didaktischen Position von Methoden

Befunde aus der pädagogischen Psychologie weisen als besonders geeignet aus:

- Lehrmethoden zur Vermittlung von Sachwissen,
- Methoden, die selbstgesteuertes Lernen anregen, zur Vermittlung von „lebenspraktischem Anwendungswissen" sowie zum Erwerb von metakognitiven Kompetenzen und Lernstrategien (Nickolaus, 2008, S. 50).

---

[1] Vgl. Arnold, Rolf: Neue Methoden der betrieblicher Bildungsarbeit. In: Arnold, Rolf; Lipsmeier Antonius (Hrsg.): Handbuch der Berufsbildung. Opladen: Leske + Budrich, 1995, S. 294–307, hier S. 296ff. und Projektgruppe Schlüsselqualifikation in der beruflichen Bildung: Wege zur beruflichen Mündigkeit. Weinheim: Dt. Studien Vlg. 1992, S. 56ff.; Bonz 2009, S. 253f.; Nickolaus 2008, S. 29

[2] Neben den Zieldimensionen kognitiv, berufsmotorisch, affektiv wurde analog zu Instruktion – Konstruktion je eine Rubrik *fremdgesteuertes Lehren – selbstgesteuert / handlungsorientiert* hinzugefügt, obwohl diese nur mittelbar als Zielbereich aufgefasst werden können.

Lerneffekte von Methoden

Ergebnisse empirischer Untersuchungen zur Effizienz von Methoden müssen als domänenspezifisch angesehen werden und können nicht generalisiert werden.[3] Dies wird an widersprüchlichen Befunden zu handlungsorientierten Methoden deutlich. Während in kaufmännischen Schulen positive Effekte handlungsorientierter Methoden im Vergleich zu Frontalunterricht ermittelt wurden, waren in gewerblich-technischen Schulen die handlungsorientierten Methoden weniger effizient (Nickolaus 2008, S. 99).

Befunde zu handlungsorientiertem Unterricht

Handlungsorientierter Unterricht vermag „neben der Vermittlung von neuen Fachinhalten und der differenzierten Entfaltung eines Fachwissens auch überfachliche Qualifikationen anzubahnen ... Die berufliche Handlungskompetenz der Schüler nimmt generell zu." (Nickolaus/Riedl/Schelten 2005, S. 515) Andererseits „zeigt sich als weiterer, übereinstimmender Befund, dass Lernende ohne beratende und führende Unterstützung durch eine Lehrkraft bei der umfassenden fachlichen Kompetenzentwicklung in vorwiegend selbstgesteuerten Lernprozessen oft überfordert sind" (A.a.O. S. 517) und dass „in der schulischen elektrotechnischen Grundbildung für Elektroinstallateure weder erwartete Vorteile handlungsorientierter Methoden in der Entwicklung prozeduralen Wissens noch in der Problemlösefähigkeit und Transferfähigkeit bestätigt werden." (A.a.O. S. 521)

In den empirischen Untersuchungen wurde insbesondere deutlich, dass schwächere Schüler durch handlungsorientierte Methoden benachteiligt sind im Vergleich zu Methoden der Instruktion (Nickolaus 2008, S. 100; vgl. auch Wellenreuther 2007, S. 367, Zitat bei Aufgabe 7, S. 76).

Praktizierte Methoden in der Berufsbildung

Aufgrund der Lernziele in den traditionellen curricularen Vorgaben hätten unterschiedliche Methoden die Praxis der Berufsbildung prägen müssen. Doch in beruflichen Schulen dominiert Frontalunterricht. Daran hat sich nichts Entscheidendes geändert, obwohl lernfeldorientierte Lehrpläne eine Vorentscheidung zugunsten handlungsorientierter Methoden treffen. Diese methodische Leitlinie wurde bisher in der Praxis der Berufsbildung nicht konsequent umgesetzt.[4]

---

[3] Befunde der Göttinger Gruppen um Achtenhagen und der Bamberger Gruppe um Sembill zur Erforschung von „komplexen Lehr-Lern-Arrangements ... sind im großen und ganzen positiv, aber andererseits singulär, d.h. über keinem erkennbaren Kriterium generalisierbar." (Beck 2005, S. 549)

[4] Vgl. Pätzold/Klusmeyer/Wingels/Lang, 2003, z.B. S. 241; Seifried, Jürgen; Grill, Ludwig; Wagner, Melanie: Unterrichtsmethoden in der kaufmännischen Unterrichtspraxis. In: Wirtschaft u. Erziehung 58 (2006) S. 236-241

Zur Wahl handlungsorientierter Methoden

Gute Gründe sprechen für die Wahl von Methoden, die selbstgesteuertes Lernen anregen und fördern. Die empirischen Befunde der Lehr-Lern-Forschung können allerdings diese Empfehlung, handlungsorientierter Methoden zu wählen, nicht grundsätzlich stützen. Sicherlich erweisen sich Methoden mit hohem Grad an Selbststeuerung der Lernenden oft als sehr erfolgreich. Doch die Untersuchungen erweisen auch, dass sich der Lernerfolg bei handlungsorientierten Methoden je nach inhaltsspezifischen Unterschieden oder besonderen anthropogenen Voraussetzungen der Lernenden unterschiedlich einstellt (Nickolaus 2008, S. 96 ff.).

Die Bedeutung des Methodenrepertoires

In der Praxis werden allerdings Lehrende nicht unter allen Methoden des ganzen Spektrums wählen, sondern nur zwischen jenen Methoden, die zu ihrem *Repertoire* gehören. Nur dann, wenn man positive Erfahrungen mit einer Methode gemacht hat oder erwarten kann, zieht man diese Methode bei der Methodenwahl ernsthaft in Erwägung.

Methodische Entscheidungsfähigkeit

Schließlich erfordert die zielorientierte Methodenwahl, dass eine Methode ausgewählt wird, deren didaktische Position zu den Strukturelementen Ziel und Inhalt passt und die außerdem die individuellen und gemeinsamen Lernvoraussetzungen im konkreten Fall berücksichtigt. Die *Entscheidungsfähigkeit* bezüglich der Methoden und der Medien ist unter Berücksichtigung der Interdependenz im didaktischen Feld ebenfalls als Voraussetzung für methodisches Handeln von Lehrpersonen anzusehen.

Methodische Planung

Die methodische Planung konkretisiert für den besonderen Fall von Unterricht oder Unterweisung die vorgesehene Vorgehensweise, legt die Sozialform bzw. ihre Abfolge in den verschiedenen Phasen des methodischen Vorgehens fest und bestimmt die Lehrgriffe und Medien. In welcher konkreten Form diese Planung erfolgt, hängt nicht zuletzt von der gewählten Methode ab. Während bei Frontalunterricht der Verlauf – so wie er von lehrender Position gelenkt werden soll – insgesamt inhaltlich formuliert und fixiert werden kann, konzentriert sich bei Gruppenunterricht die Vorbereitung auf die Formulierung von Aufgabenstellungen, Überlegungen, in welcher Weise sich die Aktivität der Lernenden entwickeln könnte, und die Bereitstellung von entsprechenden Lernhilfen.

Grundsätze für die Planung von Unterricht und Unterweisung

Immer wieder kamen die didaktischen Auffassungen in der Form von *Grundsätzen* oder *Prinzipien* zum Ausdruck. Dabei wurde formuliert, was bei der Planung und Realisierung von Unterricht und Unterweisung zu beachten ist. Historisch wurden diese Grundsätze im Zusammenhang mit typischen Lehrmethoden entwickelt. So geht das Anschauungsprinzip auf *Comenius* zurück. Das Prinzip der Selbsttätigkeit hat seit der Zeit der Reformpädagogik hohen Rang. Demgegenüber haben exemplarisches Lehren oder Wissenschaftsorientierung eine relativ kurze Tradition (vgl. Bonz 2009, S. 233–237).

Grundsätze

Grundsätze oder Prinzipien sind allgemeine Regeln für die Planung und Realisierung von Unterricht und Unterweisung.

Zusammenstellung von Grundsätzen oder Prinzipien

Fundierende Prinzipien (Glöckel 2003, S. 282 ff.) sind

- Sachgemäßheit, Orientierung an Lernenden und Zielorientierung.

Weitere Grundsätze mit methodischer Relevanz:[5]

- Anschaulichkeit
- Lebensnähe, in der Berufsbildung Bezug zu Beruf und Arbeit
- vom Allgemeinen zum Besonderen
- vom Leichten zum Schweren
- Selbsttätigkeit
- Wissenschaftsorientierung
- fachliche, disziplinorientierte Planmäßigkeit
- Erfolgssicherung
- exemplarisches Lehren
- Situationsorientierung
- Problemorientierung

---

[5] Es gibt eine Fülle von weiteren wichtigen Aspekten, die zum Prinzip erhoben wurden wie z. B. der Methodenwechsel. Zur Frage „Grundsätze oder Merkposten" vgl. Bonz 2009, S. 235

Die Realisierung von Methoden

Die Realisierung einer Methode bedeutet, die Planung für den konkreten Fall in der Praxis der Berufsbildung umzusetzen. Die vorgesehenen Lehrgriffe, Arbeitstechniken, Lehr- oder Lernmittel müssen sachgerecht von den Lehrpersonen in den vorgesehenen Phasen der Artikulation von Unterricht oder Unterweisung eingesetzt werden. Deshalb benötigen Lehrende sowohl die entsprechenden methodischen Kenntnisse als auch die Fähigkeit, methodisch zu handeln. Dies schließt den Umgang mit Hilfsmitteln und Arbeitsinstrumenten ein.

Evaluation methodischen Handelns

Im Anschluss an die Realisierung von Methoden schließt die Evaluation das didaktisch- methodische Handeln ab. Sie zielt auf die Überprüfung des Lernerfolgs. Damit verbunden ist vor allem die Vergewisserung, dass die methodische Planung und Realisierung erfolgreich war bzw. welche Verbesserung und Weiterentwicklung des didaktisch-methodischen Handelns angezeigt ist (vgl. Tenberg 2006, S. 281).

Evaluation

Unter Evaluation von Unterricht und Unterweisung versteht man die Vergewisserung und Rückmeldung über die Wirksamkeit des methodischen Handelns.

Lernerfolgsprüfung

Die Lernerfolgsprüfung versucht zu ermitteln, „inwieweit die Lernenden die zuvor intendierten Lernziele erreicht haben" (Fegebank 2004, S. 188). Es gehört zum „Tagesgeschäft von Lehrkräften, die Lernerfolgsprüfung anhand von selbst erstellten Frage-, Aufgaben- und Problemstellungen (informelle Tests) vorzunehmen" (Euler/Hahn 2007, S. 174), um festzustellen, inwieweit die Lernergebnisse und die Lernziele übereinstimmen.[6]

---

[6] Zur „Entwicklung von qualitativ hochwertigen Lernerfolgsprüfungen" vgl. Euler/Hahn 2007, S. 178–185, zu den „Methoden der Lernerfolgsprüfung" a.a.O. S. 186-192

Hinzu kommen Überlegungen, welche Ursachen für das Gelingen oder für den unzureichenden Lernerfolg verantwortlich sind. Im Rahmen der Ausbildung sollen die Lehrkräfte deshalb die Befähigung entwickeln, didaktisch-methodisches Handeln und seine Folgen vor dem Hintergrund der zugrunde liegenden Analysen und Planungen zu reflektieren, um daraus Folgerungen für nachfolgendes Handeln und für die Erweiterung der eigenen Handlungs-kompetenz zu ziehen.

Den Verlauf der methodischen Realisierung sollte eine diagnostische Sicht begleiten, damit Lehrpersonen erkennen, ob die jeweils erwarteten Lernfort-schritte eingetreten sind. Lehrende sollen erkennen, ob und wann im Verlauf von Lehr-Lern-Prozessen nicht vorhergesehene Situationen auftauchen, um entsprechend zu reagieren, indem sie z. B. weitere Lernhilfen einsetzen oder indem sie das geplante methodische Vorgehen verändern.

Methodisches Handeln und Flexibilität

Methodisches Handeln muss flexibel sein. Manche Methoden erfordern planmäßig flexibles Handeln von Lehrpersonen, denn bei selbstgesteuertem Lernen können die Ansprüche von Lernenden nicht zuvor fixiert werden. Auch bei Lehrmethoden ist Flexibilität erforderlich, denn bei der Realisie-rung verändert sich das didaktische Feld. Einerseits ist dies darin begründet, dass die internen Bedingungen der Lernenden nicht zuverlässig diagnosti-ziert werden können, dass deshalb bestimmte fehlende Lernvoraussetzungen erst im Verlauf von Unterricht und Unterweisung zu erkennen sind und dass deshalb der Lernprozess anders verläuft als vorgesehen. Andererseits muss bei methodischem Handeln damit gerechnet werden, dass die mit der Metho-de intendierten Lernerfolge nicht wie erwartet eintreffen.

Die Veränderung der Lernvoraussetzungen – der Lernfortschritt

Die diagnostische Herausforderung von Lehrpersonen besteht auch darin, dass sich die internen Bedingungen dem Lernfortschritt entsprechend verän-dern und dass sich damit die Lernvoraussetzungen weiterentwickeln. Dies müssen Lehrpersonen berücksichtigen. Lernfortschritte berechtigen beispiels-weise bei linear-zielgerichteter Gesamtkonzeption zur Realisierung der nach-folgenden Lehr-Sequenzen. Oder die Rücknahme von Hilfestellungen – *fading* – muss gerechtfertigt sein aufgrund des Lernfortschritts bezüglich der Selbst-ständigkeit.

Flexibilität als Änderung der Methode

Die Beobachtung von Lernenden und ihrer Fortschritte beim Lernprozess kann erweisen, dass das geplante methodische Handeln nicht zum gewünschten Erfolg führt. Dann ist ein Methodenwechsel geboten. Sei es, dass hilfsweise eine nicht vorgesehene Phase eingeschoben wird, sei es, dass man aufgrund der Evaluation im Sinne von Lernhilfen ergänzend Unterricht oder Unterweisung mit anderer Methode hinzufügt.

Flexibles methodisches Handeln

- Zusätzliche Lernhilfen, Anregungen, Informationen
- Teilweise Änderung der Methode: Phasen der Kenntnisvermittlung, Phasen zum Erwerb von Lernstrategien, zur Überwindung von Barrieren einfügen
- Methodenwechsel: Wenn angenommene Lernvoraussetzungen nicht zutreffen und erwartete Lernergebnisse nicht erreicht werden oder wenn die Lerneffekte der Methode nicht eintreten.

Methodenkompetenz erweist sich in den 5 Phasen des didaktisch-methodischen Handelns

1. Analyse des didaktischen Feldes
2. Methodenwahl
3. Methodische Planung
4. Realisierung der Methode
5. Evaluation und Reflexion

Aufgaben

1. Aus welchen Gründen kommt es bei der Methodenwahl nicht nur auf die Kenntnis der Methoden und ihrer didaktischen Position, sondern auch auf das Methodenrepertoire der Lehrkräfte an?

2. Welche Bedeutung haben Befunde empirischer Untersuchungen für die Klärung der didaktischen Position einer Methode?

3. Belegen Sie an Beispielen, dass sich Grundsätze an bestimmten didaktischen Auffassungen orientieren und dass deshalb Widersprüche zwischen verschiedenen Grundsätzen bestehen, so dass diese nicht gleichzeitig befolgt werden können.

4. Welche Bedeutung hat die Selbstlernkompetenz als anthropogene Voraussetzung für die Methodenwahl?[7]

5. Warum ist „die Diagnose der Lernvoraussetzungen als ein fortschreitender Prozess" zu verstehen?[8]

6. Welche Zusammenhänge bestehen zwischen Diagnose des Lernverlaufs, kontinuierlicher Evaluation und flexiblem methodischem Handeln?

   Bedenken Sie: „Die Entscheidung für eine bestimmte Lehrmethode muß immer als vorläufig angesehen werden, man muß dazu bereit sein, seine Entscheidung zu revidieren, wenn dies die Lernergebnisse der Schüler nahelegen."[9]

7. Warum setzt methodisches „Nachsteuern" diagnostische Kompetenz von Lehrenden voraus?

   Bedenken Sie: „Lehrkräfte vollbringen in ihrem Beruf zahlreiche diagnostische Leistungen. Diese umfassen ... fortlaufend während des Unterrichtens erfolgende implizite Diagnosen der ständig im Wandel begriffenen Lernvoraussetzungen der Schüler ... Die Bedeutung der diagnostischen Kompetenz für das schulische Lernen ergibt sich unmittelbar daraus, dass die Schwierigkeit von Unterrichtsmaßnahmen, Fragen, Aufgaben auf die Lernvoraussetzungen der Schüler abgestimmt sein muss. Lehrkräfte, die über die Fähigkeitsunterschiede, über Stärken und Schwächen ihrer Schüler nicht im Bilde sind, dürften Schwierigkeiten bei der Passung zwischen Lernvoraussetzungen und Anforderungen haben. Individuelle Förderung setzt ein ausreichendes diagnostisches Wissen der verantwortlichen Lehrkraft zwingend voraus."[10]

---

[7] Vgl. Arnold/Tutor/Kammerer 2003, S. 129
[8] *Euler/Hahn* 2007, S. 173
[9] Gage, Nathaniel L.; Berliner, David C.: Pädgogische Psychologie. Bd., 2. Auflage., München: Urban u. Schwarzenberg, 1979, S. 469
[10] Helmke 2005, S. 85

9.2 Professionelles didaktisch-methodisches Handeln

Die Professionalität von Lehrenden erweist sich daran, dass didaktisch-methodisches Handeln durch Theoriewissen gestützt ist, dass die Entscheidungen rational begründet werden und dass sowohl Handeln wie seine Folgen vor dem Hintergrund wissenschaftlicher Kenntnisse und Erkenntnisse reflektiert und pädagogisch verantwortet werden. Professionelles methodisches Handeln umfasst auch die Erschließung und Nutzung praktischer Erfahrung (Euler/Hahn 2007, S. 37). Da in der Berufsbildung die Lernprozesse auf den Erwerb von beruflicher Handlungskompetenz gerichtet sind, bezieht sich die Professionalität ebenso auf die beruflich-fachliche bzw. inhaltliche Fundierung.

Didaktisches Theoriewissen und methodisches Handeln

Zum allgemeinen didaktischen Wissen, das bei methodischem Handeln vorausgesetzt wird, gehören die Kenntnisse über die Komponenten des didaktischen Feldes und deren Interdependenz. Die Anwendung des didaktischen Theoriewissens bewährt sich zunächst bei der Analyse der Rahmenbedingungen, bei der Analyse der Lernenden, um die Lernvoraussetzungen zu ermitteln, sowie bei der Zielbestimmung.

Speziell zum professionellen methodischen Wissen gehört der Überblick über das ganze Spektrum der Methoden der Berufsbildung, damit alternative Lern-Arrangements verglichen und abgewogen werden können im Hinblick auf Zielsetzung und Lernvoraussetzungen, bevor die eigentliche Entscheidung bei der Methodenwahl erfolgt. Dieses Grundlagen- und Theoriewissen schließt die Kenntnis der Befunde bezüglich der Effekte von Methoden ein. Operatives bzw. technologisches Wissen ermöglicht dann die kompetente methodische Planung und Realisierung der Lehr-Lern-Prozesse.

Evaluation des methodischen Handelns

In jedem Einzelfall sollte man sich darüber Rechenschaft ablegen, ob tatsächlich der erwartete Lernerfolg eingetreten ist. Insofern schließt professionelles methodisches Handeln diagnostische Wachheit auf Seiten der Lehrenden und quasi eine empirische Einstellung bezüglich der Effekte des eigenen didaktisch-methodischen Handelns ein. Die Evaluation kann erweisen, ob methodisches Handeln im konkreten Fall erfolgreich war vor dem Hintergrund der Lernvoraussetzungen und inwieweit die anvisierten und erwarteten Ziele erreicht wurden.

Reflektierte Erfahrung und methodisches Handeln

Professionelles methodisches Handeln bezieht die reflektierte Erfahrung in die didaktische Analyse ein. Bereits bei der Methodenwahl spielt eine entscheidende Rolle das Methodenrepertoire, das jene Methoden umfasst, in denen Lehrpersonen Erfahrung erworben haben. Erfahrung ermöglicht nicht zuletzt, dass man bei der Realisierung von Unterricht und Unterweisung bei Bedarf auf andere Lernhilfen und Lehrgriffe zurückgreifen kann und dass man darüber hinaus gegebenenfalls in der Lage ist, Änderungen des Lern-Arrangements vorzunehmen oder einen anderen methodischen Ansatz zu aktivieren.

Die Integration didaktischer, methodischer und medialer Entscheidungen

Methodisches Handeln setzt an bei didaktischen Vorentscheidungen und führt zur Formung und medialen Ausgestaltung von Lern-Arrangements als Anfangssituation sowie deren Weiterentwicklung und Veränderung im Verlauf der Lehr-Lern-Prozesse. In der Regel orientiert sich diese Ausgestaltung von Lernumgebungen am Muster von Methoden, die durch Ausprägungen auf den Entscheidungsebenen charakterisiert sind. Diese Integration didaktischer, methodischer und medialer Entscheidungen und Vollzüge prägt die methodische Praxis der Berufsbildung insofern als didaktisch-methodisches Theoriewissen und reflektierte Erfahrung mit fachwissenschaftlichen Kenntnissen und beruflicher Erfahrung verknüpft sind.

Professionelles didaktisch-methodisches Handeln in der Berufsbildung
  - **integriert didaktische, methodische und mediale Entscheidungen sowie**
  - **fachwissenschaftliche Kenntnisse und berufliche Erfahrung,**

stützt sich auf
  - **wissenschaftliche Theorien und Erkenntnisse der Methodik und Didaktik sowie auf**
  - **praktische Erfahrung als Lehrperson.**

Aufgaben

1. Ordnen Sie die verschiedenen Methoden der Berufsbildung den Grundauffassungen von Unterricht und Unterweisung zu und begründen Sie dies.

   Zwei Grundauffassungen
   - „Die objektivistische Auffassung von Unterricht vertritt die traditionelle Sicht von Unterricht. Hier wird ... Wissen in objektiven, fachsystematischen Strukturen instruktionsorientiert durch die Lehrkraft vermittelt."
   - „Beim konstruktivistischen Unterricht liegt die Aktivität auf Seiten des Lernenden, der in einem situierten Prozess sein Lernen gestaltet. Die Lehrkraft unterstützt, berät und regt diesen Prozess an. Sie schafft für den Lernenden eine situierte Lernumgebung."[11]

2. Zeigen Sie an Beispielen, dass auch die Persönlichkeitsmerkmale von Lehrpersonen beim methodischen Handeln eine wichtige Rolle spielen.

   Bedenken Sie: „Zu berücksichtigen sind hier insbesondere implizite Persönlichkeitstheorien und Erwartungen der entsprechenden Personen, jedoch auch motivationale Überzeugungen, das professionelle Wissen (u. a. 'Medienkompetenz') und die Verfügbarkeit professioneller Standards."[12]

3. Welche Bedeutung hat die Diagnose der Lernfortschritte für flexibles methodisches Handeln?

   Bedenken Sie, dass sich bei Methoden „nicht automatisch auch die erwarteten Effekte einstellen, sondern nach wie vor erhebliche Diskrepanzen zwischen ... Zielen und den tatsächlichen Entwicklungen der Individuen bleiben".[13]

4. Erläutern Sie an Beispielen, was in der Methodik unter der *Interdependenz arrangementkonstituierender Dimensionen* zu verstehen ist.

5. Warum sind für rationale methodische Entscheidungen sowohl die Kenntnis von Befunden als auch die Bewertung von eigenen Praxis – Lern-Arrangements, Verlauf der Lernprozesse und Ergebnisse – relevant?

   Bedenken Sie, dass der „Praktiker ... selbst prüfen muss, welche Befunde für seinen Anwendungskontext am ehesten Geltung beanspruchen können".[14]

6. Diskutieren Sie vor dem Hintergrund Ihrer eigenen Ausbildung die Behauptung, „dass sich die Kompetenz eines Lehrers zum professionellen Handeln im kontinuierlichen Wechsel von praktischer Erfahrung und theoretischer Reflexion vollzieht".[15]

---

[11] Schelten 2006, S. 39
[12] Strittmatter/Niegemann 2000, S. 38
[13] Nickolaus, 2008, S. 86
[14] Nickolaus, 2008, S. 102
[15] Euler/Hahn 2007, S. 38

Literatur

Achtenhagen, Frank: Neue Lehr-Lern-Konzepte in der beruflich-kaufmännischen Erstausbildung und Weiterbildung – Ein Überblick. In: Kell, Adolf; Schanz, Heinrich (Hrsg.): Computer und Berufsbildung, Beiträge zur Didaktik neuer Informations- und Kommunikationstechniken in der kaufmännischen Berufsbildung. (bzp Bd.15) Stuttgart: Holland + Josenhans 1994, S. 184–197

Achtenhagen, Frank; John, Ernst G. (Hrsg.): Mehrdimensionale Lehr-Lern-Arrangements. Wiesbaden: Gabler 1992

Apel, Hans Jürgen: Präsentieren – die gute Darstellung. Baltmannsweiler: Schneider 2002

Arnold, Karl-Heinz; Sandfuchs, Uwe; Wiechmann, Jürgen (Hrsg.): Handbuch Unterricht. Bad Heilbrunn: Klinkhardt 2006

Arnold, Patricia; Kilian, Lars; Thillosen, Anne; Zimmer, Gerhard: E-Learning – Handbuch für Hochschulen und Bildungszentren. Nürnberg: BW Bild. u. Wissen 2004

Arnold, Rolf; Krämer-Stürzl, Antje: Berufs- und Arbeitspädagogik. 2. Aufl., Berlin: Cornelsen 1999

Arnold, Rolf, Schüßler, Ingeborg: Wandel der Lernkulturen. Darmstadt: Wiss. Buchges. 1998

Arnold, Rolf; Tutor, Claudia Gómez; Kammerer, Jutta: Die Entwicklung von Selbstlernkompetenz als didaktische Herausforderung. In: Witthaus / Wittwer / Espe 2003, S. 129–144

Aschersleben, Karl: Frontalunterricht – klassisch und modern. Neuwied: Luchterhand 1999

Backes-Haase, Alfons: Konstruktivismus als didaktischer Aspekt des Berufsbildung. In: Bonz 2001, S. 220–238

Bader, Reinhard; Bonz, Bernhard (Hrsg.): Fachdidaktik Metalltechnik. (Berufsbildung konkret Bd. 4) Baltmannsweiler: Schneider 2001

Bader, Reinhard; Müller, Martina (Hrsg.): Unterrichtsgestaltung nach dem Lernfeldkonzept. Bielefeld: Bertelsmann 2004

Beck, Klaus: Ergebnisse und Desiderate zur Lehr-Lern-Forschung in der kaufmännischen Berufsausbildung. In: Z. Berufs- u. Wirtschaftspädag. 101 (2005), S. 533–556

Beck, Klaus; Krumm, Volker (Hrsg.): Lehren und Lernen in der beruflichen Erstausbildung. Opladen: Leske + Budrich 2001

Bernard, Franz; Ebert, Dieter; Schröder, Bärbel: Unterricht Metalltechnik, fachdidaktische Handlungsanleitungen. Hamburg: Handwerk u. Technik 1995

Blötz, Ulrich (Hrsg.): Planspiele in der beruflichen Bildung. 4. Aufl., Bielefeld: Bertelsmann 2008

Bock, Kathrin: Moderation. In: Wittwer 2005, S. 124–135

Bönsch, Manfred: Intelligente Unterrichtsstrukturen. 3. Aufl., Baltmannsweiler: Schneider 2006

Bönsch, Manfred: Variable Lernwege. Ein Lehrbuch der Unterrichtsmethoden. 3. Aufl., Paderborn: Schöningh 2000

Bonz, Bernhard (Hrsg.): Didaktik der beruflichen Bildung. (Berufsbildung konkret Bd. 2) Baltmannsweiler: Schneider 2001

Bonz, Bernhard (Hrsg.): Didaktik und Methodik der Berufsbildung. (Berufsbildung konkret Bd. 10) Baltmannsweiler: Schneider, 2009

Bonz, Bernhard: Institutionen der Berufsbildung – Rahmenbedingungen für Lernen und Lehren. In: Bonz, Bernhard; Gidion, Gerd (Hrsg.): Institutionen der beruflichen Bildung. (Diskussion Berufsbildung Bd. 7) Baltmannsweiler: Schneider, 2008, S. 7-19

Bonz, Bernhard: Methoden der Berufsbildung – ein Lehrbuch. 2. Aufl., Stuttgart: Hirzel 2009

Bonz, Bernhard; Ott, Bernd (Hrsg.): Allgemeine Technikdidaktik – Theorieansätze und Praxisbezüge. (Berufsbildung konkret Bd. 6) Baltmannsweiler: Schneider 2003

Brettschneider, Volker: Entscheidungsprozesse in Gruppen. Bad Heilbrunn: Klinkhardt 2000

Czycholl, Reinhard: Handlungsorientierung und Kompetenzentwicklung in der beruflichen Bildung. In: Bonz (Hrsg.) 2009, S. 172-194

Dehnbostel, Peter: Lerninsel. In: Wittwer 2005, S. 74-85

Dehnbostel, Peter: Selbstgesteuertes Lernen und beruflich-betriebliche Kompetenzentwicklung in vernetzten Lernstrukturen. In: Witthaus / Wittwer / Espe 2003, S. 177-191

Deißinger, Thomas: Curriculare Vorgaben für Lehr-Lernprozesse in der beruflichen Bildung. In: Bonz (Hrsg.) 2009, S. 60-88

Deißinger, Thomas; Ruf, Michael: Übungsfirmen am Kaufmännischen Berufskolleg in Baden-Württemberg. Paderborn: Eusl 2006

Dick, Egon: Multimediale Lernprogramme und telematische Lernarrangements. Nürnberg: BW Bildung u. Wissen 2000

Dubs, Rolf: Curriculare Vorgaben und Lehr-Lernprozesse in beruflichen Schulen. In: Bonz 2001, S. 50-70

Euler, Dieter: Gestaltung von E-Learning als didaktische Herausforderung. In: Bonz (Hrsg.) 2009, S. 152-170

Euler, Dieter; Hahn, Angela: Wirtschaftsdidaktik. 2. Aufl., Bern: Haupt 2007

Euler, Dieter; Pätzold, Günter; Lang, Martin: Förderung selbst gesteuerten und kooperativen Lernens in der beruflichen Erstausbildung. In: Berufsbild. Schule 57 (2005), S. 137-140

Euler, Dieter; Twardy, Martin: Multimediales Lernen. In: Arnold, Rolf; Lipsmeier, Antonius (Hrsg.): Handbuch der Berufsbildung. Opladen: Leske+Budrich 1995, S. 357-365

Fegebank, Barbara: Berufsfeldlehre Ernährung und Hauswirtschaft. (Diskussion Berufsbildung Bd. 5) Baltmannsweiler: Schneider 2004

Fix, Wolfgang: Juniorenfirmen. Berlin: Schmidt 1989

Glöckel, Hans: Vom Unterricht. 4. Aufl., Bad Heilbrunn: Klinkhardt 2003

Gonon, Philipp; Klauser, Fritz; Nickolaus, Reinhold (Hrsg.): Bedingungen beruflicher Moralentwicklung und beruflichen Lernens. Wiesbaden: VS Vlg. f. Sozialwiss. 2006

Gudjons, Herbert: Frontalunterricht – neu entdeckt. 2. Aufl., Bad Heilbrunn: Klinkhardt 2007

Halfpap, Klaus: Lernen lassen. Darmstadt: Winkler 1996

Helmke, Andreas: Unterrichtsqualität erfassen, bewerten, verbessern. 4. Aufl., Seelze: Kallmeyer 2005

Hugenschmidt, Bettina; Technau, Anne: Methoden schnell zur Hand. Leipzig: Klett 2005

Kaiser, Franz-Josef; Kaminski, Hans: Methodik des Ökonomie-Unterrichts. 3. Aufl., Bad Heilbrunn: Klinkhardt 1999

Kerres, Michael: Multimediale und telemediale Lernumgebungen. 2. Aufl., München: Oldenbourg 2001

Küppers, Bert; Leuthold, Dieter, Pütz, Helmut: Handbuch berufliche Aus- und Weiterbildung. 2. Aufl., München: Vahlen, 2001

Kutscha, Günter: Didaktik der beruflichen Bildung im Spannungsfeld von Subjekt- und Systembezug. In: Dehnbostel, Peter; Walter-Lezius, Hans-Joachim (Hrsg,): Didaktik moderner Berufsbildung. Bielefeld: Bertelsmann 1995, S. 266–278

Kutt, Konrad: Juniorenfirma. In: Wittwer 2005, S. 23–42

Lang, Martin; Pätzold, Günter: Multimedia in der Aus- und Weiterbildung. Köln: Dt. Wirtschaftsdienst 2002

Lempert, Wolfgang: Berufliche Sozialisation. (Studientexte Basiscurriculum Berufs- und Wirtschaftspädagogik Bd. 5) Baltmannsweiler: Schneider 2006

Martial, Ingbert von; Ladenthin, Volker: Medien im Unterricht. 2. Aufl., Baltmannsweiler: Schneider 2005

Meschenmoser, Helmut: Lernen mit Multimedia und Internet. Baltmannsweiler: Schneider 2002

Nickolaus, Reinhold: Didaktik – Modelle und Konzepte beruflicher Bildung. (Studientexte Basiscurriculum Berufs- und Wirtschaftspädagogik Bd. 3) 3. Aufl., Baltmannsweiler: Schneider 2008; 1. Aufl. 2006

Nickolaus, Reinhold: Empirische Befunde zur Didaktik der Berufsbildung. In: Bonz 2001, S. 239–252

Nickolaus, Reinhold; Heinzmann, Horst; Knöll, Bernd: Ergebnisse empirischer Untersuchungen zu Effekten methodischer Grundentscheidungen auf die Kompetenz- und Motivationsentwicklung in gewerblich-technischen Berufsschulen. In: Z. Berufs- u. Wirtschaftspädag. 101 (2005), S. 58–78

Nickolaus, Reinhold; Riedl, Alfred; Schelten, Andreas: Ergebnisse und Desiderata zur Lehr-Lernforschung in der gewerblich-technischen Berufsausbildung. In: Z. Berufs- u. Wirtschaftspädag. 101 (2005), S. 507–532

Ott, Bernd: Grundlagen des beruflichen Lernens und Lehrens. 3. Aufl., Berlin: Cornelsen 2007

Ott, Bernd: Strukturmerkmale einer ganzheitlichen Techniklehre und Technikdidaktik. In: Bonz / Ott 2003, S. 90–103

Ott, Bernd; Pyzalla, Georg: Konzeption einer problemorientierten Technikdidaktik und Techniklehre. In: Bonz / Ott 2003, S. 104–116

Ott, Bernd; Pyzalla, Georg: Versuchsorientierter Technikunterricht im Lernfeldkonzept. In: Bonz / Ott 2003, S. 117–129

Ott, Bernd; Weber, Claus: Naturwissenschaften an beruflichen Schulen. In: Schanz, Heinrich (Hrsg.): Didaktik allgemeiner Fächer an beruflichen Schulen. (bzp Bd. 18) Stuttgart: Holland+Josenhans 1997, S. 144–158

Pätzold, Günter: Lehrmethoden in der beruflichen Bildung. 2. Aufl., Heidelberg: Sauer 1996

Pätzold, Günter: Methoden betrieblicher Bildungsarbeit. In: Bonz (Hrsg.) 2009, S. 112-134

Pätzold, Günter; Klusmeyer, Jens; Wingels, Judith; Lang, Martin: Lehr-Lern-Methoden in der beruflichen Bildung. Oldenburg: bis 2003

Pätzold, Günter; Lang, Martin: Lernaufgabe. In: Wittwer 2005, S. 60–73

Pahl, Jörg-Peter: Ausbildungs- und Unterrichtsverfahren. 2. Aufl., Bielefeld: Bertelsmann 2007

Pahl, Jörg-Peter: Arbeits- und Technikdidaktik – Zur Frage der Handlungs- und Gestaltungsorientierung beim beruflichen Lernen. In: Bonz / Ott 2003, S. 55–71

Pahl, Jörg-Peter: Bausteine beruflichen Lernens im Bereich Arbeit und Technik. Teil 2: Methodische Grundlegungen und Konzeptionen. 3. Aufl., Bielefeld: Bertelsmann 2008

Pahl, Jörg-Peter: Berufsschule – Annäherung an eine Theorie des Lernortes. 2. Aufl., Bielefeld: Bertelsmann 2008

Peterßen, Wilhelm H.: Kleines Methoden-Lexikon. 3. Aufl., München: Oldenbourg 2009

Ploghaus, Günter: Die Lehrgangsmethode in der berufspraktischen Ausbildung. Bielefeld: Bertelsmann 2003

Pukas, Dietrich: Lernmanagement – Einführung in Lern- und Arbeitstechniken. 3. Aufl., Rinteln: Merkur 2008

Rauner, Felix; Eicker, Friedhelm: Experimentierendes Lernen im Elektrotechnik-Unterricht. In: Lipsmeier, Antonius; Rauner, Felix (Hrsg.): Beiträge zur Fachdidaktik Elektrotechnik. (bzp Bd. 16) Stuttgart: Holland + Josenhans 1996, S. 196–210

Rauner, Felix; Spöttl, Georg: Der Kfz-Mechatroniker – vom Neuling zum Experten. Bielefeld: Bertelsmann 2002

Rebmann, Karin: Planspiel und Planspieleinsatz. Hamburg: Kovac 2001

Rebmann, Karin; Tenfelde, Walter; Uhe, Ernst: Berufs- und Wirtschaftspädagogik. 3. Aufl., Wiesbaden: Gabler 2005

Riedl, Alfred: Didaktik der beruflichen Bildung. Stuttgart: Steiner 2004

Schaller, Roger: Das große Rollenspiel-Buch. 2. Aufl., Weinheim: Beltz 2006

Schanz, Heinrich (Hrsg.): Berufs- und wirtschaftspädagogische Grundprobleme. (Berufsbildung konkret Bd. 1) Baltmannsweiler: Schneider 2001

Schanz, Heinrich: Institutionen der Berufsbildung. (Studientexte Basiscurriculum Berufs- und Wirtschaftspädagogik Bd. 2) Baltmannsweiler: Schneider 2006

Schelten, Andreas: Berufsmotorisches Lernen in der Berufsbildung. In: Bonz (Hrsg.) 2009, S. 135–151

Schelten, Andreas: Einführung in die Berufspädagogik. 3. Aufl., Stuttgart: Steiner 2004

Schelten, Andreas: Grundlagen der Arbeitspädagogik. 4. Aufl., Stuttgart: Steiner 2005

Schelten, Andreas: Objektivistischer und konstruktivistischer Unterricht. In: Berufsbild. Schule 58 (2006), S. 39–40

Schröder, Bärbel: Zur Entwicklung der Fachdidaktik im konstruktiv-maschinenkundlichen Unterricht. In: Bader / Bonz 2001, S. 144–162

Schütte, Friedhelm: Berufliche Fachdidaktik. Stuttgart: Steiner, 2006

Schütte, Friedhelm: Fachdidaktik Metall- und Maschinentechnik – Traditionen, Paradigmen, Perspektiven. In: Bader / Bonz 2001, S. 32–56

Schwendenwein, Werner: Theorie des Unterrichtens und Prüfens. 7. Aufl., Wien: WUV. Univ.-Vlg. 2000

Seifried, Jürgen; Sembill, Detlef; Nickolaus, Reinhold; Schelten, Andreas: Analysen systemischer Wechselwirkungen beruflicher Bildungsprozesse. In: Z. Berufs- u. Wirtschaftspädag. 101 (2005), S. 601–618

Siebert, Horst: Methoden für die Bildungsarbeit. 3. Aufl., Bielefeld: Bertelsmann 2008

Sloane, Peter F. E.; Twardy, Martin; Buschfeld, Detlef: Einführung in die Wirtschaftspädagogik. 2. Aufl., Paderborn: Eusl 2004

Straka, Gerald A.: Lern-lehr-theoretische Grundlagen der beruflichen Bildung. In: Bonz (Hrsg.) 2009, S. 6–32

Straka, Gerald A.; Macke, Gerd: Lern-Lehr-Theoretische Didaktik. 4. Aufl., Münster: Waxmann 2006

Strittmatter, Peter; Niegemann, Helmut: Lehren und Lernen mit Medien. Darmstadt: Wiss. Buchges. 2000

Tramm, Tade; Achtenhagen, Frank: Perspektiven der Übungsfirmen- und Lernbüroarbeit. In: Kell, Adolf; Schanz, Heinrich (Hrsg.): Computer und Berufsbildung, Beiträge zur Didaktik neuer Informations- und Kommunikationstechniken in der kaufmännischen Berufsbildung. (bzp Bd. 15), Stuttgart: Holland+Josenhans 1994, S. 210–229

Tenberg, Ralf: Didaktik lernfeldstrukturierten Unterrichts. Hamburg: Handwerk u. Technik / Bad Heilbrunn: Klinkhardt 2006

Wahl, Diethelm: Lernumgebungen erfolgreich gestalten. 2. Aufl., Bad Heilbrunn: Klinkhardt 2006

Wellenreuther, Martin: Lehren und Lernen – aber wie? 3. Aufl., Baltmannsweiler: Schneider 2007

Witthaus, Udo; Wittwer, Wolfgang; Espe, Clemens (Hrsg.): Selbst gesteuertes Lernen. Bielefeld: Bertelsmann 2003

Wittwer, Wolfgang (Hrsg.): Methoden der Ausbildung. 3. Aufl., Konstanz: Christiani 2005

Wittwer, Wolfgang: Kompetenzbiografie als Referenzsystem für selbstgesteuertes Lernen. In: Witthaus / Wittwer / Espe 2003, S. 115–127

Wuttke, Eveline: Unterrichtskommunikation und Wissenserwerb. Frankfurt (Main): Lang 2005

Zimmer, Gerhard: Kompetenzentwicklung in virtuellen Kooperationen. In: Dehnbostel, Peter u. a. (Hrsg.): Vernetzte Kompetenzentwicklung. Berlin: Ed. Sigma 2002, S. 81–94

Namenverzeichnis

Sachwortverzeichnis

Manfred Horlebein

Wissenschaftstheorie

Grundlagen und Paradigmen der Berufs- und Wirtschaftspädagogik
2009. 124 Seiten. Kt. ISBN 9783834005717. Euro 12,—
(Studientexte Basiscurriculum Berufs- und Wirtschaftspädagogik Bd. 1)

Dieser Studientext befasst sich mit Wissenschaftstheorie. Seine Thematik wird zwar von vielen als abstrakt und praxisfern empfunden, ist aber gleichwohl im Rahmen eines Studiums von zentraler Bedeutung. Denn ohne die Reflexion ihrer wissenschaftstheoretischen Grundlagen und ihrer Paradigmen verzichtet eine Disziplin auf jede Selbsterhellung und die Möglichkeit, ihre Stellung im Kanon der Wissenschaften zu bestimmen. Die praxisrelevante Seite von Wissenschaftstheorie liegt vor allem darin, dass erst der Rückgriff auf wissenschaftstheoretisches Wissen es ermöglicht, die Tragfähigkeit von Theorien und damit deren Möglichkeiten und Grenzen zutreffend einzuschätzen.

Dem entsprechend werden folgende Themen behandelt:

- Wissenschaftssprache,
- Theorien und ihr Wahrheitsgehalt,
- Paradigmatische Grundlagen,
- Paradigmen und Paradigmenwechsel als Erkenntnisfortschritt.

Mittels eines Exkurses wird am Ende des Buches noch ein Brückenschlag zur Forschungsmethodologie der Berufs- und Wirtschaftspädagogik versucht.

Schneider Verlag Hohengehren

Wilhelmstr. 13

D-73666 Baltmannsweiler   **Telefax: 07153–48761**